Dehnhardt
Anwendungsprogrammierung
mit JDBC

W0084290

Wolfgang Dehnhardt

Anwendungs-
programmierung
mit JDBC

Datenbanken – Java – Client/Server

Carl Hanser Verlag München Wien

Der Autor:

Prof. Dr. Wolfgang Dehnhardt
Universität Hohenheim, Stuttgart
Institut für Didaktik der Naturwissenschaften und Informatik
e-mail: wd@computer.org

Internet: http://www.hanser.de

Alle in diesem Buch enthaltenen Programme, Darstellungen und Informationen wurden nach bestem Wissen erstellt und mit Sorgfalt getestet. Dennoch sind Fehler nicht ganz auszuschließen. Aus diesem Grund ist das im vorliegenden Buch enthaltene Programm-Material mit keiner Verpflichtung oder Garantie irgendeiner Art verbunden. Autoren und Verlag übernehmen infolgedessen keine Verantwortung und werden keine daraus folgende Haftung übernehmen, die auf irgendeine Art aus der Benutzung dieser Programm-Materials, oder Teilen davon, entsteht.

Die Wiedergabe von Gebrauchsnamen, Handelsnamen, Warenbezeichnungen usw. in diesem Buch berechtigt auch ohne besondere Kennzeichnung nicht zu der Annahme, daß solche Namen im Sinne der Warenzeichen- und Markenschutz-Gesetzgebung als frei zu betrachten wären und daher von jedermann benutzt werden dürften.

Die Deutsche Bibliothek – CIP-Einheitsaufnahme

Dehnhardt, Wolfgang:
Anwendungsprogrammierung mit JDBC : Datenbanken - Java - Client/Server
/ Wolfgang Dehnhardt. - München ; Wien : Hanser, 1998
    ISBN 3-446-21265-5

Dieses Werk ist urheberrechtlich geschützt.
Alle Rechte, auch die der Übersetzung, des Nachdruckes und der Vervielfältigung des Buches, oder Teilen daraus, vorbehalten. Kein Teil des Werkes darf ohne die schriftliche Genehmigung des Verlages in irgendeiner Form (Fotokopie, Mikrofilm oder ein anderes Verfahren), auch nicht für Zwecke der Unterrichtsgestaltung, reproduziert oder unter Verwendung elektronischer Systeme verarbeitet, vervielfältigt oder verbreitet werden.

© 1999 Carl Hanser Verlag München Wien
Umschlaggestaltung: MCP • Susanne Kraus GbR, Holzkirchen
Datenbelichtung: Makengo Studios, München
Druck und Bindung: Druckerei Wagner GmbH, Nördlingen
Printed in Germany

Inhaltsverzeichnis

Programmverzeichnis

Vorbemerkungen

Das Internet und mit ihm das World Wide Web haben sich in kurzer Zeit zu einer relevanten betrieblichen und kommerziellen Plattform entwickelt. Vor allem die netzgestützten elektronischen Verfahren oder E-Techniken wie

- E-Shopping   elektronisches Einkaufen
- E-Banking   elektronischer Zahlungsverkehr
- E-Cash   elektronisches Geld
- E-Commerce   elektronischer Handel

erfahren im Internet eine rasante Entwicklung, auch infolge ihrer überaus breiten Akzeptanz. In enger Wechselwirkung damit entwickelte sich JAVA™ zu einer unentbehrlichen Grundlage für solche Techniken. Für die Anwendungsentwicklung ergibt sich daraus als einer der wichtigsten Teilaspekte die Internettauglichkeit der verwendeten Mittel, insbesondere auch die bereits vorhandener Datenbankressourcen. Ein geeignetes Hilfsmittel, Internettauglichkeit herzustellen, ist *Java DataBase Connectivity* bzw. *JDBC*™, ein Java-*Framework* für die Anbindung besonders von relationalen Datenbanken an Java-Programme. (Mit *Frameworks* werden *generische Programmgerüste* bezeichnet, d.h. Klassen-/Komponentenbibliotheken, die auf ganz bestimmte Fallgruppen von Anwendungen zugeschnitten sind und Problemlösungen auf einem höheren Abstraktionsniveau zulassen.)

Entwicklungstendenzen der genannten Art wurden von SUN MICROSYSTEMS, dem Urheber von JAVA, nicht unerheblich dadurch gefördert, daß das JDBC-Framework frühzeitig verfügbar war, und zwar zusammen mit einer Treiberimplementierung, die dem Programmierer die Anbindung von Datenbanken mittels *ODBC* erlaubt, sowie eines Tests, mit dem der Entwickler seine Treiberprodukte auf JDBC-Konformität überprüfen kann. (ODBC oder Open DataBase

Connectivity ist ein Standard der SQL Access Group, der vor allem bei der Anbindung von Windows 9x- bzw. Windows NT-basierten Datenbanksystemen verwendet wird und dementsprechend weit verbreitet ist.)

JDBC ist beinahe ebenso alt wie Java. Mit Java Version 1.1 wurde JDBC in der Version 1 kanonisiert, indem seine Klassen und Interfaces in den Kernbestand der Java-Klassen aufgenommen wurden. (Zum Kernbestand des JDK 1.2 bzw. von Java Version 2 gehört JDBC in der neueren Version 2).

Der Erfolg von JDBC beruht auf seinem normativen Charakter *und* auf der Universalität der Java-Plattform. Java-Plattform und JDBC machen es möglich, in Problemlösungen *bewährte* Mittel wie relationale Datenbank-Management-Syteme (RDBMS) und *innovative* Client/Server-Techniken zu verbinden. In den JDBC-Klassen und Interfaces selbst ist ein Schnittstellenkonzept verwirklicht, das einheitliches, im Ansatz *datenbankunabhängiges* Programmieren erlaubt.

Die JDBC-*Programmierschnittstellen* sind der Rahmen für die Programmierung des Zugangs zu Datenbanksystemen. Die Kernfunktionalität ist recht einfach: JDBC gibt eine *beliebige* Zeichenkette über sog. *Treiber* als Anweisung weiter an das Datenbanksystem. Die Antwort wird in Tabellenform an das rufende Programm zurückgereicht.

JDBC ist auf SQL und relationale Datenbanken zugeschnitten. Dementsprechend sind die Zeichenketten SQL-Anweisungen und die Ergebnistabellen Relationen oder Views der angesprochenen relationalen Datenbanken.

Zielsetzungen

JDBC handelt unmittelbar im Bereich moderner verteilter Software-Architekturen, die zusammen mit relationalen Datenbanken sowie mit Java Themenschwerpunkte dieses Buches sind. Über JDBC *und* die Themenvielfalt des Umfeldes soll in angemessener Breite informiert und dabei in die Einzelthemen mit der nötigen Tiefe eingeführt werden. Arbeiten mit JDBC setzt die Kenntnis des Umfelds voraus.

Angesichts des Umfangs der Themen sind Grenzziehungen unvermeidlich. So werden nur solche Themen behandelt, die in direktem Bezug zu JDBC stehen. Ausgewählt wurden neben *relationalen Datenbanken* und *SQL* insbesondere elementare *Client/Server-Strukturen*. Im Rahmen der letzteren werden die Kommunikation zwischen Client und Server im *Internet*, die *Ebenen* (*tiers*) der Client/Server-Interaktion und sog. *Webdatenbanken* thematisiert. Dabei wird getrennt zwischen dem Grundlegenden, das man kennen muß, und Details, die man sich oft ohne größere Mühen selbst erschließen kann. So ergibt sich ein methodisches Netz, mit dem auch komplexe Probleme analysiert und elementarisiert werden können.

Vom Leser wird dreierlei erwartet:

1. Java-Kenntnisse: Sie sollten nicht nur die prozedurale Syntax umfassen, sondern auch Begriffe wie Klassen, Interfaces und Klassenbibliotheken, Vererbung und Polymorphie. Programmieranfänger sollten sich zuvor entsprechende Java-Kenntnisse aneignen, z.B. unter Zuhilfenahme von [Jobst 99].

2. Wissen um Datenbanken, Internet und World Wide Web: Begrifflichkeit, Bedeutung und Funktionalität sollten nicht gänzlich unbekannt sein, sehr einfache Grundlagenkenntnisse sollten aber ausreichen.

3. Die Bereitschaft und auch das Vergnügen, sich gleichsam simultan eines Netzes heterogener und differenzierter Methoden bei der Lösung komplexer DBMS-Probleme etwa in verteilten Umgebungen zu bedienen.

Übersicht

Das Buch ist inhaltlich so angelegt, daß es möglichst vielen Lesern Interessantes und Nützliches über JDBC und das JDBC-Umfeld bietet. Es richtet sich nicht nur an den Leser mit professionellem Interesse, sondern auch an alle, die sich nach dem Motto „learning by doing" den Themen nähern wollen oder ganz einfach nur beabsichtigen, ihrer Desktop-Datenbank zur Internettauglichkeit zu verhelfen. Erforderliche Datenbankkenntnisse können mittels der Kapitel 2 und 3 erarbeitet werden.

Zum allgemeinen Vorgehen ist noch anzumerken, daß die einfachsten Eigenschaften vor allem von JDBC und SQL sehr frühzeitig eingeführt und angewandt werden. Das gibt die Möglichkeit, Sachverhalte unmittelbar auch aus deren Perspektive darzustellen, wie sich also z.B. Datenbankeigenschaften in JDBC-Metadaten oder kartesische Produkte und Tabellenverknüpfungen in SQL widerspiegeln.

Zur Gliederung des Buches im einzelnen:

Kapitel 1: Einleitung nennt Themen und Zielsetzungen des Buches. Dabei wird eine einfache Arbeitsgrundlage geschaffen, um bereits in den Kapiteln 2 und 3 mittels JDBC Treiber- und Datenbankeigenschaften erkunden und einfache SQL-Abfragen ausführen zu können.

Kapitel 2: Das Kapitel **Relationale Datenbanken** führt in dieses Thema über eine Vielzahl von Beispielen ein. In einigen der Beispiele werden vorbereitend die einfachsten SQL-Anweisungen demonstriert und teilweise ihre Umsetzung in Java/JDBC-Programmen gezeigt. Ein Exkurs dient dazu, eine Java/JDBC-Datenbankanwendung mit graphischer Bedieneroberfläche und Datenbankanbindung zu erstellen, mit deren Hilfe SELECT-SQL-Befehle eingeübt werden können.

Kapitel 3: SQL ist der Datenbanksprache SQL gewidmet, in deren einfachste und wichtigste Sprachelemente eingeführt wird. Auch hier werden Java/ JDBC-Programme exemplarisch eingesetzt.

Kapitel 4: JDBC-Grundlagen ist ganz der Erläuterung des Klassenpakets java.sql und der grundsätzlichen Verwendung der JDBC-Klassen und -Interfaces vorbehalten. Nach Klärung einiger prinzipieller Fragen sowie zwei vollständigen Programmbeispielen zur Einstimmung wird jede der fünf JDBC-Programmierphasen eingehend behandelt. Das Kapitel schließt mit den wichtigen Themen „Metadaten" und „Treiber und Treiberkategorien".

Kapitel 5: JDBC und Client/Server führt in Client/Server-Architekturen ein und zeigt ihre Verwendung in sehr einfach gehaltenen, aber voll internettauglichen Java-Programmbeispielen. Internet- und Intranet-Grundlagen sind, soweit thematisch relevant, in einem eigenen Unterkapitel gesammelt. Den Abschluß bilden einige Anmerkungen zu Middleware-Protokollen, insbesondere im Zusammenhang mit CORBA.

Kapitel 6: Ein Anwendungsbeispiel zeigt, wie eine Anwendung bei der Konzeption beginnend systematisch zu einem lauffähigen Produkt entwickelt wird. Die Anwendung nutzt ORACLE8 als Datenbank und MVC-Komponenten aus dem Java-Swing-Paket für die Gestaltung der graphischen Bedieneroberfläche.

Kapitel 7: Ausblicke beschäftigt sich mit der Version 2.0 des JDBC. Weitere wichtige Themen aus dem Umfeld von JDBC sind Embedded SQL und die Transformation von Objekten in Tabellen und umgekehrt. Der Abschnitt

Objektrelationale Transformation ist ein Beitrag von *Dr. Börries Ludwig* von debis Systemhaus.

Die **Anhänge** ˙umfassen Treiberlisten, JDBC/SQL-Typumwandlungstabellen, Angaben zur Struktur der Musterdatenbank sowie Informationen zu Mini-SQL und zu ODBC.

Am Ende des Buches findet sich eine *JDBC-Kurzanleitung*, die auch herausgetrennt werden kann.

Beispiele und verwendete Werkzeuge (JDK, Datenbanksysteme, Webserver, Datenbanken, DB-Server etc.) beziehen sich ohne Ausnahme auf Windows 9x/NT. Als Werkzeuge wurden vorzugsweise solche ausgewählt, die für nichtkommerzielle oder Evaluierungszwecke kostenlos zur Verfügung stehen.

Die Beispiele

Alle Programmbeispiele sind möglichst unkompliziert geschrieben, d.h. erklärungsbedürftige Kodierungstechniken werden weitgehend vermieden. Fast alle Beispiele sind vollständig und, bei entsprechend vorbereiteten Datenbanken und JDBC-Treibern, unmittelbar ablauffähig. Um die Beispiele übersichtlich zu halten, sind sie möglichst knapp formuliert und auf das Grundsätzliche konzentriert. Ihre Überschaubarkeit wird auch dadurch gefördert, daß Leer- und Kommentarzeilen sowie Fehlerbehandlungen auf ein Minimum reduziert sind. Überhaupt wird mit Kodezeilen, die nicht direkt zur Lösung des jeweiligen Problemes beitragen, sparsam umgegangen. Die erforderlichen Erläuterungen der Programme sind grundsätzlich im laufenden Text vorgenommen, bei kürzeren meist im Anschluß an das Programm und bei längeren vor bzw. nach zusammenhängenden Programmteilen.

Alle Beispielprogramme wurden mittels des Java Development Kits in der Version 1.1.7 (JDK 1.1.7) unter Windows 9x/NT entwickelt und sind alle mit JDBC in der Version 1.2 und aufwärts kompatibel.

Auch den Applets ist JDK 1.1.7 zugrunde gelegt. Getestet wurden sie entsprechend mit einem Java-1.1-fähigen Web-Browser, nämlich dem Netscape Navigator in der Version 4.5.

Neben den erforderlichen JDBC-Treibern für die verwendeten Datenbanksysteme ist in Kapitel 6 zusätzlich das Swing-Klassenpaket erforderlich.

In beinahe allen Beispielen wurde eines der folgenden Datenbanksysteme eingesetzt:

1. *MICROSOFT ACCESS* in der Version 8 wird als sogenannte *Desktop*-Datenbank verwendet. Die Musterdatenbank `Kurse` ist mittels des Windows-ODBC-Managers unter dem Namen „Kurse" registriert und mit Java-Programmen über eine *JDBC-ODBC-Brücke* verbunden.

2. *MINISQL* des australischen Herstellers Hughes Technologies wird in der Version 1.016 als einfacher, aber voll funktionsfähiger *SQL-Datenbankserver* für verteilte Anwendungen eingesetzt. Die Verbindung mit Java-Programmen geschieht mithilfe eines 100% Java-Treibers über ein MiniSQL-eigenes Netzprotokoll. Auf seiner Basis sind vor allem Programmbeispiele in Kapitel 5 realisiert.

3. *ORACLE8 PERSONAL EDITION* wird stellvertretend für den Oracle-Datenbankserver verwendet. Von diesem weit verbreiteten Datenbanksystem wird insbesondere in Kapitel 6 Gebrauch gemacht.

Die Client/Server-Beispiele erfordern außerdem ein funktionierendes TCP/IP-bzw. Internet-Umfeld. Einige wenige der verwendeten Werkzeuge wie die Administrationshilfen des SQL-Datenbankservers MiniSQL senden Anfragen an DNS-Server im Internet, brauchen also Verbindung ins Internet. (Allerdings kann die Nutzung der Administrationshilfen meist ohne größere Nachteile umgangen werden).

In fast allen Beispielen wird die Musterdatenbank `Kurse` verwendet (siehe Anhang C). Diese Datenbank ist für alle verwendeten DBMS mit gleichen Strukturen und Inhalten realisiert, so daß durchgehend gleichsam dieselbe Datenbank Anwendung findet.

Wie bereits angemerkt, sind, von wenigen Ausnahmen abgesehen, in den Beispielen vollständige Programme wiedergegeben. Um Fehler im Programmtext möglichst gering zu halten, sind die abschließenden Tests auf der Basis des Buchmanuskripts durchgeführt worden: Die Programme wurden aus dem Manuskript per „Kopieren-und-Einfügen" in einen Editor kopiert, gespeichert, compiliert und ausgeführt. Eventuell noch vorhandene Fehler wurden direkt im Manuskript korrigiert; danach wurden die Programme wie eben beschrieben erneut getestet.

Eine Aufzählung aller Programmbeispiele ist als „Programmverzeichnis" im Anschluß an das Inhaltsverzeichnis zu finden. Die Adresse, unter der diese Beispiele als Quellcode im Web verfügbar sind, ist unter „Webware" am Ende des Buches angegeben.

Die Programmbeispiele haben in der Regel die folgende Form:

```
// Programm 1-1:   ./Einfuehrung/JdbcKonform.java
public class JdbcKonform {
  ...
Programmcode
  ...
}                                      // Ende class JdbcKonform
```

Hinter der Programmnummer steht das relative Verzeichnis, in dem das Quell-
programm im Web zu finden ist. An die Stelle des Punktes muß lediglich noch
die passende Webadresse aus dem Abschnitt „Webware" gesetzt werden.

Konventionen

Durch unterschiedliche Schriftarten und Schriftschnitte werden Textteile in
diesem Buch wie folgt gegeneinander abgehoben:

`Courier` wird als Schrifttyp für *Programmcode* (Java, SQL etc.), Programm-
und Dateinamen, URLs und Internetadressen usw. verwendet.

`Courier kursiv` bezeichnet *Platzhalter* in Programmen, das heißt, an ihrer
Stelle müssen bei Umsetzung noch gültige Werte eingesetzt werden.

`Courier fett` / ***`Courier fett kursiv`*** lenkt die Aufmerksamkeit auf
Teile in Programmbeispielen, die meist im laufenden Text näher erläutert
werden.

Times kursiv dient der Hervorhebung, weist also beispielsweise auf einen
neuen oder *wichtigen Begriff* hin oder signalisiert einfach „Obacht!"

KAPITÄLCHEN werden gelegentlich verwendet, um Produkt- und Firmennamen
hervorzuheben.

`name()` in Courier und mit *leerer* Klammer bezeichnet den Namen einer
Methode im laufenden Text, z.B. „Die `name()`-Methode ist ...". Die leere
Klammer `()` dient lediglich der Kennzeichnung von `name` als Methode und
sagt *nichts* über den Klammerinhalt, d.h. die Parameter der Methode, aus.

Fachsprache: 🇬🇧 oder ▬ ?

Java und SQL sind englischsprachig, das Internet ist englischsprachig, und auch die Primärliteratur ist fast immer englischsprachig. *Fachtermini* werden daher nur dann eingedeutscht, wenn sie in der Übersetzung geläufig sind. Das ist etwa bei der Datenbankterminologie mit wenigen Ausnahmen wie *Join* der Fall. Sonst werden überwiegend die englischsprachigen Begriffe verwendet.

Englischsprachige Beispiele sind etwa: *Join, Compiler, Computer, Web-Browser, Firewall, Host, Client, Server, Interface, Webserver* etc.
Deutschsprachige sind: *Anweisung, Dreiebenenarchitektur, Domäne, Anforderung* und *Antwort* (nicht: *Statement, Three-Tier Architecture, Domain, Request* und *Answer*).

Dank

Dem Carl Hanser Verlag, insbesondere Frau Margarete Metzger und Frau Irene Weilhart, bin ich für die effiziente und angenehme Zusammenarbeit verpflichtet.

Herrn Börries Ludwig verdanke ich neben vielen Anregungen insbesondere zum Themenkreis Middleware den Beitrag „Objektrelationale Transformation" in Kapitel 7.

Sofern das Buch nicht allzu viele Fehler beinhaltet, ist das vor allem auf das sorgfältige Korrekturlesen von Frau Stefanie Schulz (Universität Hohenheim) und Herrn Manfred Sommer (Carl Hanser Verlag) zurückzuführen, denen ich hiermit meinen Dank ausspreche.

Besonderen Dank schulde ich Frau Kollegin Brigitte Hagenmeyer, die mir nicht nur zu diesem Buchprojekt riet, sondern mir auch beim Verfassen des Buches mit fachlichem Rat zur Seite stand.

Hohenheim, im Juni 1999   *Wolfgang Dehnhardt*

1 Einleitung

1.1 Die Programmierschnittstelle JDBC

Java DataBase Connectivity bzw. *JDBC*[TM] bezeichnet eine *Programmier-schnittstelle* (Application Programming Interface oder *API*), über die man in Java-Programmen Informationen aus Datenbanksystemen verarbeiten, d.h. suchen, anzeigen, erzeugen und verändern kann. Für die Formulierung entsprechender Anweisungen an das Datenbanksystem wird gewöhnlich die standardisierte Datenbanksprache SQL verwendet. JDBC setzt damit auf einer recht tiefen sprachlichen Ebene an und hat dementsprechend schlichte Fähigkeiten im Vergleich zu den meist sehr anspruchsvollen Datenbankentwicklungswerkzeugen. Deshalb wird JDBC auch als „low-level" oder „call level" SQL-Schnittstelle für die Java-Plattform bezeichnet.

JDBC besteht aus zwei Komponenten:

1. aus *Datenbanktreibern*, die den Anschluß von Java-Anwendungen an Datenbanksysteme wie DB/2, Oracle, MS ACCESS oder MiniSQL ermöglichen, und

2. aus dem Paket `java.sql`, bestehend aus einem *Manager* für diese Treiber, *Interfaces* als *Schnittstellen zu den Treibern* sowie Hilfsklassen für Datum, Uhrzeit und gültige JDBC-Typen.

Die *Treiber* sind datenbank- und herstellerabhängige Java-Klassen, die sich dem Anwender aber als Implementierungen von JDBC-Interfaces einheitlich präsentieren. Sie dienen dem Zweck, Java-Programmen herstellerneutrale, also von der speziellen Datenbank weitgehend unabhängige Programmierschnittstellen (APIs) anzubieten. Demgemäß sind alle JDBC-Treiber Implementierungen der Interfaces des Pakets `java.sql` (`Connection`, `Statement`, `ResultSet` etc.). Auch die Treiber selbst sind zu Paketen geschnürt, beispielsweise der dem JDK 1.1 beiliegende ODBC-Treiber zum Paket (Package) `sun.jdbc.odbc`.

Neben den Schnittstellenfestlegungen verfügt `java.sql` noch über einen Treibermanager, mit dem Treiberobjekte verwaltet werden können. Objekte von JDBC-konformen Treiberklassen registrieren sich beim Treibermanager des Java-Programms stets selbst. Jede JDBC-Applikation hat genau einen solchen Treibermanager (auch dann, wenn der Manager umgangen und, was ohne weiteres möglich ist, direkt mit den Treibern gearbeitet wird). Der Treibermanager verwaltet lediglich die Treiberobjekte selbst, nicht deren Verbindungen zu Datenbanksystemen. Wird er verwendet, so werden über ihn zwar die Verbindungen zu den Datenbanken hergestellt, die darauf folgenden Datenbankanfragen werden aber *direkt* über die Treiber abgewickelt. (Dabei werden als Typen die JDBC-Interfaces und nicht die von Treiber zu Treiber variierenden Treiberklassen verwendet, also etwa `ResultSet` statt z.B. `OdbcJdbcResultSet` oder `MsqlResultSet`.)

Zusammenfassend ergibt sich daraus etwa eine Struktur wie in Abbildung 1-1 veranschaulicht:

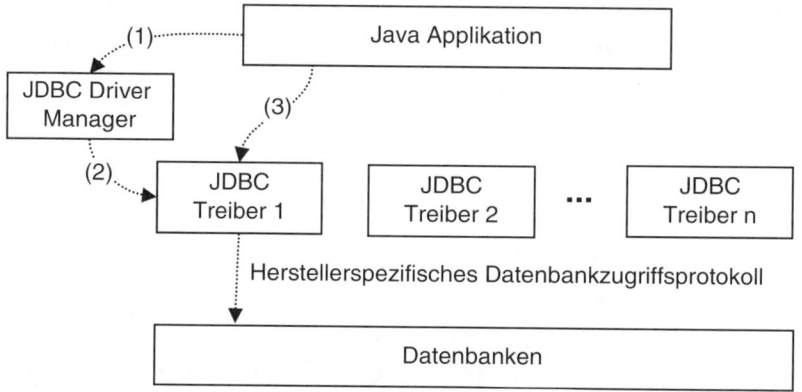

Abbildung 1-1: JDBC-Schichten

Gezeigt sind beispielhaft (1) die Registrierung eines Treiberobjektes, (2) die Verbindungsaufnahme mit einer Datenbank über den Treibermanager und (3) die Abwicklung der Datenbankmanipulationen über den Treiber direkt, d.h. über das Objekt vom Typ `Connection`, das bei der Verbindungsaufnahme erzeugt wurde.

1.2 JDBC-Konformität

Treiber können sich dann als JDBC COMPLIANT™, d.h. JDBC-konform bezeichnen, wenn sie SUNs Konformitätstest bestehen und damit u.a. *mindestens* dem sog. *ANSI/ISO* [*] *SQL/92 Entry Level* genügen. JDBC-Konformität garantiert also einen kleinsten gemeinsamen funktionellen Nenner. JDBC-konforme Treiber in einer JDBC-Anwendung sollten demnach ohne sonstige Code-Änderungen austauschbar sein, d.h. ein Wechsel von einem DBMS zu einem anderen sollte bei konformen Treibern allenfalls minimalen Aufwand verursachen.

Die Treiber selbst geben Auskunft darüber, ob sie JDBC-konform sind oder nicht. Wie diese Information in einem Java-Programm erfragt werden kann, wird im folgenden Beispiel für drei unterschiedliche Treiber gezeigt (zwei davon, der ODBC/Access- und der Oracle-Treiber, sind konform und antworten mit `true`, der dritte, für MiniSQL, ist es nicht und liefert entsprechend `false`).

Programm 1-1: JDBC-Konformität

```
// Programm 1-1:   ./Einfuehrung/JdbcKonform.java
public class JdbcKonform {
  public static void main(String[] args) throws Exception {
    System.out.println("ODBC    " + (new
        sun.jdbc.odbc.JdbcOdbcDriver()).jdbcCompliant());
    System.out.println("MiniSQL " + (new
        com.imaginary.sql.msql.MsqlDriver()).jdbcCompliant());
    System.out.println("Oracle8 " + (new
        oracle.jdbc.driver.OracleDriver()).jdbcCompliant());
  }
}                               // Ende class JdbcKonform
```

Die Klasse `OdbcJdbcDriver` ist Bestandteil des JDK 1.1, `MsqlDriver` ist der Treiber für den SQL-Server MiniSQL der Firma Hughes Technologies, und der Treiber `OracleDriver` der Firma Oracle ist zuständig für Oracle-Datenbanken.

JDBC ist Grundlage und Rahmen sowohl für die Programmierung von Datenbankanwendungen als auch für die Entwicklung von Datenbanktreibern (zur Unterstützung von letzterem stellt SUN zusätzlich zu den APIs noch den bereits erwähnten Konformitätstest bereit). Das Schwergewicht liegt in diesem Buch auf ersterem, nämlich der Anwendungsprogrammierung mit JDBC.

---

[*] ANSI: American National Standards Institute
   ISO: International Organization of Standardization

JDBC-Konformität garantiert, daß ein Treiber eine definierte Mindestleistung anbietet. Darüber hinaus kann der Treiber aber nach Belieben zusätzliche Eigenschaften haben, die der Anwender über Objekte des Typs `DatabaseMeta Data` bei dem Treiber erfragen kann. So kann beipielsweise festgestellt werden, in welcher Stufung er ANSI/ISO SQL/92 unterstützt, was im folgenden Java-Programm gezeigt wird.

Als erstes wird die Klasse `sun.jdbc.odbc.JdbcOdbcDriver` geladen. Sie ist Bestandteil des JDK 1.1 und zusammen mit den Standard-Klassenbiblio-theken in der Datei `classes.zip` enthalten (`rt.jar` bei Java 2). Beim Laden registriert sich der Treiber in einem Treibermanager, und mittels dieses Treiber-managers wird die Verbindung zur Datenbank `Kurse` hergestellt. Danach wer-den Metadaten der Datenbank erfragt.

Programm 1-2: ANSI-Stufe von MS Access

```
// Programm 1-2:   ./Einfuehrung/AnsiStufeAccess.java
import java.sql.*;
public class AnsiStufeAccess {
  public static void main(String[] args) throws Exception {
    Class.forName("sun.jdbc.odbc.JdbcOdbcDriver");
    Connection c =
      DriverManager.getConnection("jdbc:odbc:Kurse");
    DatabaseMetaData meta = c.getMetaData();
    System.out.println(meta.getDatabaseProductName() + " "
                    + meta.getDatabaseProductVersion() );
    System.out.println("Entry Level   "
                    + meta.supportsANSI92EntryLevelSQL());
    System.out.println("Intermediate "
                    + meta.supportsANSI92IntermediateSQL());
    System.out.println("Full Level    "
                    + meta.supportsANSI92FullSQL());
  }
}                                 // Ende class AnsiStufeAccess
```

Die Antworten der dem Beispiel zugrundeliegenden MS Access-Datenbank sind

```
ACCESS 3.5 Jet
Entry Level   true
Intermediate false
Full Level    false
```

d.h. der ANSI SQL/92 Entry Level wird unterstützt, die höheren Stufen dage-gen nicht.

Ein ähnliches Programm folgt für die Überprüfung des Oracle8-DBMS. An Stelle des ODBC-Treibers für die Access-Datenbank wird nun der passende

Treiber für die Oracle-Datenbank geladen (`oracle.jdbc.driver.Oracle Driver`). Dazu muß der Klassenpfad `classpath` auf das Treiberpaket eingestellt sein (siehe auch Abschnitt 4.3.2). Mittels dieses Treibers wird über das Internet eine Verbindung zur Datenbank `orcl` auf dem Datenbankserver `localhost` hergestellt. `localhost` ist sozusagen das `this`-Objekt im Internet, d.h. der Server befindet sich auf dem gleichen Computer wie das Clientprogramm `AnsiStufeOracle`.

Programm 1-3: ANSI-Stufe von Oracle8 Personal Edition

```
// Programm 1-3:    ./Einfuehrung/AnsiStufeOracle.java
import java.sql.*;
public class AnsiStufeOracle {
  public static void main(String[] args) throws Exception {
    Class.forName("oracle.jdbc.driver.OracleDriver");
      Connection c = DriverManager.getConnection(
                      "jdbc:oracle:thin:@localhost:1521:orcl",
                      "Kurse","Oracle");
    DatabaseMetaData meta = c.getMetaData();
    System.out.println(meta.getDatabaseProductName() + " "
                      + meta.getDatabaseProductVersion() );
    System.out.println("Entry Level   "
                      + meta.supportsANSI92EntryLevelSQL());
  }
}                                       // Ende class AnsiStufeOracle
```

Die Anwort ist überraschenderweise, daß keine der ANSI-Stufen von SQL unterstützt wird, auch nicht die Eingangsstufe, obwohl Oracle im Programm 1-1 (`JdbcKonform`) JDBC-Konformität in Anspruch nimmt:

```
Oracle Oracle8 Personal Edition Release 8.0.4.0.0
PL/SQL Release 8.0.4.0.0
Entry Level   false
```

Anders als bei der Überprüfung der Konformität genügt es nicht, einen Treiber zu instanziieren und diesen direkt abzufragen. Denn hinter ODBC- bzw. JDBC-Treibern (vgl. Abschnitt 4.6) können sich die unterschiedlichsten Datenbanken verbergen. Konsequenterweise muß erst eine Verbindung zur konkreten Datenbank hergestellt sein, bevor dann über ein `DatabaseMetaData`-Objekt die sogenannten *Metadaten* des Datenbanksystems, so z.B. die ANSI-Stufen, festgestellt werden können.

1.3   Das JDBC-Umfeld

Das JDBC-Umfeld ist bestimmt durch *verteilte relationale* Datenbanksysteme, d.h. ein erfolgreicher Umgang mit JDBC erfordert die Kenntnis eines reichhaltigen Sortiments unterschiedlicher Methoden, die überwiegend gar nicht oder nur am Rande unmittelbar mit Java zusammenhängen. Denn JDBC baut auf relationalen Datenbanksystemen auf, spricht deren Sprache SQL (ohne sie selbst zu verstehen) und agiert in verteilten Umgebungen. Diese Situation ist im folgenden Bild symbolisiert.

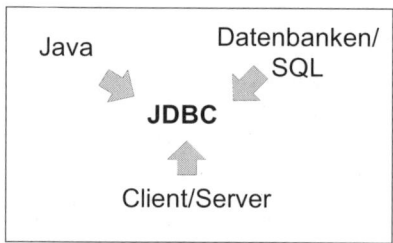

Abbildung 1-2: Das JDBC-Umfeld

Erfolgreiches Programmieren mit den JDBC-APIs setzt also Kenntnisse über ein recht breites Methodenspektrum voraus:

- Relationale Datenbanken: Relationen/Tabellen, Operationen auf Tabellen und Datenmodellierung

- Recherchieren sowie Erzeugen, Löschen und Pflegen von Daten in relationalen Datenbanken: SQL

- Verteilte Anwendungen: Client/Server, Client/Server-Ebenen, Internet/ Intranet

Mittels Streifzügen durch all diese Themen wird das erforderliche Instrumentarium für erfolgreiches Programmieren mit JDBC erarbeitet. Dabei wird der Bezug zu Java und JDBC nie gänzlich außer Sichtweite geraten.

1.4   Grundstruktur von JDBC-Anwendungen

Um möglichst von Anfang an Sachverhalte mit Java/JDBC-Beispielprogrammen zu illustrieren, wird bereits hier eine knappe Einführung in JDBC gegeben. Das geschieht anhand des Programms `FuenfSchritte`, das zugleich auch Muster für die meisten Beispiele in den Folgekapiteln ist.

In jeder JDBC-Anwendung sind in der Regel die folgenden fünf Schritte erkennbar:

1. einen Treiber registrieren,

2. über den Treiber das Programm mit der Datenbank verbinden,

3. ein SQL-Anweisungsobjekt erzeugen,

4. eine Anweisung ausführen und

5. das Resultat der Anweisung verarbeiten, z.B. anzeigen.

Als weitere Schritte dürfen das Schließen offener Datenbankverbindungen und das Deregistrieren von Treibern nicht übersehen werden, auch wenn sie eine eher untergeordnete Rolle spielen.

Die Schritte 1 und 2 werden oft nur ein einziges Mal beim Programmstart ausgeführt, während die folgenden Schritte 3, 4 und 5 sich so oft wiederholen, wie es das Anwendungsprogramm erfordert. Dazu ein einfaches Beispiel (die Schritte sind durch die vorangestellten Nummern gekennzeichnet und entsprechen den aufgeführten Typen):

Programm 1-4: Phasen der JDBC-Programmierung

```
// Programm 1-4:  ./Einfuehrung/FuenfSchritte.java
import java.sql.*;
public class FuenfSchritte {
   public static void main(String[] args) throws Exception {
```

1
```
      Class.forName("sun.jdbc.odbc.JdbcOdbcDriver");
```

2
```
      Connection c =
          DriverManager.getConnection("jdbc:odbc:Kurse",
                              "gast","");
```

3
```
      Statement s = c.createStatement();
```

4
```
      ResultSet r = s.executeQuery(
          "SELECT * FROM Personen WHERE nachname LIKE 'K%'");
```

5
```
      while(r.next()) {
          System.out.println(r.getString("vorname") + " " +
                              r.getString("nachname"));
      }
```

```
      c.close();
   }
}                                    // Ende class FuenfSchritte
```

Die Programmschritte im einzelnen:

1. Mit `Class.forName()` wird die Klasse `JdbcOdbcDriver` aus dem Paket `sun.jdbc.odbc` *geladen, instanziiert* und die Instanz im Treibermanager *registriert*. Jedes JDBC-Programm hat genau ein statisches *Treiberregister* (vgl. Abschnitt 4.2.1), das mit dem Laden des Treibers angelegt wird.

2. Die *Verbindung* mit einer Datenbank wird mit `getConnection()` mittels des Treibermanagers über einen String hergestellt, der Ähnlichkeit mit der Syntax einer URL hat (`mailto:x@y.z`, `http://www.jugs.org` etc.) und deshalb auch JDBC-URL heißt: `jdbc:odbc:Kurse`. Die danach folgende Nutzerkennung `"gast"` und das Paßwort `""` (leerer String) dienen der Anmeldung bei dem DBMS, das die Tabellen der Datenbank `Kurse` zur Bearbeitung freigeben soll. Das Resultat ist ein Objekt vom Typ `Connection`. Danach spielt der Treibermanager keine Rolle mehr.

    Da die Verbindungsaufnahme zu einer Datenbank ein sehr zeitintensiver Vorgang ist, sollte eine Verbindung in der Regel so lange aufrechterhalten werden, bis sie definitiv nicht mehr benötigt wird. Die bestehenden Verbindungen muß der Anwender selbst unter Kontrolle halten.

3. Durch Aufruf der Methode `createStatement()` wird ein Objekt vom Typ `Statement` zur Anwendung an der Datenbank `Kurse` erzeugt.

4. Sodann wird mit Hilfe dieses `Statement`-Objektes eine `SELECT`-SQL-Anweisung auf die Datenbank angewendet. Die Ausführung der SQL-Anweisung erfolgt mittels der Methode `executeQuery()` im `Statement`-Objekt `s`. Dabei werden mit der SQL-Anweisung

    `SELECT * FROM Personen WHERE nachname LIKE 'K%'`

    in der Tabelle `Personen` alle Zeilen ausgewählt, in denen `nachname` mit einem `K` beginnt (`'K%'`, mit `%` als Jokerzeichen für den dem `K` evtl. noch folgenden Zeichenkettenrest). Die `executeQuery()`-Methode gibt eine entsprechende Tabelle als sog. `ResultSet` zurück. Sie hat die gleichen Spaltennamen wie die Tabelle `Personen`, in der Regel allerdings mit reduzierter Zeilenzahl. (Die Spalten*zahl* ließe sich dadurch reduzieren, daß an Stelle des Zeichens `*`, das stellvertretend für *alle* Spalten steht, z.B. die Spaltenliste `vorname, nachname` verwendet würde.)

5. In der `while`-Schleife werden mit der „Cursor"-Methode `next()` nacheinander die Tabellenzeilen der Ergebnistabelle (`ResultSet`) eingelesen und aus den Zeilen jeweils `vorname` und `nachname` extrahiert (`getString("spaltenName")`) und ausgedruckt.

    Mit dem `ResultSet`-Objekt (Ziffer 4) wird ein *Cursor* erzeugt, der nach dem ersten `next()`-Aufruf auf die erste Zeile der Ergebnistabelle weist, sofern die Tabelle nicht leer ist. Der Cursor wird mit jedem Aufruf von `next()` um eine Zeile weiterbewegt, bis das Tabellenende erreicht ist. Es gibt in JDBC Version 1.2 keine Funktionen, um den Cursor eine Zeile zurück, drei Zeilen nach vorn oder ganz an den Anfang bzw. das Ende der Tabelle zu stellen (zu JDBC Version 2.0 siehe Abschnitt 7.1).

Vor Abschluß des Programms sollten noch die Datenbankressourcen freigegeben, d.h. die Verbindung geschlossen werden (`c.close()`). Dieser Schritt kann aber auch der virtuellen Maschine überlassen werden, die beim Beenden eines Programms automatisch die Ressourcenfreigabe bewirkt.

Zur Fehlervermeidung sollten drei Regeln frühzeitig verinnerlicht werden:

- Zu jedem `Statement`-Objekt gibt es *höchstens ein* gültiges `ResultSet`-Objekt.

- Auf ein Datenelement in einer Zeile eines `ResultSet` kann *höchstens einmal* zugegriffen werden (z.B. mit `getString("vorname")`). Außerdem ist es ratsam, eine `ResultSet`-Zeile grundsätzlich von *links nach rechts* einzulesen.

- In der Version 1.2 von JDBC sind die Zeilen einer Tabelle nur in *einer Richtung* durchschreitbar, und zwar vorwärts (`next()`).

2 Relationale Datenbanken

2.1 Definitionen

Unter einer *Datenbank* ist eine auf Dauer angelegte Datenorganisation zu verstehen, und unter dem Begriff *Datenorganisation* werden alle Verfahren zusammengefaßt, die dazu dienen, Daten zu strukturieren, zu speichern und verfügbar zu halten. In *relationalen Datenbanken* sind die Strukturelemente *Relationen*, zwischen denen logische Abhängigkeiten bestehen. Relationen manifestieren sich in der Praxis meist als *Tabellen*, d.h. die beiden Begriffe *Relation* und *Tabelle* können fast immer synonym verwenden werden. Im folgenden wird vorzugsweise der Terminus *Tabelle* verwendet.

Ein *Datenbankverwaltungssystem* (DBMS – DataBase Management System) oder kurz *Datenbanksystem* ist ein Programmsystem zur Verwaltung der Daten einer Datenbank. RDBMS ist die *relationale* DBMS-Variante. Sie ist der heute vorherrschende Datenbanktyp.

Datenbanksprachen dienen dem Zugriff auf die Bestände und Strukturen einer Datenbank. Sie ermöglichen in solchen Beständen das Suchen, Löschen, Verändern und Einfügen von Daten in Tabellen (SELECT, DELETE, UPDATE und INSERT) bzw. die Definition, Änderung und Elimination der Tabellen selbst (CREATE, ALTER, DROP). Die prominenteste unter diesen Sprachen ist *SQL*, die in nahezu allen RDBMS üblich ist.

Die Tabellen relationaler Datenbanken lassen sich mittels SQL zu *virtuellen Tabellen*, die auch als *Sichten* oder *Views* bezeichnet werden, zusammenstellen.

Die Elemente relationaler Datenbanken sind *Tabellen* (*Relationen*), die zueinander in Beziehung stehen. Jede Tabelle hat einen *Tabellennamen* und besteht aus *Spalten*. Und jede Spalte hat ihrerseits einen *Spaltennamen* und besteht aus in *Zeilen* angeordneten *Werten* (Spalten heißen manchmal auch *Attribute* und Werte *Ausprägungen* der Attribute).

Mit den Werten von Spalten ist der Begriff *Domäne* verbunden. Darunter ist die Menge der erlaubten Werte in einer Spalte, also ihr *Wertebereich* zu verstehen.

Zur Verdeutlichung folgt ein einfaches Beispiel in Form der Tabelle `Personen` mit den Spalten `nachname`, `vorname` und `pcode` (`pcode` stellt eine Kodierung dar, über die jede der Zeilen in der Tabelle eindeutig identifiziert ist, vgl. Abschnitt 2.7).

Tabellenname: `Personen`

nachname	vorname	pcode
Müller	Hanne	23
Khan	Dschingis	88
Schmidt	Lothar	24
Kunze	Sieglinde	101

Spaltennamen ⇒

Zeile / Werte-Tupel ⇒

⇑
Spalte: Name und Werte

Abbildung 2-1: Bezeichnungskonventionen in Tabellen

Zunächst sei das Vorangegangene auch formal zusammengefaßt:

Eine Tabelle bzw. Relation ist eine Teilmenge des kartesischen Produktes von Mengen A_i:

$$R \subseteq A_1 \otimes A_2 \otimes A_3 \otimes \dots$$

z.B.
```
Personen ⊆ nachname ⊗ vorname ⊗ pcode
```

oder, in der üblicheren Schreibweise:

```
R(A₁, A₂, A₃, ...)
```

z.B.
```
Personen(nachname, vorname, pcode)
```

`Ai` heißen *Attribute* und bilden die Spalten der resultierenden Tabelle. Sie sind jeweils homogene Mengen von Zeichenketten, Zahlenwerten etc. Die Elemente solcher Mengen nennt man Ausprägungen oder einfach *Werte*.

Wendet man diese Schreibweisen auf die Beispieltabelle an, so ergeben sich die folgenden Attribute bzw. Spalten:

```
nachname  = { Müller, Khan, Schmidt, Kunze }
vorname   = { Lothar, Dschingis, Hanne, Sieglinde }
pcode     = { 101, 23, 88, 24 }
```

und daraus als Teilmenge des kartesischen Produktes der Attribute die Tabelle `Personen`, dargestellt als Menge {...} von *n-Tupeln* (...):

```
Personen( nachname, vorname, pcode )
      = { (Müller, Hanne, 23),
          (Khan, Dschingis, 88),
          (Schmidt, Lothar, 24),
          (Kunze, Sieglinde, 101)  }
```

An Tabellen können Operationen ausgeführt werden, und in den Operationen werden unterschieden:

- *unäre* oder *monadische Operatoren*, die nur auf *eine* Tabelle, und

- *binäre* oder *dyadische Operatoren*, die auf *zwei* Tabellen einwirken.

Das Ergebnis aller relationalen Operationen auf Tabellen sind selbst wieder Tabellen (Abgeschlossenheitseigenschaft der Tabellen). Auf Resultattabellen von Operationen sind wiederum Operationen ausführbar etc. Operationen können also nach Belieben verschachtelt werden.

2.2   Beziehungen zwischen Tabellen

Tabellen dürfen nicht isoliert betrachtet werden, denn zwischen ihnen bestehen gewöhnlich *Beziehungen* oder *Assoziationen*. So gehören in Abbildung 2-2 die beiden Zeilen `kcode=2` und `kcode=4` in der Tabelle `Kurse` zu der Zeile mit `dcode=3` in der Tabelle `Dozenten`. Zu einer Zeile in `Dozenten` können also grundsätzlich keine (`dcode=27`) oder eine (`dcode=5`) oder 2 oder allgemein N Zeilen in `Kurse` gehören. Zwischen den beiden Tabellen besteht eine Beziehung des Typs `1:N` bzw. eine *1:N-Beziehung*.

Eine Sammlung von Tabellen wird erst durch solche Beziehungen zwischen den Tabellen zur relationalen Datenbank, und auf derartigen Beziehungen zwischen Tabellen baut insbesondere die noch zu besprechende Tabellenoperation *Join* (Abschnitt 2.5) auf.

Dozenten

dcode	nachname	vorname
2	Leutner	Brigitte
3	Gernhardt	Wolfgang
4	Weizenbaum	Josephine
5	Duffing	Julienne
9	Mergel	Börries
10	Ludwig	Luigi
27	Meyer-Böricke	Julius

Kurse

kcode	dcode	bezeichnung	datum
1	10	Objektorientierte	27.04.98
2	3	JavaScript	29.06.98
3	2	JDBC	30.06.98
4	3	HTML	13.07.98
5	5	GUI-Programmie	09.06.98

Abbildung 2-2: Beziehungen zwischen zwei Tabellen

Die Beziehungstypen im einzelnen sind:

- die `1:1`-*Beziehung*:
  jedem Dozenten ist genau ein Bankkonto zugeordnet.

- die `1:N`-*Beziehung*:
  ein Dozent leitet mehrere Kurse, und jeder Kurs wird von höchstens einem
  bzw. genau einem Dozenten geleitet.

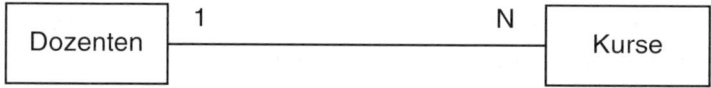

- *die* `N:M`-*Beziehung*:
  eine Person nimmt teil an mehreren Kursen, und an einem Kurs können
  mehrere Personen teilnehmen.

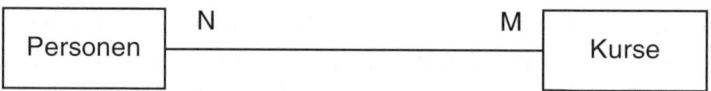

Das Ergebnis von `N:M`-Beziehungen zwischen Tabellen ist nicht direkt in
Tabellenform darstellbar. Sie müssen daher unter Zwischenschaltung einer
weiteren, *assoziativen* Tabelle in zwei `1:N`-Beziehungen nach dem folgendem
Vorgehensmuster aufgelöst werden: Eine Person kann mehrmals Kurs*teilneh-
mer* sein, und für einen Kurs können mehrere *Teilnehmer* gebucht haben. (Eine
Begründung ist an dieser Stelle noch nicht angebracht, denn sie erfordert den
Begriff des *Schlüssels*; sie ist daher erst in Abschnitt 6.1.1 zu finden.)

In der Musterdatenbank `Kurse` ist es also die assoziative Tabelle `Teilnehmer`, die, wie im folgenden Bild gezeigt, die `N:M`-Beziehung zwischen `Kurse` und `Dozenten`

in eine `1:N`- und eine `1:M`-Beziehung auflöst:

Beim Entwerfen einer relationalen Datenbank werden also zum einen die Daten kategorisiert und in Tabellen gesammelt und zum anderen diese Tabellen zueinander in Beziehung gesetzt, wobei auch die Typen all dieser Beziehungen festgelegt werden müssen. Dieses Vorgehen ist Bestandteil des sogenannten *Datenmodellierungsprozesses*.

2.3   Einfache Operationen auf Tabellen

Zwei Möglichkeiten, Tabellen zu bearbeiten, bieten sich unmittelbar an, nämlich das zeilenweise und das spaltenweise Auswählen von Werten. Die entsprechenden *Operationen* auf eine Tabelle heißen *Projektion* für die Spaltenwahl und *Selektion* bzw. *Restriktion* für die Auswahl von Zeilen. Beide wirken jeweils auf *eine* Tabelle, sind also sog. *unäre* oder *monadische* Operationen. Das Ergebnis sind wiederum Tabellen.

In den drei folgenden Abschnitten sollen aus der untenstehenden Tabelle `Personen` beispielhaft ausgewählt werden:

* die beiden Spalten `nachname` und `pcode` (2.3.1);

* die Zeilen mit allen Werten von `nachname`, die mit „K" beginnen (2.3.2);

* die Spalte `vorname` und daraus nur diejenigen Zeilen, in denen die Werte von `nachname` gleich „Khan" sind (2.3.3).

nachname	vorname	pcode
Müller	Hanne	23
Khan	Dschingis	88
Schmidt	Lothar	24
Kunze	Sieglinde	101

2.3.1   Projektion

Durch *Projektion* einer Tabelle wird eine Auswahl von *Spalten* getroffen. Das Resultat ist wiederum eine Tabelle, die im allgemeinen weniger Spalten als die ursprüngliche hat.

Im folgenden Beispiel wird so aus der Tabelle `Personen` mit den drei Spalten `nachname`, `vorname` und `pcode` durch Projektion eine Tabelle mit den beiden Spalten `nachname` und `pcode` erzeugt.

nachname	vorname	pcode
Müller	Hanne	23
Khan	Dschingis	88
Schmidt	Lothar	24
Kunze	Sieglinde	101

⇒

nachname	pcode
Müller	23
Khan	88
Schmidt	24
Kunze	101

Abbildung 2-3: Projektion

In der Datenbanksprache SQL hat diese Operation den Namen `SELECT`. `SELECT` leitet in SQL aber außerdem eine ganze Klasse von Ausdrücken ein, die alle eine Auswahl in einer oder mehreren verknüpften Tabellen bewirken (*Query* oder *Abfrage*), ist also sowohl das Schlüsselwort für Abfragen als auch der Name des Projektionsoperators. Die SQL-Anweisung für die im Bild gezeigte Projektion ist:

```
SELECT nachname, pcode
FROM Personen
```
wähle die Spalten `nachname,pcode`
aus der Tabelle `Personen`

Viele der geschilderten und in diesem Kapitel noch zu schildernden Sachverhalte lassen sich mit SQL einfach und präzise darstellen. Dazu wird nur eine kleine Untermenge von SQL benötigt. Aus diesem Grunde wird im Vorgriff auf Kapitel 3 (SQL) diese Untermenge, im wesentlichen die `SELECT`-Anweisung in ihren einfachsten Varianten, bereits hier eingeführt.

Man kann in der Regel eine SQL-Anweisung mittels Leerstellen und Zeilenumbrüchen freizügig formatieren, d.h. die folgenden Schreibweisen sind mit der vorangehenden völlig gleichwertig:

```
SELECT nachname, pcode FROM Personen

SELECT nachname,
       pcode
FROM   Personen
```

2.3.2   Selektion

Selektion (Restriktion) in einer Tabelle bewirkt die Auswahl von *Zeilen*. Das Resultat ist wiederum eine Tabelle, die höchstens gleich viele, in der Regel aber weniger Zeilen hat als die ursprüngliche.

Im Beispiel wird so aus der vierzeiligen Tabelle `Personen` durch Selektion eine Tabelle mit nur zwei Zeilen.

nachname	vorname	pcode
Müller	Hanne	23
Khan	Dschingis	88
Schmidt	Lothar	24
Kunze	Sieglinde	101

⇒

nachname	vorname	pcode
Khan	Dschingis	88
Kunze	Sieglinde	101

Abbildung 2-4: Selektion

Die dem Bild entsprechende SQL-Anweisung lautet:

```
SELECT * FROM Personen
WHERE nachname LIKE 'K%'              nachname fängt mit K an
```

Die Tabelle `Personen` wird also erst auf sich selbst projiziert (`SELECT *
FROM Personen`), und aus dieser Tabelle werden dann diejenigen Zeilen selektiert, in denen jeweils der entsprechende Wert in der Spalte `nachname` mit dem Buchstaben `K` beginnt (`LIKE 'K%'`). Man beachte, daß in SQL-Strings als Joker das Prozentzeichen `%` und nicht der sonst üblichere Asteriskus `*` verwendet wird.

2.3.3   Selektion und Projektion

Die Kombination von Selektion und Projektion in SQL entsprechend dem folgenden Bild sollte keine Schwierigkeiten mehr bereiten. Im wesentlichen muß nur der Asteriskus nach `SELECT` durch eine Spaltenliste ersetzt werden, um eine entsprechend reduzierte Tabelle zu erhalten.

nachname	vorname	pcode
Müller	Hanne	23
Khan	Dschingis	88
Schmidt	Lothar	24
Kunze	Sieglinde	101

⇒

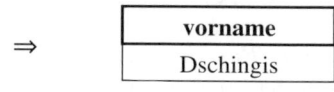

vorname
Dschingis

Abbildung 2-5: Selektion und Projektion

```
SELECT vorname
FROM Personen
WHERE nachname LIKE 'Khan'
```

Es folgt ein Java-Programm, in dem dieser SQL-Befehl realisiert ist. Das Bei-spiel ist fast identisch mit Programm 1-4 (FuenfSchritte), lediglich die SQL-Anweisung unterscheidet sich in der Spaltenauswahl.

Programm 2-1: Selektion und Projektion

```
// Programm 2-1:  ./RDBMSundSQL/SelektionUndProjektion.java
import java.sql.*;
public class SelektionUndProjektion {
   public static void main(String[] args) throws Exception {
      Class.forName("sun.jdbc.odbc.JdbcOdbcDriver");
      Connection c =
            DriverManager.getConnection("jdbc:odbc:Kurse");
      Statement s = c.createStatement();
      ResultSet r = s.executeQuery(
         "SELECT vorname FROM Personen" +
                  " WHERE nachname LIKE 'Khan'");
      while(r.next()) {
         System.out.println(r.getString("vorname"));
      }
   }
}                          // Ende class SelektionUndProjektion
```

2.4   Exkurs 1: Eine Java-Applikation als Übungshilfe für SQL

Mittels eines Programms, und zwar einer Java-*Applikation*, soll entsprechend der folgenden Abbildung in einem Textfeld eine SQL-SELECT-Anweisung ein-getragen werden können. Sie soll auf Knopfdruck hin ausgeführt, und im darunterliegenden Fenster soll das Resultat angezeigt werden. Das Fenster dient dem Nutzer als Schnittstelle, über die er die Anwendung steuern kann und über die die Ergebnisse angezeigt werden. Solche Schnittstellen tragen die Bezeichnung *GUI*: Graphical User Interface oder graphische Benutzerschnittstelle.

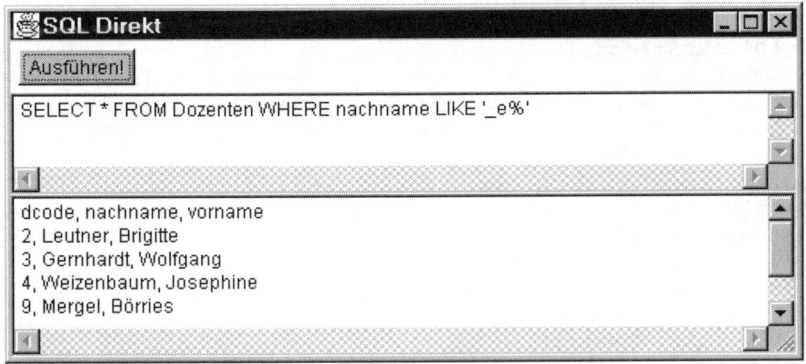

Abbildung 2-6: Übungshilfe für SQL (Programm 2-2)

Das Programm beginnt mit der Angabe der verwendeten Klassenbibliotheken (`import`), dem Kopf der Klasse `SqlDirektQuery` und ihren Instanzvariablen für GUI-Elemente und die DBMS-Verbindungsaufnahme.

`SqlDirektSelect` wird durch Erbschaft von `Frame` zu einem Fenster im Windows 9x/NT-Stil.

Programm 2-2: SQL-Übungshilfe für die `SELECT`-Anweisung

```
// Programm 2-2:  ./RDBMSundSQL/SqlDirektSelect.java
import java.sql.*;
import java.awt.*;
import java.awt.event.*;

public class SqlDirektSelect extends Frame
                            implements ActionListener {
  // GUI-Komponenten
  Button ausführen = new Button("Ausführen!");
  TextArea ein = new TextArea("SELECT", 3, 80);
  TextArea ausgabe = new TextArea();
  // DBMS-Variable
  Connection c;
  Statement s;
```

Im Konstruktor `SqlDirektSelect()` der Klasse wird ein GUI erstellt und Verbindung mit der Datenbank aufgenommen. Die GUI-Erstellung beinhaltet neben dem Aufbau einer geschachtelten Fensterstruktur die Definition eines „Action-Listeners" (`addActionListener(this)`) für den Knopf „Ausführen!", bei dessen Betätigigung die Methode `actionPerformed()` aufgerufen wird (weiter unten im Programmtext). In dieser Methode wird die Ausführung von SQL-Anweisungen bewirkt und das Resultat der Anweisungen ausgewertet. Außerdem wird ein Windows-Listener (Methode: `windowClosing()`) aufgesetzt, über den das Programm beendet werden kann.

```
public SqlDirektSelect() {
   super("SQL Direkt");                     // Fensterbezeichnung
   Panel eingabe = new Panel(new BorderLayout());
   Panel knopf = new Panel(new FlowLayout(FlowLayout.LEFT));
   knopf.add(ausführen);
   eingabe.add(knopf, "North");
   eingabe.add(ein, "Center");
   add(eingabe, "North");
   add(ausgabe, "Center");
   addWindowListener(new WindowAdapter() {       // Window Exit
      public void windowClosing(WindowEvent e) {
         System.exit(0); } });
   ausgabe.setEditable(false);            // für Eingaben sperren
   ausführen.addActionListener(this);     // Eventlistener reg.
   setSize(500, 400);                     // Fenstergröße
   setVisible(true);                      // Fenster anzeigen
```

Die Verbindungsaufnahme mit der Datenbank geschieht in dem darauf folgenden `try...catch...`-Block. Dort wird auch nach erfolgreicher Herstellung der Verbindung ein `Statement`-Objekt erzeugt, das für die folgenden Datenbankabfragen erforderlich ist.

```
// DBMS-Treiber reg., Verbindung mit Datenbank herstellen
try {
   Class.forName("sun.jdbc.odbc.JdbcOdbcDriver");
   c = DriverManager.getConnection("jdbc:odbc:Kurse",
                                   "gast", "");
   s = c.createStatement();
}
catch (Exception ex) {
   ausgabe.setText("Fehler:\n" + ex.getMessage());
}
}
```

Durch Drücken des Knopfes „Ausführen!" wird die `actionPerformed()`-Methode aufgerufen. In `actionPerformed()` wird der in dem oberen Teilfensterobjekt `ein` eingegebene Text als SQL-Anweisung an das DBMS geschickt und dort ausgeführt (bei Verstößen gegen die SQL-Syntax erfolgt die Fehlermeldung im darauf folgenden `catch`-Block). Das Ergebnis ist eine Tabelle in Form eines `ResultSet`-Objektes, die Zeile für Zeile ausgegeben wird.

Die Resultate sind mit den Spaltennamen übertitelt; Anzahl der Spalten und Spaltennamen erhält man als *Metadaten* des `ResultSet`-Objektes (Objekt vom Typ `ResultSetMetaData`) über die `getColumnCount()`- und die `get`

`ColumnName()`-Methoden. Ausgegeben wird das Resultat im unteren Teilfenster `ausgabe`.

```
public void actionPerformed(ActionEvent e) {
  String sql = ein.getText();
  ResultSet r;
  try {
    r = s.executeQuery(sql);          // SQL SELECT ausführen
    ResultSetMetaData rm = r.getMetaData();
    int x = rm.getColumnCount();
    ausgabe.setText("");
    for (int i = 1; i <= x; i++) {
      ausgabe.append(rm.getColumnName(i));
      if (i != x) ausgabe.append(", ");
      else ausgabe.append("\n");
    }
```

Das Einlesen der Tabellenzeilen erfogt in der `while`-Schleife. Beim Aufruf der `next()`-Methode im Schleifenkopf wird erst geprüft, ob im `ResultSet`-Objekt `r` eine weitere Zeile verfügbar ist. Ist dies nicht der Fall, gibt die Methode `false` zurück, und die Schleife wird abgebrochen. Gibt es eine weitere Zeile, so wird `true` zurückgegeben, und im Schleifenkörper werden die Spaltenwerte dieser Zeile eingelesen und im Textfenster `ausgabe` ausgegeben. Mit `next()` wird also ein *Cursor* über die Zeilen der Tabelle bewegt.

```
while(r.next()) {
  for (int i = 1; i <= x; i++) {
    ausgabe.append(r.getString(i));
    if (i != x) ausgabe.append(", ");
    else ausgabe.append("\n");
  }
}
}
```

Im `catch`-Block werden eventuelle Fehler im SQL-Ausdruck abgefangen und diese an Stelle des erwarteten Ergebnisses im Textfenster `ausgabe` ausgegeben.

```
catch (Exception ex) {
  ausgabe.setText("SQL: " + sql + "\nFehler:\n" +
                  ex.getMessage());
}
}
```

Bei Start des Programms wird die statische Methode `main()` aufgerufen und das GUI dort mit dem Konstruktoraufruf `new SqlDirektQuery()` in Gang gesetzt.

```
public static void main(String[] args) {
  new SqlDirektSelect();                    // GUI-Start
  }
}                                  // Ende class SqlDirektSelect
```

Das Programm ist nur geeignet für Abfragen. In Abschnitt 3.2 wird es dann so modifiziert, daß auch Änderungen in der angeschlossenen Datenbank möglich werden.

2.5 Tabellen verbinden: Die Join-Operation

2.5.1 Grundlegendes zu Join

Ähnlich wie Tabellen als Teilmenge eines kartesischen Produktes von Attributmengen definiert sind, kann das Resultat einer *Join-Operation* als Teilmenge des kartesischen Produktes von Tabellen verstanden werden (jede mit jeder Tabellenzeile aller beteiligten Tabellen). Die Reduktion auf eine Teilmenge erfolgt durch Selektion, also durch Abhängigkeiten von Spalten der beteiligten Tabellen, beispielsweise über die WHERE-Klausel. In der überwiegenden Zahl der Fälle werden Tabellen über gleiche Spaltenwerte zusammengefügt. Dazu ein Beispiel in SQL (dem man zugleich entnehmen kann, wie gleiche Spaltenbezeichnungen in unterschiedlichen Tabellen durch Qualifizieren mit dem Tabellennamen unterschieden werden):

```
SELECT *
FROM   Kurse, Dozenten
WHERE  Kurse.dcode = Dozenten.dcode
```

Die beiden Tabellen `Kurse` und `Dozenten` werden in allen folgenden Beispielen verwendet und daher in der folgenden Abbildung 2-7 einleitend vorgestellt.

Dozenten

dcode	nachname	vorname
2	Leutner	Brigitte
3	Gernhardt	Wolfgang
4	Weizenbaum	Josephine
5	Duffing	Julienne
9	Mergel	Börries
10	Ludwig	Luigi
27	Meyer-Böricke	Julius

Kurse

kcode	dcode	bezeichnung	datum
1	10	Objektorientierte	27.04.98
2	3	JavaScript	29.06.98
3	2	JDBC	30.06.98
4	3	HTML	13.07.98
5	5	GUI-Programmie	09.06.98

Abbildung 2-7: Basistabellen für Join-Operationen

Die obenstehende SQL-Anweisung, die auf diese beiden Tabellen angewandt wird, hat als Resultat diese Tabelle:

kcode	bezeichnung	datum	Kurse. dcode	Dozenten. dcode	nachname	vorname
3	JDBC	30.06.98	2	2	Leutner	Brigitte
2	JavaScript	29.06.98	3	3	Gernhardt	Wolfgang
4	HTML	13.07.98	3	3	Gernhardt	Wolfgang
5	GUI-Programmierung	09.06.98	5	5	Duffing	Julienne
1	Objektorientierte Progra	27.04.98	10	10	Ludwig	Luigi

Die Operation *verbindet* die beiden Tabellen zu einer einzigen Tabelle und trägt daher die Bezeichnung *Join*.

In die SQL-Anweisung kann noch eine Projektion einbezogen werden, mit der überflüssige oder unerwünschte Spalten eliminiert werden können:

```
SELECT datum, nachname, vorname, bezeichnung
FROM Kurse, Dozenten
WHERE Kurse.dcode = Dozenten.dcode
```

Das Resultat dieser Anweisung ist:

Datum	nachname	vorname	bezeichnung
30.06.98	Leutner	Brigitte	JDBC
29.06.98	Gernhardt	Wolfgang	JavaScript
13.07.98	Gernhardt	Wolfgang	HTML
09.06.98	Duffing	Julienne	GUI-Programmierung mit Java
27.04.98	Ludwig	Luigi	Objektorientierte Programmierung mit Java

Die Join-Operation hat eine Vielzahl von Varianten, weil unterschiedliche Spaltenkombinationen projiziert werden können und vom Gleichheitsoperator abweichende Operatoren in der WHERE-Klausel möglich sind. Für einige dieser Varianten haben sich feste Bezeichnungen eingebürgert. Diese Varianten sind in Form von beispielhaften SQL-Anweisungen im folgenden zusammengestellt. Jede Variante ist außerdem mit einem Beispiel veranschaulicht, das die beiden am Anfang des Abschnittes gezeigten Tabellen Kurse und Dozenten als Grundlage hat.

2.5.2   Theta-Join

Zusammenfügen über gleiche Spaltenwerte ist zwar die häufigste, aber nicht die einzige Art, Tabellen zu verknüpfen. Spaltenwerte können auch über beliebige andere Bedingungsoperatoren zueinander in Beziehung gesetzt werden. Darauf beruhende Operationen werden als *Theta-* oder *θ-Join* bezeichnet, wobei Theta bzw. θ beliebige Bedingungsoperatoren symbolisieren.

```
SELECT * FROM Personen, Dozenten
WHERE Personen.nachname θ Dozenten.nachname
```

Ein Beispiel für den Stringvergleichsoperator θ = NOT LIKE:

```
SELECT * FROM Personen, Dozenten
WHERE Personen.nachname NOT LIKE Dozenten.nachname
```

pcode	Personen. nachname	Personen. vorname	dcode	Dozenten. nachname	Dozenten. vorname
23	Müller	Hanne	2	Leutner	Brigitte
88	Khan	Dschingis	2	Leutner	Brigitte
24	Schmidt	Lothar	2	Leutner	Brigitte
101	Kunze	Sieglinde	2	Leutner	Brigitte
23	Müller	Hanne	3	Gernhardt	Wolfgang
88	Khan	Dschingis	3	Gernhardt	Wolfgang
usw.	...	...	...	...	...

Abbildung 2-8: Verknüpfung mit θ-Join (θ = NOT LIKE)

Die Ergebnistabelle hat *alle Spalten* der beteiligten Tabellen, aber *nur die Zeilen*, in denen die Werte der beiden Spalten Personen.nachname und Dozenten.nachname ungleich sind. (Bei numerischen Werten würde der Ungleichheitsoperator != an die Stelle von NOT LIKE gesetzt werden.)

2.5.3   Equi Join

Equi Join ist ein θ-Join mit dem Gleichheitszeichen an der Stelle von θ bei Zahlen oder LIKE bei Strings, z.B.

```
SELECT * FROM Dozenten, Kurse
WHERE Kurse.dcode = Dozenten.dcode
```

Das Resultat besteht aus *allen* Spalten der beteiligten Tabellen, also auch den beiden inhaltlich gleichen Spalten, die in der WHERE-Klausel verwendet sind.

Das gleiche Ergebnis erhält man auch bei Verwendung des INNER JOIN-Operators, den allerdings nicht jedes Datenbanksystem kennt (Access kennt ihn, Oracle dagegen nicht, vgl. Abschnitt 6.1.3):

```
SELECT * FROM Dozenten
INNER JOIN Kurse
ON Dozenten.dcode = Kurse.dcode;
```

Für beide SQL-Ausdrücke ist das Ergebnis das gleiche, nämlich:

Dozenten. dcode	nachname	vorname	kcode	Kurse. dcode	bezeichnung	datum
2	Leutner	Brigitte	3	2	JDBC	30.06.98
3	Gernhardt	Wolfgang	2	3	JavaScript	29.06.98
3	Gernhardt	Wolfgang	4	3	HTML	13.07.98
5	Duffing	Julienne	5	5	GUI-Programmierung	09.06.98
10	Ludwig	Luigi	1	10	Objektorientierte Prog	27.04.98

Abbildung 2-9: Verknüpfung mit Equi Join

2.5.4   Natural Join

```
SELECT nachname, vorname, Kurse.*
FROM Dozenten, Kurse
WHERE Kurse.dcode = Dozenten.dcode
```

Ein *Natural Join* ähnelt dem Equi Join, das Resultat beinhaltet aber nur eine der in der WHERE-Klausel angegebenen Spalten (Kurse.dcode und Dozenten.dcode haben identische Werte, d.h. eine der beiden Spalten ist überflüssig und wird weggelassen). Dies wird sozusagen als die „natürliche" Weise angesehen, wie Tabellen zu verbinden sind.

Das Ergebnis der Operation ist die folgende Tabelle:

nachname	vorname	kcode	dcode	bezeichnung	datum
Leutner	Brigitte	3	2	JDBC	30.06.98
Gernhardt	Wolfgang	2	3	JavaScript	29.06.98
Gernhardt	Wolfgang	4	3	HTML	13.07.98
Duffing	Julienne	5	5	GUI-Programmierung mit Java	09.06.98
Ludwig	Luigi	1	10	Objektorientierte Programmierung mi	27.04.98

Abbildung 2-10: Verknüpfung mit Natural Join

2.5.5 Outer Join

Outer Join ist wie alle Joins eine *binäre* oder *dyadische* Operation, die *alle* Zeilen der einen Tabelle mit einer *passenden Auswahl* von Zeilen der anderen Tabelle verbindet. Dabei kann es geschehen, daß zu Tabellenzeilen keine Entsprechungen in der anderen Tabelle existieren, also Lücken entstehen. Solche Lücken werden in der Resultattabelle mit *Nullwerten* aufgefüllt. Nullwerte zeigen an, daß ein Wert *fehlt*.

Die Syntax ist

```
... linkeTabelle X [OUTER] JOIN rechteTabelle ON bedingung
```

X kann den Wert LEFT oder RIGHT haben. Mit OUTER kann optional ein Outer Join deutlich symbolisiert werden, ohne irgendwelche sonstigen Wirkungen zu haben. LEFT und RIGHT geben an, welche der Tabellen als Ganzes verwendet wird, nämlich die von der linken Seite des Operators bei LEFT und die von der rechten Seite bei RIGHT. Im folgenden Beispiel

```
SELECT * FROM Dozenten
LEFT [OUTER] JOIN Kurse ON Dozenten.dcode=Kurse.dcode
```

besteht das Ergebnis also aus allen Zeilen der *links* stehenden Tabelle Dozenten verbunden nur mit den Zeilen der *rechts* stehenden Tabelle Kurse, für die die Bedingung in der ON-Klausel zutrifft. Das gleiche Ergebnis erhält man, wenn LEFT durch RIGHT ersetzt und außerdem Kurse und Dozenten vertauscht werden:

```
SELECT * FROM Kurse
RIGHT [OUTER] JOIN Dozenten ON Kurse.dcode=Dozenten.dcode
```

Die Resultattabelle enthält alle Zeilen der *rechts* stehenden Tabelle Dozenten und nur die Zeilen der *links* stehenden Tabelle Kurse, für die die Bedingung in der ON-Klausel zutrifft.

Der folgende SQL-Ausdruck zeigt, daß ein Outer Join auch durch Vereinigung (UNION) zweier getrennt berechneter Tabellen darstellbar ist.

```
(SELECT *
FROM Dozenten, Kurse
WHERE Kurse.dcode = Dozenten.dcode)
```

UNION

```
SELECT Dozenten.*, null, null, null, null, null, null
FROM Kurse, Dozenten
WHERE Dozenten.dcode NOT IN (SELECT dcode FROM Kurse)
```

null steht als Symbol für typgerechte Nullwerte.

Outer Join ist also keine elementare Operation wie etwa Equi Join oder Natural Join, sondern dient lediglich einer vereinfachten Schreibweise für eine sehr häufig benötigte Operation.

In den folgenden beiden Beispielen sind ein LEFT JOIN und ein RIGHT JOIN gezeigt.

Als *erstes Beispiel* wird in Abbildung 2-11 das Ergebnis des folgenden SQL-Ausdrucks für LEFT JOIN angezeigt:

```
SELECT * FROM Dozenten
LEFT JOIN Kurse ON Dozenten.dcode=Kurse.dcode
```

Dozenten. dcode	nachname	vorname	kcode	Kurse. dcode	bezeichnung	datum
2	Leutner	Brigitte	3	2	JDBC	30.06.98
3	Gernhardt	Wolfgang	2	3	JavaScript	29.06.98
3	Gernhardt	Wolfgang	4	3	HTML	13.07.98
4	Weizenbaum	Josephine				
5	Duffing	Julienne	5	5	GUI-Programmier	09.06.98
9	Mergel	Börries				
10	Ludwig	Luigi	1	10	Objektorientierte	27.04.98
27	Meyer-Böricke	Julius				

Abbildung 2-11: Verknüpfung mit Left Outer Join

Im *zweiten Beispiel* ist `LEFT JOIN` durch `RIGHT JOIN` ersetzt, das Ergebnis dafür ist in Abbildung 2-12 zu sehen:

```
SELECT * FROM Dozenten
RIGHT JOIN Kurse ON Dozenten.dcode=Kurse.dcode
```

Dozenten. dcode	nachname	vorname	kcode	Kurse. dcode	bezeichnung	datum
2	Leutner	Brigitte	3	2	JDBC	30.06.98
3	Gernhardt	Wolfgang	2	3	JavaScript	29.06.98
3	Gernhardt	Wolfgang	4	3	HTML	13.07.98
5	Duffing	Julienne	5	5	GUI-Programmieru	09.06.98
10	Ludwig	Luigi	1	10	Objektorientierte Pr	27.04.98

Abbildung 2-12: Verknüpfung mit Right Outer Join

2.5.6   Inner Join

Inner Join entspricht vollständig dem weiter oben ausgeführten Equi Join:

```
SELECT * FROM Dozenten
INNER JOIN Kurse ON Dozenten.dcode=Kurse.dcode
```

`INNER` darf, anders als `OUTER`, nicht weggelassen werden!

2.6   Weitere Operationen auf Tabellen

Alle noch fehlenden Tabellenoperationen werden in diesem Abschnitt ihrer Bedeutung entsprechend nur sehr kurz aufgeführt.

Mit Ausnahme der Produktbildung (`TIMES`) sind diese Operationen nicht bei allen Datenbanken realisiert. Für die Vereinigungs- oder `UNION`-Operation beispielsweise kann daher mit JDBC über die sogenannten Datenbank-Metadaten des Datenbanktreibers eine Überprüfung auf Unterstützung vorgenommen werden, wie es in Programm 2-3 am Beispiel MS Access gezeigt ist.

Programm 2-3: SQL-Unterstützung von UNION (Metadaten)

```
// Programm 2-3:  ./RDBMSundSQL/SupportsUnionAccess.java
import java.sql.*;
public class SupportsUnionAccess {
  public static void main(String[] args) throws Exception {
    Class.forName("sun.jdbc.odbc.JdbcOdbcDriver");
    Connection c =
      DriverManager.getConnection("jdbc:odbc:Kurse","gast","");
    DatabaseMetaData meta = c.getMetaData();
    System.out.println(meta.getDatabaseProductName() + " "
                    + meta.getDatabaseProductVersion() );
    System.out.println("Supports UNION  "
                    + meta.supportsUnion());
  }
}                              // Ende class SupportsUnionAccess
```

Das Ergebnis ist

```
ACCESS 3.5 Jet
Entry Level  true
```

Produkt (TIMES)

Produktbildung ergibt eine Tabelle, die aus all den Zeilen besteht, die man erhält, wenn man jede Zeile einer Tabelle mit jeder einer anderen Tabelle kombiniert (kartesisches Produkt oder Kreuzprodukt).

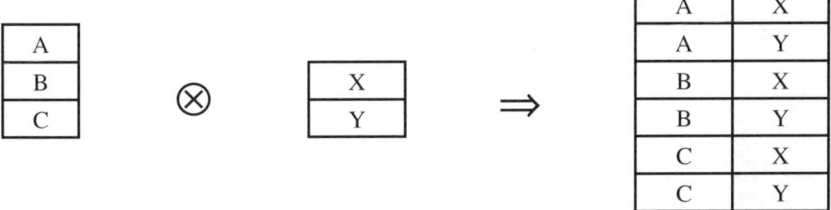

So wie bei der Join-Operation ist auch die Produktbildung oft nicht durch einen eigenen Operatornamen gekennzeichnet, sondern wird meist automatisch dann ausgeführt, wenn in der FROM-Klausel mehr als eine Tabelle angegeben wird.

SQL:

`... FROM tabellenListe` (*ohne* WHERE-Klausel!)

Ein Beispiel dazu:

Das Ergebnis des SQL-Ausdrucks

```
SELECT bezeichnung, nachname FROM Kurse, Dozenten
```

ist die folgende Tabelle, in der jede Zeile der Tabelle Kurse mit jedem Wert der Tabelle Kurse kombiniert ist:

Kurse.bezeichnung	Dozenten.nachname
Objektorientierte Programmierung mit Java	Weizenbaum
JavaScript	Weizenbaum
JDBC	Weizenbaum
HTML	Weizenbaum
GUI-Programmierung mit Java	Weizenbaum
Servlets	Weizenbaum
WWW	Weizenbaum
Objektorientierte Programmierung mit Java	Ludwig
JavaScript	Ludwig
JDBC	Ludwig
HTML	Ludwig
GUI-Programmierung mit Java	Ludwig
Servlets	Ludwig
WWW	Ludwig
Objektorientierte Programmierung mit Java	Mergel
...	...

Vereinigung (UNION)

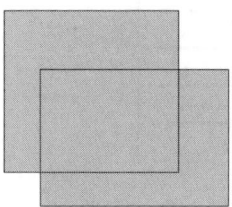

Die Vereinigung zweier Tabellen ergibt eine Tabelle, die diejenigen Zeilen der beiden Tabellen enthält, die zumindest in einer der beiden enthalten sind.

Ein Beispiel für die UNION-Operation ist im Zusammenhang mit Outer Joins in Abschnitt 2.5.5 zu finden.

Durchschnitt (INTERSECT)

Ergibt eine Tabelle, die aus allen Zeilen besteht, die sowohl in der einen als auch in der anderen Tabelle enthalten sind.

Differenz (EXCEPT)

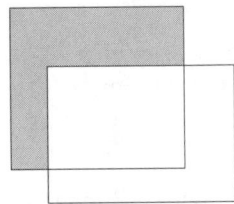

Differenzbildung aus zwei Tabellen ergibt eine Tabelle mit allen Zeilen, die in der ersten, aber nicht in der zweiten Tabelle enthalten sind.

Division (DIVIDE, DIVIDEBY)

Gegeben sind zwei Tabellen mit zwei bzw. einer Spalte (Dividend und Divisor). Eine der Spalten des Dividenden und die Divisorspalte haben den gleichen Typ, d.h entnehmen ihre Werte dem gleichen Wertevorrat, nämlich X, Y, Z in der einen und X, Z in der anderen Spalte.

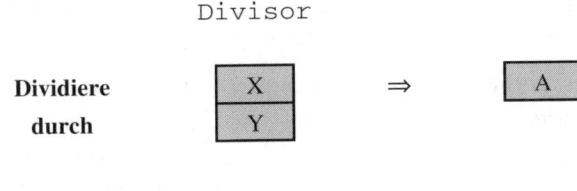

Nach Ausführung der Division erscheint ein Wert aus der *nicht*-gemeinsamen Spalte der Dividendentabelle in der Ergebnistabelle nur dann, wenn *jedem* der Divisorwerte mindestens einmal dieser Wert zugeordnet ist.

2.7   Schlüssel

Eine wichtige Eigenschaft einer Datenbanktabelle (Relation) ist, daß keine Zeile mehrfach vorkommt, sich also nicht wiederholt. Ist die Tabelle frei von Wiederholungen, so werden die Zeilen durch die Werte von mindestens einer Spalte und von höchstens allen Spalten der Tabelle eindeutig. Spalten, die *alleine* für die Eindeutigkeit der ganzen Zeile sorgen, die Zeile also *identifizieren*, nennt man *Schlüssel*.

Grundsätzlich können in einer Tabelle unterschiedliche Spalten bzw. Spaltenkombinationen als *Kandidaten* zur Identifizierung der Zeilen herangezogen werden. Diejenige Spalte oder Spaltenkombination, die konkret zur Identifizierung herangezogen wird, heißt *Primärschlüssel*.

Ein *Primärschlüssel* ist demnach also eine Spalte (oder eine Spaltengruppe) in einer Tabelle. Er ist *alleine* hinreichend dafür, daß *alle Zeilen eindeutig sind*. Es gibt also keine zwei gleichen Schlüsselwerte in einer Tabelle mit Primärschlüsselspalte(n). Wird ein Schlüssel von mehr als einer Spalte repräsentiert, so spricht man auch von einem *Kombinations-* oder *Verbundschlüssel*. Jede Tabelle kann höchstens einen Primärschlüssel haben. (Eine weitere übliche Bezeichnung für Primärschlüssel ist *Identifikationsschlüssel*.) Beispiele für Primärschlüssel sind die Spalte `dcode` in der Tabelle `Dozenten` und `kcode` in `Kurse`.

Sekundärschlüssel sind Spalten, über deren Werte Zeilen*gruppen* eindeutig gekennzeichnet sind. Alle Zeilen einer Gruppe enthalten also gleiche Sekundärschlüsselwerte. Eine Tabelle kann mehrere Sekundärschlüsselspalten haben. Beispiel: die Spalte `typ` in der Tabelle `Kurse`.

Fremdschlüssel dienen dagegen nicht der Identifikation von Zeilen und Zeilengruppen, sondern sind *Zeiger* oder *Verweise auf Schlüssel in anderen Tabellen*. In Abbildung 2-13 ist `dcode` in `Dozenten` ein Primärschlüssel, und `dcode` in `Kurse` verweist als Fremdschlüssel auf die entsprechenden Zeilen in der Tabelle `Dozenten`.

Dozenten

dcode	nachname	vorname
2	Leutner	Brigitte
3	Gernhardt	Wolfgang
4	Weizenbaum	Josephine
5	Duffing	Julienne
9	Mergel	Börries
10	Ludwig	Luigi
27	Meyer-Böricke	Julius

⇑

Primärschlüssel

Kurse

kcode	dcode	datum	bezeichnung
1	10	27.04.98	Objektorientiert
2	3	29.06.98	JavaScript
3	2	30.06.98	JDBC
4	3	13.07.98	HTML
5	5	09.06.98	GUI-Programmi

Fremdschlüssel:
Verweis auf dcode in der Tabelle Dozenten

Abbildung 2-13: Primär- und Fremdschlüssel

Join-Operationen erfolgen demgemäß meist über die Verknüpfung von Primär-
und Fremdschlüsseln, wie bereits in den vorangehenden Beispielen implizit
gezeigt wurde.

3 SQL

SQL ist ein internationaler Standard für den Zugriff auf relationale Datenbanken. Als Begriff wird SQL oft gleichbedeutend mit Relational verwendet, z.B. SQL-Datenbank für relationale Datenbank. SQL gibt die adäquaten sprachlichen Mittel für den Umgang mit relationalen Datenbanken an die Hand, weshalb – gewissermaßen als Vorgriff – bereits im vorangehenden Kapitel 2 (relationale Datenbanken) SQL zur Beschreibung relationaler Operationen verwendet wurde.

JDBC definiert eine Schnittstelle zu Datenbanken für Java-Programme auf SQL-Basis. Die bereits einleitend erwähnte JDBC-Konformität sichert einen genau festgelegten SQL-Sprachumfang zu, den sogenannten *Entry Level* des Standards.

Es könnte der Eindruck erweckt werden, daß eine SQL-Anweisung immer dasselbe bewirkt, also beispielsweise die Anwendung von SQL-Anweisungen auf ein und dieselbe Datenbank auf direktem Wege zu den gleichen Ergebnissen führt wie über JDBC-Treiber. Das ist nicht immer der Fall, ganz im Gegenteil können unterschiedliche Ergebnisse nie ganz ausgeschlossen werden.

Weiter ist mangelnde Kompatibilität der Resultate von SQL-Anweisungen, ausgeführt in unterschiedlichen Datenbanksystemen, eher Regel als Ausnahme. Zwar ist SQL die syntaktische Grundlage, aber meist in Form irgendeines Dialektes. Außerdem kommen zum Teil erhebliche Abhängigkeiten von der jeweiligen Rechnerplattform hinzu.

Allerdings ist SQL Grundlage von fast jedem relationalen DBMS, und die Anpassung an den jeweiligen SQL-Dialekt erfordert in der Regel nur geringen zeitlichen Aufwand.

3.1   Überblick

SQL ist eine Sprache, die „aus einer Menge von Einrichtungen zur Definition, zum Zugriff und zur anderweitigen Verwaltung von SQL-Daten" besteht ([Date 98]). Sie ist eine Entwicklung der Standardisierungsorganisationen ANSI und ISO[*] und wurde 1992 als *SQL/2* oder *SQL/92* zum „International Standard ISO/IEC 9075:1992, Database Language SQL" unverändert übernommen als DIN 66315. Der *Name* der Sprache *ist* SQL. SQL war die Abkürzung für *Structured Query Language*, die ihrerseits aus der *Structured English Query Language* oder *SEQUEL* der Firma IBM entwickelt wurde (SQL wird deshalb immer noch oft wie SEQUEL ausgesprochen). SQL ist aber mittlerweile über eine reine Abfragesprache weit hinaus gediehen.

Ziel des Kapitels ist, einen Einblick in die einfachsten Grundlagen von SQL zu geben. Der Schwerpunkt liegt auf der *Handhabung* oder *Manipulation* von SQL-Daten, die insbesondere durch die Anweisungen SELECT, INSERT, UPDATE und DELETE vertreten ist (Abschnitt 3.3). Eine weitere wichtige Gruppe von Anweisungen betrifft die *Definition* der Daten, also das Erzeugen und Manipulieren der Tabellen und Tabellenstrukturen selbst, die kurz in Abschnitt 3.4 behandelt werden.

Nicht zum SQL-Standard gehörig, aber in kommerziellen DBMS schon lange üblich sind *gespeicherte Prozeduren* (*stored procedures*), die in JDBC durch die Klasse *CallableStatement* vertreten sind. Sie werden ausführlich im JDBC-Sachzusammenhang in Abschnitt 4.3.2 behandelt.

3.1.1   Skalare Operatoren und Funktionen

SQL unterstützt die üblichen arithmetischen Operatoren +, -, *, / und mod. Beispielsweise lassen sich so aus numerischen Spaltenwerten Zeile für Zeile Summen, Produkte etc. als errechnete Werte einer neuen, *virtuellen* Spalte (siehe auch Abschnitt 3.1.4) bilden.

Welche skalaren Funktionen in einer Datenbank verfügbar sind, kann mit dem folgenden Java-Programm beim JDBC-Treiber der Datenbank erfragt werden.

---

[*]   ANSI: American National Standards Institute
      ISO: International Organization of Standardization
      IEC: International Electronical Conference

Programm 3-1: Skalare Funktionen in Access

```java
// Programm 3-1:  ./RDBMSundSQL/SkalareFunktionenAccess.java
import java.sql.*;
public class SkalareFunktionenAccess {
  public static void main(String[] args) throws Exception {
    Class.forName("sun.jdbc.odbc.JdbcOdbcDriver");
    Connection c =
            DriverManager.getConnection("jdbc:odbc:Kurse",
                                        "gast", "");
    DatabaseMetaData dbmd = c.getMetaData();
    System.out.println(dbmd.getDatabaseProductName() + " "
                      + dbmd.getDatabaseProductVersion() );
    System.out.println("Numerische Funktionen\n" +
                              dbmd.getNumericFunctions());
    System.out.println("Zeichenkettenfunktionen\n" +
                              dbmd.getStringFunctions());
    System.out.println("Systemfunktionen\n" +
                              dbmd.getSystemFunctions());
    System.out.println("Zeit-/Datumsfunktionen\n" +
                              dbmd.getTimeDateFunctions());
  }
}                       // Ende class SkalareFunktionenAccess
```

Die Anwort ist bei Access Version 8

```
ACCESS 3.5 Jet
```

```
Numerische Funktionen
   ABS,ATAN,CEILING,COS,EXP,FLOOR,LOG,MOD,POWER,RAND,
   SIGN,SIN,SQRT,TAN
```

```
Zeichenkettenfunktionen
   ASCII,CHAR,CONCAT,LCASE,LEFT,LENGTH,LOCATE,LOCATE_2,
   LTRIM,RIGHT,RTRIM,SPACE,SUBSTRING,UCASE
```

```
Systemfunktionen
```

```
Zeit-/Datumsfunktionen
   CURDATE,CURTIME,DAYOFMONTH,DAYOFWEEK,DAYOFYEAR,HOUR,
   MINUTE,MONTH,NOW,SECOND,WEEK,YEAR
```

und etwas umfangreicher bei Oracle8 Personal Edition

```
Oracle Oracle8 Personal Edition Release 8.0.4.0.0 - Production
PL/SQL Release 8.0.4.0.0 - Production
```

```
Numerische Funktionen
   ABS, CEIL, COS, COSH, EXP, FLOOR, LN, LOG, MOD, POWER, ROUND,
   SIGN, SIN, SINH, SQRT, TAN, TANH, TRUNC, AVG, COUNT, GLB, LUB,
   MAX, MIN, STDDEV, SUM, VARIANCE
```

```
Zeichenkettenfunktionen
   CHR, INITCAP, LOWER, LPAD, LTRIM, NLS,_INITCAP, NLS,_LOWER,
   NLS,_UPPER, REPLACE, RPAD, RTRIM, SOUNDEX, SUBSTR, SUBSTRB,
```

```
    TRANSLATE, UPPER, ASCII, INSTR, INSTRB, LENGTH, LENGTHB,
    NLSSORT, CHARTOROWID, CONVERT, HEXTORAW, RAWTOHEX, ROWIDTOCHAR,
    TO_CHAR, TO_DATE, TO_LABEL, TO_MULTI_BYTE, TO_NUMBER,
    TO_SINGLE_BYTE
Systemfunktionen
    DUMP, GREATEST, GREATEST_LB, LEAST, LEAST_UB, NVL, UID, USER,
    USERENV, VSIZE
Zeit-/Datumsfunktionen
    ADD_MONTHS, LAST_DAY, MONTHS_BETWEEN, NEW_TIME, NEXT_DAY,
    ROUND, SYSDATE, TRUNC
```

Sonst sei betreffs *skalarer Funktionen* auf die Literatur zu den speziellen Datenbanken verwiesen.

3.1.2   Aggregatfunktionen

Aggregate Functions oder *Aggregatfunktionen* sind „Sammel"funktionen wie Summation, Durchschnittsbildung, Maximum- und Minimumbestimmung etc. Man bezeichnet sie gelegentlich auch als Gruppenfunktionen oder statistische Funktionen. Diese Funktionen reduzieren eine Aggregation bzw. Sammlung von Werten auf einen *einzigen* Wert.

SQL stellt eingebaute Aggregatfunktionen bereit wie COUNT() und COUNT(*) zum Abzählen von Spalten, SUM(), AVG() zum Summieren bzw. Mitteln über Spalten und MIN(), MAX() zur Bestimmung von Minimum und Maximum in Spalten. Zusammen mit der GROUP BY-Klausel können Tabellen damit in Gruppen aufgeteilt werden und innerhalb solcher Gruppierungen Summation, Maximumbestimmung u.a. vorgenommen werden.

3.1.3   Cursor

Ein *Cursor* definiert einen Mechanismus, der erlaubt, eine Ergebnistabelle z.B. aufgrund einer Abfrage Zeile für Zeile durchzugehen. In JDBC werden so Ergebnismengen, sog. *Resultsets*, manipulierbar gemacht. Cursorprimitive sind Vorwärtsbewegen des Cursors (FETCH in SQL, die Methode next() in JDBC) sowie Anlegen und Schließen eines Cursors.

3.1.4   Virtuelle Tabellen

Aus Tabellen eines RDBMS können neue Tabellen zusammengestellt werden. Diese *virtuellen Tabellen* interpretieren gewissermaßen die zugrundeliegenden Tabellen aus einem bestimmten Blickwinkel und heißen daher auch *View*, Viewed Table oder *Sicht*. So erlaubt beispielsweise die virtuelle Tabelle

```
SELECT nachname, vorname, bezeichnung
FROM Dozenten, Kurse WHERE Kurse.dcode=Dozenten.dcode
```

den Blick auf die von den Dozenten angebotenen Kurse.

Virtuelle Tabellen können ähnlich wie reale Tabellen weiterverarbeitet werden, also z.B. zu Zielen von SQL-Anweisungen werden. Sie können „virtuelle" Spalten beinhalten, das sind Spalten, in denen beispielsweise über Stückzahl, Einzelpreis und Umsatzsteuer Gesamtpreise zeilenweise bestimmt werden. So sind „Abfragen" in MS Access solche virtuelle Tabellen, die über JDBC wie reale Tabellen behandelt werden können. Einige Einschränkungen müssen allerdings beachtet werden. So ist z.B. das Ändern oder Löschen von Werten in virtuellen Spalten sinnlos und daher unterbunden.

3.1.5   Transaktionen

Eine *SQL-Transaktion* ist eine Folge von Operationen. Eine SQL-Transaktion ist *unteilbar* oder *atomar*.

Die durch eine Transaktion vorgesehenen Änderungen werden *insgesamt* entweder durch `COMMIT` zur Ausführung freigegeben oder insgesamt durch `ROLLBACK` verworfen. Tritt ein Fehler während der Abarbeitung der SQL-Anweisungen auf, müssen *alle* bereits erfolgten Änderungen *vollständig* rückgängig gemacht werden. Änderungen werden erst nach `COMMIT` wirksam und damit für andere Transaktionen sichtbar.

Ein Beispiel für eine Transaktion ist die Buchung von einem auf ein anderes Konto. Die beiden Operationen, Buchen von einem Konto, Buchen des gleichen Betrages auf ein anderes Konto, müssen entweder beide ausgeführt werden, oder es muß für beide die Ausführung unterbleiben. Sie sind also unteilbar oder atomar in einer Transaktion zusammengefaßt.

Dazu ein Beispielprogramm:

Programm 3-2: Transaktionen: `rollback()` und `commit()`

```
// Programm 3-2:   ./RDBMSundSQL/EineTransaktion.java
import java.sql.*;
public class EineTransaktion {
  public static void main(String[] args) throws Exception {
    Class.forName("sun.jdbc.odbc.JdbcOdbcDriver");
    Connection c =
             DriverManager.getConnection("jdbc:odbc:Kurse");
    DatabaseMetaData dbmd = c.getMetaData();
    System.out.println(dbmd.getDatabaseProductName() + " "
                    + dbmd.getDatabaseProductVersion() );
    System.out.println("Transaktionen " +
                             dbmd.supportsTransactions());
    Statement s  = c.createStatement();
```

In den folgenden Zeilen wird der automatische Commit/Freigabe-Modus ausgeschaltet (`setAutoCommit(false)`) und danach in einer Transaktion mittels INSERT eine Zeile mit `444`-Werten eingefügt und mit `commit()` abgeschlossen („freigegeben"); dagegen wird die darauf folgende Transaktion (Einfügen der `555`-Werte) mit `rollback()` verworfen:

```
    c.setAutoCommit(false);
    s.execute(
       "INSERT INTO Teilnehmer(pcode,kcode) VALUES (444,444)");
    c.commit();
    s.execute(
       "INSERT INTO Teilnehmer(pcode,kcode) VALUES (555,555)");
    c.rollback();
```

Im nächsten Programmteil werden beide SQL-Anweisungen der Transaktion mit `rollback()` verworfen:

```
    s.execute(
       "INSERT INTO Teilnehmer(pcode,kcode) VALUES (666,666)");
    s.execute(
       "INSERT INTO Teilnehmer(pcode,kcode) VALUES (777,777)");
    c.rollback();
```

Der automatische Commit-Modus wird mit `setAutoCommit(true)` wieder aktiviert. Die beiden darauf folgenden INSERT-Anweisungen werden unmittelbar wirksam, d.h. das sich anschließende `rollback()` ist wirkungslos und damit überflüssig.

```
   c.setAutoCommit(true);
   s.execute(
      "INSERT INTO Teilnehmer(pcode,kcode) VALUES (888,888)");
   s.execute(
      "INSERT INTO Teilnehmer(pcode,kcode) VALUES (999,999)");
   c.rollback();
   c.close();
   System.out.println("!In der Tabelle nachschauen!");
  }
}                                      // Ende class EineTransaktion
```

Das Ergebnis ist die Aufnahme der folgenden Zeilen in die Tabelle
Teilnehmer:

pcode	kcode
...	...
444	444
888	888
999	999

3.1.6 Persistent gespeicherte Module (PSM)

Ein Mangel des SQL/92-Standards ist, daß benutzerdefinierte Funktionen und
Prozeduren nicht enthalten sind. Demgegenüber bieten professionelle Datenbankprodukte bereits seit langer Zeit solche Möglichkeiten in Form von *gespeicherten Prozeduren* (*stored procedures*) oder Funktionen (*stored functions*) an.
Verallgemeinernd spricht man auch von *Persistant Stored Modules* oder, abge-
kürzt, *PSM*. *Persistant* beschreibt den Sachverhalt, daß die Module *dauerhaft* in
der Datenbank gespeichert sind. Der Rahmen dafür ist in der Regel ein firmen-
spezifischer prozeduraler Sprachanteil in SQL, z.B. PL/SQL bei Oracle8 (PL
steht für Procedural Language).

Zwei Gründe sind es im wesentlichen, die zu diesen Konstrukten führten. Zum
einen wird damit die konventionelle strukturierte Programmiermethodik
erschlossen, und zum zweiten kann die Effizienz von Datenbankoperationen
erheblich verbessert werden. Letzteres wird sofort einsichtig, wenn man
bedenkt, daß JDBC auf „call level" arbeitet. Jede SQL-Anweisung wird einzeln
an die Datenbank versandt, dort ausgeführt und das Ergebnis zurückgeschickt,
gegebenenfalls über das Internet. Mit PSM ist es möglich, Anweisungen und
Ergebnisse zu blocken, mit entsprechend positiven Auswirkungen auf die Effizienz.

Auch hierzu ein einführendes Beispiel zur Illustration, und zwar für eine Oracle8-Datenbank.

Im Programm 3-3a ist zunächst die gespeicherte Prozedur Zaehle in PL/SQL angegeben. Als erstes sind dort der Prozedurname und ein formaler Parameter deklariert. Der Prozedurkörper besteht aus einer einzigen SELECT-Anweisung, mit der in der Tabelle Kurse mittels der Aggregatfunktion COUNT(*) alle Datensätze abgezählt werden und das Ergebnis per INTO aus über den OUT-Parameter aus an die aufrufende Instanz, im Beispiel an ein Java-Programm, zurückgegeben wird.

Programm 3-3a: Gespeicherte Prozedur in Oracle8-Datenbank

```
-- Programm 3-3a: Oracle8-Prozedur
PROCEDURE Zaehle (aus OUT INTEGER) IS
BEGIN
  SELECT COUNT(*)
  INTO aus
  FROM Kurse;
END;
```

In Programm 3-3b wird nach Verbindungsaufnahme mit der Oracle8-Datenbank Kurse zunächst die Prozedur an den Bestimmungsort transportiert. Durch die Verwendung von CREATE OR REPLACE PROCEDURE wird dafür gesorgt, daß eine evtl. bereits existierende gleichnamige Prozedur keine Fehlersituation verursacht, sondern einfach ersetzt wird. Danach wird mit prepareCall() der Aufruf der gespeicherten Prozedur mit "{call Zaehle(?)}" vorbereitet, der einzige Parameter als Rückgabeparameter vom Typ Integer mit registerOutParameter(1, Types.INTEGER) registriert und danach mit execute() ausgeführt. Das Ergebnis, die Anzahl der Datensätze der Tabelle Kurse, wird mit getInt(1) beschafft und ausgedruckt.

Programm 3-3b: Anwendung einer gespeicherten Oracle8-Prozedur in JDBC

```
Programm 3-3b:   ./RDBMSundSQL/SimpleStoredProcedure.java
import java.sql.*;
import oracle.jdbc.driver.*;

public class SimpleStoredProcedure {
  public static void main(String[] args) throws Exception {
    Class.forName("oracle.jdbc.driver.OracleDriver");
    Connection c = DriverManager.getConnection(
                "jdbc:oracle:thin:@localhost:1521:orcl",
                "Kurse", "Oracle");
    Statement s = c.createStatement();
```

```
        String sproc = "CREATE OR REPLACE PROCEDURE Zaehle " +
                       "(aus OUT INTEGER) IS " +
                       "BEGIN " +
                       "SELECT Count(*) INTO aus FROM Kurse; " +
                       "END;";
        s.execute(sproc);                 // Prozedur speichern
        CallableStatement cs = c.prepareCall("{call Zaehle(?)}");
        cs.registerOutParameter(1, Types.INTEGER);
        cs.execute();                     // Prozedur ausführen
        System.out.println("Kurse: " + cs.getInt(1) + " Saetze");
    }
}                                   // Ende class SimpleStoredProcedure
```

3.2   Exkurs 2: Die SQL-Übungshilfe optimieren

Um auch andere SQL-Anweisungen als INSERT über eine Java-Applikation einüben zu können, muß der Eventhandler des Programms SqlDirektQuery in Abschnitt 2.4 modifiziert werden. Insbesondere wird executeQuery() nun durch das allgemeinere execute() ersetzt.

Mit der execute()-Methode kann *jede* SQL-Anweisung zur Ausführung gebracht werden, nicht nur die SELECT-Anweisung. Ihr Rückgabewert ist true, wenn eine Tabelle das Ergebnis der Operation ist, sonst false. Das Resultat selbst erhält man über das Statement-Objekt durch Aufruf der Methoden getResultSet() oder getUpdateCount().

Die beiden Fälle werden in if (s.execute(sql)) unterschieden. Im true-Fall wird die Resultattabelle ausgegeben, und im false-Fall eine Zahl, die z.B. die Anzahl der veränderten oder eingefügten Zeilen wiedergibt.

Programm 3-4: Optimierung der SQL-Übungshilfe aus Abschnitt 2.4

```
// Programm 3-4:   ./RDBMSundSQL/SqlDirekt
...
    try {
      if (s.execute(sql)) {        // true ResultSet / false Zahl
        r = s.getResultSet();
        ResultSetMetaData rm = r.getMetaData();
        int x = rm.getColumnCount();
        ausgabe.setText("");
        for (int i = 1; i <= x; i++) {
          ausgabe.append(rm.getColumnName(i));
          if (i != x) ausgabe.append(", ");
          else ausgabe.append("\n");
        }
```

```
        while(r.next()) {
          for (int i = 1; i <= x; i++) {
            ausgabe.append(r.getString(i));
            if (i != x) ausgabe.append(", ");
            else ausgabe.append("\n");
          }
        }
      }
      else
        ausgabe.setText(String.valueOf(s.getUpdateCount()));
    }
  ...
```

3.3   Datenmanipulation

Die SQL-Anweisungen zur Manipulation der Daten in einer Datenbank sind

* SELECT   Aus einer oder mehreren Tabellen eine neue Tabelle zusammenstellen.

* INSERT   Einfügen von neuen Zeilen in eine Tabelle.

* UPDATE   Ändern von Zeilen in einer Tabelle.

* DELETE   Löschen einer oder mehrerer Zeilen in einer Tabelle.

In der Regel können nur an „echten" Tabellen Änderungen vorgenommen werden (also nicht ohne weiteres an virtuellen Tabellen oder Views!).

3.3.1   SELECT

Mit der SELECT-Anweisung können Tabellen – reale und virtuelle! – zu neuen Tabellen zusammengestellt werden. Dabei sind die verwendeten Tabellen das Rohmaterial, aus dem Zeilen und Spalten ausgewählt, die unterschiedlichen Tabellenoperationen wie Join und Union angewandt und neue, virtuelle Spalten berechnet werden können.

Die SELECT-Anweisung hat die folgende Syntax:

```
SELECT [ALL | DISTINCT] spaltenListe
FROM tabellenListe
[WHERE bedingungsAusdruck]
[GROUP BY spaltenListe
    [HAVING bedingungsAusdruck]   ]
[ORDER BY spaltenListe]
```

Hier und im folgenden bedeuten

[...]   kann weggelassen werden;

...|...   Alternative, d.h. entweder der linksseitige oder der
                       rechtsseitige Teil wird verwendet.

SELECT ... FROM ...

SELECT...FROM...
   definiert die Spalten in den Tabellen, aus denen ausgewählt werden soll.

SELECT * FROM Tabelle1
   wählt die ganze Tabelle Tabelle1 aus.

SELECT Spalte1, Spalte2 FROM Tabelle1
   ergibt dagegen eine Tabelle mit nur zwei Spalten aus Tabelle1 (insofern
   hat das Schlüsselwort SELECT zusätzlich den Charakter einer sog. Klausel,
   hier im Sinne einer Einschränkung).

Werden zwei (oder mehr) Tabellen in der FROM-Klausel angegeben, so wird aus
diesen das kartesische oder Kreuzprodukt gebildet, d.h. jede Zeile der einen
Tabelle wird mit jeder Zeile der anderen kombiniert. (Bei mehr als zwei Tabellen wird analog jede mit jeder Tabelle kombiniert.) Zu sinnvollen Ergebnissen
kommt man allerdings erst durch Hinzunahme der WHERE-Klausel, also durch
Untermengenbildung bzw. Selektion.

Beispiele:

SELECT * FROM Kurse	Ergibt die Tabelle Kurse selbst.
SELECT datum, bezeichnung FROM Kurse	Die Resultattabelle besteht nur aus den Spalten datum und bezeichnung (Projektion).
SELECT * FROM Kurse, Dozenten	Die neue Tabelle ist das kartesische Pro-dukt aus den Tabellen Kurse und Dozenten.

SELECT kann als Postfix ALL oder DISTINCT haben:

- DISTINCT heißt, daß bei gleichlautenden Zeilen nur eine in die neue Tabelle aufgenommen wird, und

- ALL heißt, daß alle Zeilen berücksichtigt werden, es also zu Wiederholungen kommen kann. ALL ist als Standardeinstellung wirksam für den Fall, daß es als Postfix weggelassen wird.

X	1
Y	2
Y	3
Y	2

⇒ SELECT DISTINCT

X	1
Y	2
Y	3

Abbildung 3-1: SELECT DISTINCT

X	1
Y	2
Y	3
Y	2

⇒ SELECT [ALL]

X	1
Y	2
Y	3
Y	2

Abbildung 3-2: SELECT ALL

Bei der Einbeziehung eines Primärschlüssels (siehe 2.7) in die Ergebnistabelle sind ALL und DISTINCT überflüssig, weil wirkungslos.

Die WHERE-Klausel

Mit sogenannten Klauseln können Regeln und Einschränkungen für SQL-Ausdrücke festgelegt werden. So werden mit der WHERE-Klausel Zeilen aus der Ergebnistabelle von SELECT...FROM... ausgesondert, d.h. WHERE repräsentiert die Selektions-Operation:

... WHERE *bedingungsAusdruck*

Bedingungsausdrücke sind von booleschem Typ und entsprechend entweder wahr (TRUE) oder falsch (FALSE).

In den beiden folgenden Beispielen finden sich einfache Bedingungsausdrücke für die Tabellen Teilnehmer und Personen ('L%' bezeichnet alles, was mit dem Buchstaben L beginnt):

```
SELECT * FROM Teilnehmer WHERE kcode = 10
SELECT * FROM Personen WHERE nachname LIKE 'L%'
```

Man beachte, daß der Gleichheitsoperator unterschiedlich ist für Zahlen (=) und Zeichenketten (LIKE).

In einem weiteren Beispiel wird aus den Tabellen Kurse und Dozenten eine Verbundtabelle gebildet, und in dieser Tabelle eine Selektion durch Gleichheit von Primärschlüssel dcode in Dozenten und Fremdschlüssel dcode in Kurse vorgenommen (zu Schlüsseln siehe Abschnitt 2.7):

```
SELECT * FROM Kurse, Dozenten
WHERE Kurse.dcode = Dozenten.dcode
```

Dem Beispiel ist zu entnehmen, daß Felder gleichen Namens aber aus unterschiedlichen Tabellen dadurch unterscheidbar werden, indem sie mit ihrem *Tabellennamen qualifiziert* werden. Danach ist

Kurse.dcode   die Spalte dcode in der Tabelle Kurse (Fremd-
                     schlüssel) und

Dozenten.dcode   die Spalte dcode in der Tabelle Dozenten (Primär-
                     schlüssel).

Natürlich sind auch komplexere Ausdrücke durch Gebrauch logischer Operatoren möglich:

```
SELECT * FROM Kurse, Dozenten
WHERE Kurse.dcode = Dozenten.dcode AND
      nachname LIKE '_e%' OR nachname LIKE '_u%'
```

Das Zeichen _ ist Stellvertreter für *ein* beliebiges Einzelzeichen, d.h. '_e%' bezeichnet alle Strings mit e als Zeichen in der zweiten Zeichenposition.

Oder mit Klammersetzung:

```
SELECT * FROM Kurse, Dozenten
WHERE Kurse.dcode = Dozenten.dcode AND
      (nachname LIKE '_e%' OR nachname LIKE '_u%')
```

Zu beachten ist, daß das Setzen oder Weglassen von Klammern wegen der unterschiedlichen Rangigkeit der Operatoren in der Regel unterschiedliche Ergebnisse zur Folge hat.

Bedingungsoperatoren

Bedingungsoperationen ergeben immer die Werte TRUE oder FALSE.

Es gibt unäre, binäre und ternäre Bedingungsoperatoren. Die *unären* werden als Präfix oder Postfix vor bzw. nach ihrem Operanden notiert, die *binären* als Infix zwischen zwei Operanden.

Dazu jeweils ein Beispiel:

Infix:
```
Nachname LIKE 'Meyer'
(a > min) AND (a < max)
```
Präfix:
```
NOT (a <> b)
```
Postfix:
```
(x > y) IS TRUE
```

Ternär ist der BETWEEN-AND-Operator, der formal verglichen werden kann mit dem von C oder Java her bekannten Bedingungsoperator ?: :

```
x BETWEEN min AND max
```

Dieser Ausdruck ist äquivalent mit dem Bedingungsausdruck

```
x >= min AND x <= max .
```

Im folgenden sind summarisch die wichtigsten unären und binären SQL-Bedingungsoperatoren aufgeführt:

- Die binären Operatoren AND, OR und die unären Operatoren NOT, IS TRUE, IS FALSE, IS NOT TRUE und IS NOT FALSE, die auf Bedingungsausdrücke als Operanden wirken.

- Die elementaren binären Vergleichsoperatoren, die gleichfalls auf beliebige Ausdrücke wirken können:
  ```
  =   <   >   <=   >=   <>
  ```
  Auf Typkompatibilität der Operanden muß geachtet werden, d.h. eine Zeichenkette kann z.B. nicht mit einer Zahl verglichen werden.

- LIKE und NOT LIKE zum Vergleich von Zeichenketten. „Wild Card"- oder Jokerzeichen in Zeichenketten sind % für eine beliebige Zeichenkette und _ für ein beliebiges einzelnes Zeichen (also nicht die sonst üblicheren Zeichen * und ?).

- IN und NOT IN zur Prüfung, ob ein Spaltenwert in einer Tabelle enthalten ist oder nicht.

- UNIQUE zur Prüfung, ob eine Zeile in einer Tabelle eindeutig ist.

- EXISTS, ob eine Tabelle existiert (eine „Tabelle" mit 0 Zeilen ist in SQL nicht existent).

Welche Operatoren vor welchen Vorrang haben, ist ähnlich wie in Java oder anderen Programmiersprachen geregelt.

Aggregatfunktionen

Aggregatfunktionen in SQL (siehe auch Abschnitt 3.1.2) sind:

COUNT(*spalte*)	Zählt die Zeilen in der Spalte *spalte* ab, nachdem Dubletten optional entfernt wurden.
COUNT(*)	Zählt *alle* Zeilen ab; eventuelle Dubletten sind *nicht* entfernbar.
SUM(*spalte*)	Summiert über die Spalte *spalte* nach optionaler Entfernung von Dubletten.
MIN(*spalte*)	Bestimmt den kleinsten Wert in der Spalte *spalte*.
MAX(*spalte*)	Bestimmt den größten Wert in der Spalte *spalte*.
AVG(*spalte*)	Mittelt die Werte der Spalte *spalte* nach optionaler Entfernung von Dubletten.

An die Stelle des Wertes *spalte* kann ein Ausdruck treten. Solche Ausdrücke müssen wie der Wert *spalte* von skalarem Datentyp sein, d.h. in SQL also entweder vom Typ einer Zeichen- bzw. Bitkette oder einer Zahl.

Bei einigen Datenbanksystemen, z.B. Oracle8, können in den Parameterklammern der Funktionen über das Präfix DISTINCT vor *spalte* eventuelle Dubletten vor der Funktionsausführung entfernt werden. Dagegen zählt COUNT(*) immer alle Zeilen, DISTINCT darf nicht vor den Asteriskus gestellt werden. Bei MIN und MAX ist DISTINCT erlaubt, aber wirkungslos.

Ein Beispiel für die COUNT-Funktion, angewandt auf die Spalte typ in der Tabelle Kurse:

```
SELECT COUNT(typ) FROM Kurse          ergibt 6 und
SELECT COUNT(DISTINCT typ) FROM Kurse ergibt 3
```

Aggregatfunktionen können nur in der SELECT- und in der HAVING-Klausel verwendet werden. Von besonderem Interesse ist ihr Zusammenspiel mit der GROUP BY-Klausel. Beispiele dazu finden sich in den folgenden Absätzen.

Wenn eine SELECT-Anweisung keine GROUP BY-Klausel hat, so wirken die Aggregatfunktionen auf alle Zeilen einer Tabelle.

Die GROUP BY- und die HAVING-Klausel

Als Beispiel diene die um eine Spalte `typ` und `zeit` erweiterte Tabelle `Kurse`. Die Spalte `typ` kennzeichnet die Veranstaltungstypen der Kurse (`S` für Seminar, `V` für Vorlesung etc.), gliedert die Kurse also in *Gruppen*. Ähnliches leistet `dcode`, die Kennung für die veranstaltenden Dozenten, oder `zeit`, der zeitliche Umfang eines Kurses. Die Tabelle hat also mehrere sinnvolle Sekundärschlüssel.

Kurse

kcode	typ	dcode	bezeichnung	datum	zeit
1	P	10	Objektorientierte Programmierung mit Java	27.04.98	10
2	S	3	JavaScript	29.06.98	5
3	P	2	JDBC	30.06.98	7,5
4	S	3	HTML	13.07.98	5
5	S	5	GUI-Programmierung mit Java	09.06.98	7,5
6	V	10	Servlets	10.06.98	7,5

Abbildung 3-3: Tabelle `Kurse` mit den Sekundärschlüsseln `typ`, `dcode` und `zeit`

Eine Tabelle, die nur noch die Gliederungsbegriffe selbst beinhaltet (bei `typ` die unterschiedlichen Buchstaben), erhält man mit der folgenden SQL-Anweisung:

```
SELECT DISTINCT typ FROM Kurse
```

Das Ergebnis ist die von Dubletten bereinigte einspaltige Tabelle

typ
P
S
V

Statt der Verwendung von `DISTINCT` nach der `SELECT`-Klausel kann man auch die `GROUP BY`-Klausel verwenden, das Ergebnis ist das gleiche:

```
SELECT typ FROM Kurse GROUP BY typ
```

Die zweite Form hat gegenüber der ersten den Vorzug, daß beispielsweise die verschiedenen Gruppen abgezählt werden können oder daß in den Gruppen einzeln summiert werden kann (in der ersten Form ist das nicht möglich).

Das ist in der folgenden SQL-Anweisung getan:

```
SELECT typ, COUNT(typ) AS Anzahl,
    MIN(zeit) AS MinZeit,
    MAX(zeit) AS MaxZeit
FROM Kurse GROUP BY typ
```

Das Ergebnis dieser Anweisung ist die Tabelle in der folgenden Abbildung 3-4:

typ	Anzahl	MinZeit	MaxZeit
P	2	7,5	10
S	3	5	7,5
V	1	7,5	7,5

Abbildung 3-4: Aggregatfunktionen und Gruppieren mittels GROUP BY

Das Beispiel zeigt auch, wie man zusätzliche, errechnete Spalten hinzufügen und mittels des Sprachelements AS benennen kann.

In der folgenden Java/JDBC-Applikation wird ein Bericht erstellt, indem zunächst die unterschiedlichen Typen typ in der Tabelle Kurse festgestellt und jeweils als Gruppenüberschrift zusammen mit ihrer Häufigkeit ausgegeben werden. Das geschieht in der while(**sr**.next())-Schleife. In jeder Gruppe werden in der geschachtelten while(**tr**.next())-Schleife dann alle zugehörigen Kurse ausgelesen und ausgegeben.

Programm 3-5: GROUP BY-Klausel

```
// Programm 3-5:   ./RDBMSundSQL/GroupBy.java
import java.sql.*;
public class GroupBy {
   public static void main(String[] args) throws Exception {
      Class.forName("sun.jdbc.odbc.JdbcOdbcDriver");
      Connection c =
          DriverManager.getConnection("jdbc:odbc:Kurse");
      Statement s = c.createStatement();
      String sql =
         "SELECT typ, COUNT(*) AS count FROM Kurse GROUP BY typ";
      ResultSet sr =s.executeQuery(sql);
      while(sr.next()) {
         String typ = sr.getString("typ");
         System.out.println(typ+", "+sr.getString("count")+"x");
         Statement t = c.createStatement();
```

```
        ResultSet tr = t.executeQuery(
             "SELECT * FROM Kurse WHERE typ='" + typ + "'");
        while(tr.next()) {
          System.out.print(" > "+ tr.getString("datum")+ ":   ");
          System.out.println(tr.getString("bezeichnung"));
        }
      }
    }
  }                                            // Ende class GroupBy
```

Das Resultat ist:

```
P, 2x
 > 1998-04-27:   Objektorientierte Programmierung mit Java
 > 1998-06-30:   JDBC
S, 3x
 > 1998-06-29:   JavaScript
 > 1998-07-13:   HTML
 > 1998-06-09:   GUI-Programmierung mit Java
V, 1x
 > 1998-06-10:   Servlets
```

Wenn mehrere Spalten in der GROUP BY-Klausel angegeben werden, so wird *hierarchisch gruppiert*. Die erste Spalte ist dann die Hauptgruppe. Innerhalb der Hauptgruppe wird in den einzelnen Gruppierungen jeweils nach der 2. Spalte gruppiert etc.

Im Beispiel ist das anhand einer Tabelle gezeigt, in der Ergebnisse (gewonnen, verloren, remis) für jeden Einzelspieler (spieler) einer Mannschaft (team) Spiel für Spiel festgehalten sind.

Spiele

team	spieler	gewonnen	verloren	remis	spielnr
A	1	1			1
A	1		1		62
A	1		1		3
B	1	1			4
A	2			1	5
B	1		1		6
B	2		1		7
B	2		1		8
A	2	1			9

Abbildung 3-5: Basistabelle für Beispiele mit hierarchischen Gruppierungen

Die Tabelle wird so ausgewertet, daß in einer Tabelle gruppenweise für jeden Spieler die Anzahl der gewonnenen, verlorenen und unentschiedenen Spiele berechnet wird. Dies leistet die folgende SQL-Anweisung:

```
SELECT team, spieler,
       SUM(gewonnen) AS gewonneneSpiele,
       SUM(verloren) AS verloreneSpiele,
       SUM(remis)    AS unentschiedeneSpiele
FROM Spiele
GROUP BY team, spieler;
```

Das Ergebnis ist die folgende Tabelle:

team	spieler	gewonnene Spiele	verlorene Spiele	unentschiedene Spiele
A	1	1	2	
A	2	1		1
B	1	1	1	
B	2		2	

Abbildung 3-6: Hierarchische Gruppierungen: Resultat der SQL-Anweisung

Die HAVING-Klausel erlaubt eine Auswahl von ganzen Zeilen*gruppen*, vergleichbar mit der WHERE-Klausel, die die Auswahl auf Zeilenbasis erlaubt. Verwendet werden können in der Klausel das Gruppierungsfeld selbst und die Aggregatfunktionen. In Beispielen:

```
... GROUP BY spalte HAVING spalte LIKE 'A%'
... GROUP BY spalte HAVING COUNT(*) > 4
... GROUP BY spalte HAVING MIN(spalte) > 0
```

In einem letzten Schritt wird der SQL-Ausdruck nun noch mit einer HAVING-Klausel ergänzt, so daß nur diejenigen Spieler angezeigt werden, die noch nie ein Spiel gewonnen haben:

```
SELECT team, spieler,
       SUM(gewonnen) AS gewonneneSpiele,
       SUM(verloren) AS verloreneSpiele,
       SUM(remis)    AS unentschiedeneSpiele
FROM Spiele
GROUP BY team, spieler
HAVING SUM(gewonnen) = 0;
```

team	spieler	gewonnene Spiele	verlorene Spiele	unentschiedene Spiele
B	2		2	

Abbildung 3-7: Gruppierungen: Resultat der Anweisung mit HAVING-Klausel

Auch hierzu eine Java-Applikation, bei der zusätzlich über eine HAVING-Klausel das mindestens zweimalige Vorkommen eines jeden Kurstyps gefordert wird (das Beispiel ergänzt Programm 3-5 um die HAVING-Klausel).

Programm 3-6: GROUP BY- und HAVING-Klausel

```
// Programm 3-6:   ./RDBMSundSQL/GroupByHaving.java
import java.sql.*;
public class GroupByHaving {
  public static void main(String[] args) throws Exception {
    Class.forName("sun.jdbc.odbc.JdbcOdbcDriver");
    Connection c =
        DriverManager.getConnection("jdbc:odbc:Kurse");
    Statement s = c.createStatement();
    String sql =
      "SELECT typ, COUNT(*) AS count FROM Kurse GROUP BY typ";
    sql += " HAVING COUNT(typ)>=2";
    ResultSet sr =s.executeQuery(sql);
    while(sr.next()) {
      String typ = sr.getString("typ");
      System.out.println(typ+", "+sr.getString("count")+"x");
      Statement t = c.createStatement();
      ResultSet tr =
        t.executeQuery(
            "SELECT * FROM Kurse WHERE typ='" + typ + "'");
      while(tr.next()) {
        System.out.print(" > "+ tr.getString("datum")+ ":   ");
        System.out.println(tr.getString("bezeichnung"));
      }
    }
  }
}                                  // Ende class GroupByHaving
```

Im Resultat fehlt entsprechend die Gruppe des Typs typ="V", da sie nur einfach besetzt ist:

```
P, 2x
 > 1998-04-27:   Objektorientierte Programmierung mit Java
 > 1998-06-30:   JDBC
S, 3x
 > 1998-06-29:   JavaScript
 > 1998-07-13:   HTML
 > 1998-06-09:   GUI-Programmierung mit Java
```

Die ORDER BY-Klausel

Die ORDER BY-Klausel bringt Ordnung in (virtuelle) Tabellen. Man kann auch mehrstufig ordnen, etwa nach Nachnamen und Vornamen. Wie die Klausel verwendet wird, ist aus den Beispielen ersichtlich.

Im ersten Beispiel wird nach nachname alphabetisch aufsteigend (ASCending) sortiert:

```
SELECT * FROM Personen ORDER BY nachname [ASC]

101, Kunze, Sieglinde
19,  Müller, Maria
23,  Müller, Hanne
24,  Schmidt, Lothar
```

Im nächsten Beispiel wird ebenfalls nach nachname alphabetisch sortiert, aber nun absteigend (DESCending):

```
SELECT * FROM Personen ORDER BY nachname DESC

24,  Schmidt, Lothar
19,  Müller, Maria
23,  Müller, Hanne
101, Kunze, Sieglinde
```

Zuletzt wird aufsteigend nach nachname und, bei gleichen Werten von nachname, zusätzlich nach vorname sortiert:

```
SELECT * FROM Personen ORDER BY nachname, vorname

101, Kunze, Sieglinde
23,  Müller, Hanne
19,  Müller, Maria
24,  Schmidt, Lothar
```

3.3.2   INSERT

Neue Zeilen können in eine Tabelle mit der INSERT-Anweisung eingefügt werden. Dabei sind zwei Varianten anwendbar:

- INSERT INTO ... VALUES ... : In der Zieltabelle wird eine neue Zeile eingefügt und *direkt* mit den Werten einer Werteliste versehen.
- INSERT INTO ... SELECT ... : Mit SELECT ausgewählte Zeilen aus einer anderen Tabelle werden als neue Zeilen in die Zieltabelle *importiert*.

Eine Zeile direkt einfügen

In die gewählte Tabelle werden die Werte der Liste `werteListe` eingefügt, bei Weglassen der Spaltenliste in der Reihenfolge der Spalten in der Tabelle `tabelle`, sofern keine entsprechende Spaltenliste angegeben wurde. Die Spaltenreihenfolge ist nach Standard optional, bei einigen wenigen DBS muß sie aber angegeben werden (MiniSQL ist ein Beispiel dafür).

```
INSERT INTO tabelle [(spaltenListe)] VALUES (werteListe)
```

Als Beispiel sollen der folgenden Tabelle zwei Zeilen hinzugefügt werden:

pcode	nachname	vorname
34	Hintze	Franz
88	Khan	Dschingis

Dazu müssen zwei aufeinanderfolgende `INSERT`-Anweisungen ausgeführt werden:

```
INSERT INTO Personen (vorname, nachname, pcode)
VALUES ('Leo', 'Kaiser', 91)

INSERT INTO Personen (vorname, nachname, pcode)
VALUES ('Sieglinde', 'Kunze', 101)
```

Das Ergebnis ist die folgende Tabelle:

pcode	nachname	vorname
34	Hintze	Franz
88	Khan	Dschingis
91	Kaiser	Leo
101	Kunze	Sieglinde

Aus einer anderen Tabelle einfügen

Mit `SELECT` ausgewählte Zeilen aus einer anderen Tabelle werden als neue Zeilen in die Zieltabelle nach `INTO` aufgenommen.

```
INSERT INTO tabelle [(spaltenListe)] SELECT ...
```

Im Beispiel werden alle `Dozenten`, deren Nachname mit dem Buchstaben `M` beginnt, in die Tabelle `Personen` eingefügt.

```
INSERT INTO Personen (vorname, nachname)
SELECT vorname, nachname FROM Dozenten
                         WHERE nachname LIKE 'M%'
```

3.3.3   DELETE

Mit der DELETE-Anweisung können Zeilen aus Tabellen gelöscht werden. DELETE ist eine Operation, die auf eine Zeilen*menge* wirkt. Die Menge der zu löschenden Zeilen wird mittels der WHERE-Klausel in der DELETE-Anweisung festgelegt.

```
DELETE FROM tabelle [WHERE bedingungen]
```

Als Beispiel sollen in der folgenden Tabelle die vorletzte und letzte Zeile gelöscht werden:

pcode	nachname	vorname
34	Hintze	Franz
88	Khan	Dschingis
91	Kaiser	Leo
101	Kunze	Sieglinde

```
DELETE FROM Personen WHERE pcode=91 OR pcode=101
```

Oder alternativ

```
DELETE FROM Personen WHERE pcode>=91
```

pcode	nachname	vorname
34	Hintze	Franz
88	Khan	Dschingis

Achtung! Die Anweisung DELETE FROM Personen hinterläßt eine geleerte Tabelle.

3.3.4   UPDATE

Die UPDATE-Anweisung erlaubt, Werte in den Spalten einer Tabelle zu verändern. Wie DELETE ist auch UPDATE eine Operation, die auf Zeilen*mengen* einwirkt, d.h. die einschränkende Anwendung der WHERE-Klausel ist wie bei DELETE von existentieller Wichtigkeit.

Nach Angabe der Zieltabelle folgt auf SET eine Wertezuweisungsliste der Form *spaltenName1=wert1*, *spaltenName2=wert2*, etc. Wird WHERE weggelassen, so werden alle aufgeführten Spalten auf einen gleichbleibenden Wert gesetzt. Sonst werden nur diejenigen Zeilen in den Spalten geändert, für die die Bedingung in der WHERE-Klausel den Wert true hat.

```
UPDATE tabelle SET spaltenWerteListe
[WHERE bedingungen]
```

In den folgenden Beispielen wird als Ausgangstabelle Personen verwendet:

pcode	Nachname	vorname
34	Hintze	Franz
88	Khan	Dschingis
91	Kaiser	Leo
101	Kunze	Sieglinde

Die Zeile mit pcode=91 soll geändert werden:

```
UPDATE Personen SET nachname='Geiser', vorname='Theo'
WHERE pcode=91
```

pcode	nachname	vorname
34	Hintze	Franz
88	Khan	Dschingis
91	Geiser	Theo
101	Kunze	Sieglinde

Die folgende SQL-Anweisung trägt in *allen* Zeilen als nachname den Wert 'Geiser' ein:

```
UPDATE Personen SET nachname='Geiser'
```

pcode	nachname	vorname
34	Geiser	Franz
88	Geiser	Dschingis
91	Geiser	Theo
101	Geiser	Sieglinde

3.4   Datendefinition

Mit den SQL-Anweisungen für die Datendefinition werden insbesondere Tabellen und Tabellenstrukturen erzeugt, geändert und ggf. wieder vernichtet. Die wichtigsten Anweisungen zu diesen Zwecken sind

- `CREATE TABLE`   Eine neue Tabelle anlegen.

- `ALTER TABLE`   Die Struktur einer bestehenden Tabelle verändern.

- `DROP TABLE`   Eine Tabelle löschen.

Da das Anlegen von Tabellen bzw. Tabellenstrukturen und deren Pflege selten mit JDBC und meist mit anderen Mitteln erfolgt, sollen die entsprechenden SQL-Anweisungen nur kurz und ausschließlich anhand einfacher Beispiele erläutert werden.

Zum Einüben verwende man das Java-Programm `SqlDirekt` in Abschnitt 3.2, allerdings nicht ohne zuvor eine Sicherheitskopie des Datenbankoriginals zu fertigen.

3.4.1   CREATE TABLE

Eine Tabelle in einer Datenbank definieren:

```
CREATE TABLE TestPersonen
  ( tcode          INTEGER,
    vorname        CHAR(25),
    nachname       CHAR(25)  )
```

Zu den verwendbaren Datentypen siehe Anhang B.

3.4.2   ALTER TABLE

Die Struktur einer Tabelle kann durch Hinzufügen neuer und durch Änderung des Typs bestehender Spalten manipuliert werden:

Eine neue Spalte in einer bestehenden Tabelle erzeugen

```
ALTER TABLE TestPersonen
ADD testSpalte INTEGER
```

Den Typ der Spalte ändern

```
ALTER TABLE TestPersonen
MODIFY testSpalte FLOAT NOT NULL
```

Die Spalte aus der Tabelle entfernen

```
ALTER TABLE TestPersonen
DELETE testSpalte
```

3.4.3   DROP TABLE

Eine Tabelle wird *vollständig* aus einer Datenbank entfernt mit

```
DROP TABLE TestPersonen
```

4 JDBC-Grundlagen

4.1 Was ist JDBC?

Mit JDBC können portable Java-Datenbankanwendungen programmiert werden, die zudem weitgehend unabhängig von einem bestimmten DBMS oder Datenbankverbindungsmechanismus gehalten werden können. Denn mit JDBC verfügt der Java-Entwickler über ein *Framework* (generisches Programmgerüst) für den SQL-Datenbankzugriff, das eine einheitliche Schnittstelle zu einer Vielzahl unterschiedlicher Datenbanksysteme sichert. Dem Programmierer präsentiert sich jede nach entsprechenden Regeln programmierte Datenbankschnittstelle einheitlich, er kann stets die gleichen Entwicklungswerkzeuge und -produkte anwenden, und der Anbieter von Datenbankverbindungsprodukten kann hinter solchen Schnittstellen vielfältige Varianten einheitlich anbieten (siehe auch [SUN 97]).

In JDBC ist die Java-spezifische Trennung in Deklarationen einerseits und Implementierungen andererseits vorgenommen. Die Deklarationen bestehen aus Interfaces, die den Treiberklassen als Supertypen oder *generische* Typen dienen, und in den Interfaces selbst sind die Treibermethoden abstrakt deklariert. Die Implementierungen sind in den datenbank- bzw. herstellerspezifischen Treibern zu finden. Sind die Treiber JDBC-konform, so sind auch alle JDBC-Interfaces implementiert.

Um mit JDBC zu arbeiten, benötigt man also zweierlei:

1. Das Paket `java.sql` (Abbildung 4-1) mit den generischen Typen und abstrakten Methodendeklarationen für die JDBC-Datenbanktreiberklassen sowie

2. zumindest ein *Treiber*paket, d.h. eine Implementierung des JDBC-Frameworks, beispielsweise `sun.jdbc.odbc`.

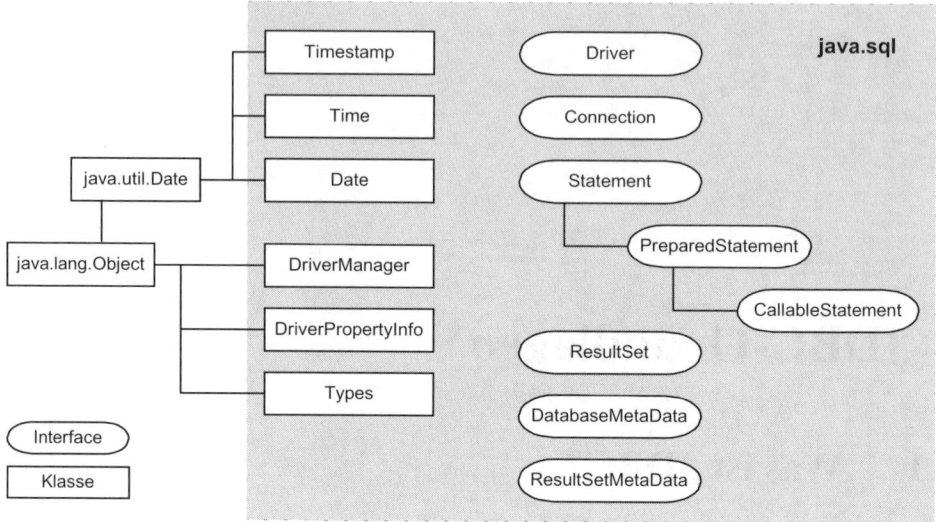

Abbildung 4-1: Die Interfaces und Klassen von `java.sql`

In `java.sql` sind die JDBC-Treiber als Java-*Interfaces* deklariert, und in Treiberpaketen wie `sun.jdbc.odbc` sind diese Interfaces *implementiert* (Abbildung 4-2).

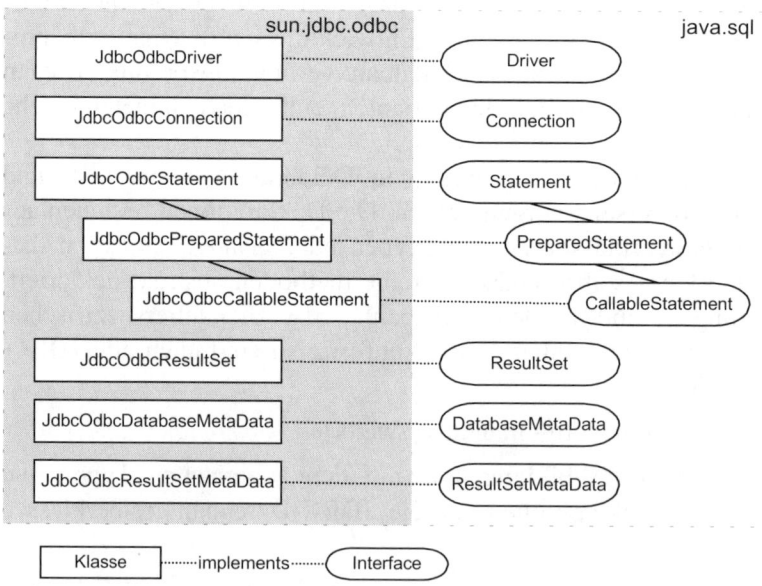

Abbildung 4-2: Treiberklassen und `java.sql`-Interfaces

Der Programmierer ist somit in der Lage, unabhängig von der jeweiligen Datenbank und vom jeweiligen Treiber immer mit Objekten gleichbleibenden generischen Typs zu arbeiten; er verwendet also nicht die Klassennamen aus den Treiberpaketen wie z.B. `JdbcOdbcResultSet` oder `MsqlResultSet`, sondern den (generischen) Supertyp `ResultSet` all dieser Treiber (`ResultSet` ist gleichsam der Gattungsname für diese Klassen). Um mit einem Datenbestand zu einem anderen Datenbanksystem zu wechseln, sollte es also genügen, die Namen der zu ladenden Treiber und die JDBC-URLs im Programm auszutauschen; alles andere sollte im Idealfall unverändert weiterbestehen können.

Programm 4-1 erlaubt einen flüchtigen Blick auf zwei sich entsprechende kurze Quellcodeteile der Interfaces `DatabaseMetaData` und der Treiberklasse `MsqlDatabaseMetaData` als Implementierung dieses Interfaces. Bei JDBC-konformen Treibern hat jedes Interface und jede abstrakte Methode in diesen Interfaces jeweils seine Entsprechung in den Treiberklassen.

Programm 4-1a: Interface `DatabaseMetaData` (Auszug)

```
package java.sql;

public interface DatabaseMetaData {
   ...
   int getMaxUserNameLength() throws SQLException;
   boolean supportsTransactions() throws SQLException;
   ...
}
```

Programm 4-1b: Implementierung des Interfaces `DatabaseMetaData` (Auszug)

```
package com.imaginary.sql.msql;

import java.sql.*;

public class MsqlDatabaseMetaData
                              implements DatabaseMetaData {
   ...
   public int getMaxUserNameLength() throws SQLException {
     return 8;
   }
   public boolean supportsTransactions() throws SQLException {
     return false;
   }
}
```

Treiberklassen können über den JDBC-konformen Grundbestand hinaus weitere Methoden, und Treiberpakete können weitere Klassen beinhalten. Beispielsweise ergänzt im Oracle-Treiberpaket `oracle.jdbc.driver` die Klasse `OracleTypes` die Standardtypen `Types` des `java.sql`-Pakets, und die

Oracle-spezifische Methode `getCursor()` ergänzt den JDBC-konformen Grundbestand in der Klasse `OracleCallableStatement`.

Da der *gesamte zum Ablauf* erforderliche Programmcode in den Treibern enthalten ist, *nicht* in `java.sql`, muß es möglich sein, die Treiber direkt zu verwenden. Das ist im folgenden Programm 4-2 durchgeführt, in dem mit den Treiberklassen direkt gearbeitet wird, also kein direkter Bezug zu `java.sql` besteht.

Programm 4-2: Direkt mit JDBC-Treibern arbeiten

```
// Programm 4-2:   ./JDBCelementar/TreiberKlassen.java
import java.util.*;
import sun.jdbc.odbc.*;
// import java.sql.*;  hier nicht erforderlich!!

public class TreiberKlassen {
  public static void main(String[] args) throws Exception {
    JdbcOdbcDriver d = new JdbcOdbcDriver();
    Properties p = new Properties();
    p.put("user", "gast"); p.put("password", "");
    JdbcOdbcConnection c =
            (JdbcOdbcConnection) d.connect("jdbc:odbc:Kurse", p);
    JdbcOdbcStatement s =
                    (JdbcOdbcStatement) c.createStatement();
    JdbcOdbcResultSet r = (JdbcOdbcResultSet) s.executeQuery(
        "SELECT * FROM Personen WHERE nachname LIKE 'K%'");
    while(r.next())
      System.out.println(r.getString("nachname") + ", " +
                        r.getString("vorname"));
  }
}                               // Ende class TreiberKlassen
```

Grundlage des Beispiels ist das `FuenfSchritte`-Programm aus Abschnitt 1.4, allerdings wird die Klasse `JdbcOdbcDriver` auf direktem Wege mittels `new JdbcOdbcDriver()` und nicht über den Treibermanager geladen und instanziiert. Auch muß durch Typumwandlungen wie `(JdbcOdbcStatement)` berücksichtigt werden, daß die Methodenaufrufe in den Treiberobjekten Rückgabeobjekte des Typs der `java.sql`-Interfaces liefern, beispielsweise vom Typ `Statement` beim Aufruf von `createStatement()`oder `ResultSet` beim Aufruf von `executeQuery()`. Schließlich wird noch der Import von `java.sql` auskommentiert, denn die generischen Treibertypen sind alle entfernt und `java.sql` daher überflüssig. So modifiziert, ist das Programm fehlerfrei compilierbar und läuft dann genauso ab wie sein Vorbild, d.h. es produziert die gleichen Ergebnisse.

Ändert man das Programm `TreiberKlassen` nun so, daß man dort mit Ausnahme von `JdbcOdbcDriver` die Namen der Treiberklassen durch die Interfacenamen, die sie implementieren, ersetzt, so bleibt der Programmablauf völlig unverändert. Diese Manipulationen sind im folgenden Programm 4-3 vorgenommen.

Programm 4-3: Über Interfaces mit JDBC-Treibern arbeiten

```
// Programm 4-3:   ./JDBCelementar/TreiberInterfaces.java
import sun.jdbc.odbc.*;
import java.util.*;
import java.sql.*;

public class TreiberInterfaces {
  public static void main(String[] args) throws Exception {
    Driver d = new JdbcOdbcDriver();
    Properties p = new Properties();
    p.put("user", "gast"); p.put("password", "");
    Connection c = (Connection) d.connect("jdbc:odbc:Kurse",p);
    Statement s = (Statement) c.createStatement();
    ResultSet r = (ResultSet) s.executeQuery(
          "SELECT * FROM Personen WHERE nachname LIKE 'K%'");
    while(r.next())
       System.out.println(r.getString("nachname") + ", " +
                          r.getString("vorname"));
  }
}                                  // Ende class TreiberInterfaces
```

Als letztes können die nun überflüssig gewordenen Typumwandlungsoperatoren (Connection), (Statement) und (ResultSet) gestrichen werden.

In der Praxis besteht in einem JDBC-Programm der einzige *unmittelbare* Bezug auf implementierte Treiberpakete bei der Instanziierung von Treiberobjekten, die entweder direkt mit z.B. new JdbcOdbcDriver() erfolgt oder indirekt beim Laden eines Treibers über den Treibermanager (Class.forName (sun.jdbc.odbc.JdbcOdbcDriver())) geschieht.

Beim Compilieren wird im wesentlichen nur die *statische* Stimmigkeit aller JDBC-Methodenaufrufe geprüft. Dazu ist der Import des Pakets java.sql Voraussetzung. Es wird aber nicht überprüft, ob diese Interfaces auch adäquat implementiert sind. Im Prinzip könnten die Treiber, für den Compiler nicht feststellbar, Interfaces implementieren, die mit den java.sql-Interfaces wenig oder nichts zu tun haben. Zur Laufzeit werden dann die gleichen Methodenaufrufe in den dafür zuständigen konkreten Treiberobjekten ausgeführt (dynamische Methodenbindung), und die eventuell bestehenden Inkompatibilitäten zwischen implementierten Methoden und Methodenaufrufen führen dann zwangsläufig zu Fehlersituationen. Solche Inkompatibilitäten können z.B. entstehen, wenn eine JDBC-Anwendung zwar auf die neuen Eigenschaften der Version 2 hochgerüstet wurde, beim Ablauf aber noch Version 1.2-Treiber lädt.

`java.sql` ist Bestandteil des JDK 1.1 bzw. des JDK 1.2 (Java 2). Als JDBC-Treiber ist dort lediglich `sun.jdbc.odbc` enthalten, alle anderen Datenbank-treiber müssen über meist kommerzielle Anbieter bezogen werden (eine aktu-elle Anbieterliste ist beispielsweise bei SUN zu finden, siehe Anhang A).

4.2   JDBC Schritt für Schritt

In der folgenden Abbildung 4-3 sind die in Abschnitt 1.4 noch sehr knapp behandelten fünf Phasen der JDBC-Programmierung dargestellt.

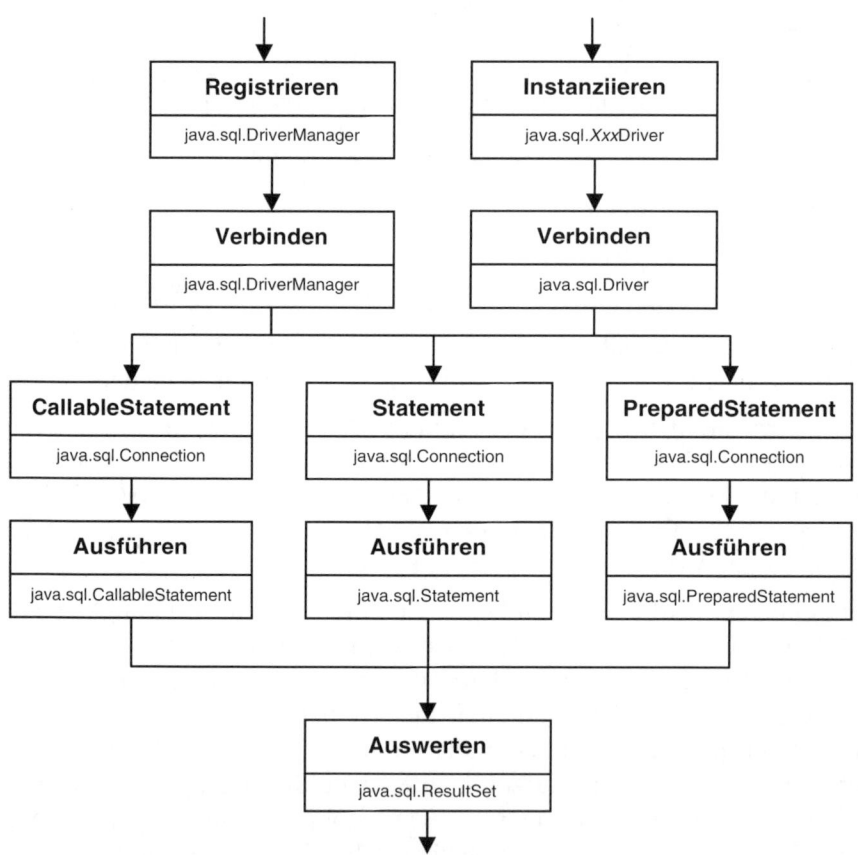

Abbildung 4-3: Phasen der JDBC-Programmierung

Diese fünf Phasen in der JDBC-Programmierung sind:

1. einen Treiber *registrieren*;

2. die Anwendung mit der Datenbank über den registrierten Treiber *verbinden*;

3. ein SQL-Anweisungsobjekt *vorbereiten*;

4. eine SQL-Anweisung mittels des vorbereiteten Anweisungsobjektes *ausführen* sowie

5. das Resultat der Anweisung *einlesen* und *verarbeiten*.

Sie werden in den folgenden fünf Unterabschnitten eingehend behandelt.

4.2.1 Treiber und Treibermanager (`Driver`, `DriverManager`)

JDBC-Treiber können explizit instanziiert werden, oder diese Aufgabe wird dem Treibermanager `DriverManager` überlassen. Kommt der Treibermanager zur Verwendung, so wird die Treiberklasse mittels der Anweisung

```
Class.forName("com.imaginary.sql.msql.MsqlDriver");
```

geladen, ein Treiber instanziiert und, sofern der Treiber JDBC-konform ist, das Treiberobjekt in ein Register eingetragen. Das Register ist ein statischer Container vom Typ `Vector`, also nur einmal in einem Java-Programm vorhanden. Der Aufruf der Klassenmethode `Class.forName()` veranlaßt das Laden der Treiberklasse `com.imaginary.sql.msql.MsqlDriver` und nach erfolgtem Laden den Aufruf ihres statischen Konstruktors `static {}`, dessen Quellcode der folgende ist (dieses und das folgende Programmfragment sind Auszüge aus dem Quellcode des Treibers `MsqlDriver` für MiniSQL):

```
static {
  try {
    new MsqlDriver();
  }
  catch(SQLException ex) {e.printStackTrace();}
}
```

In diesem statischen Konstruktor wird also ein Objekt der Klasse `MsqlDriver` erzeugt, und dieses Objekt registriert sich dann selbst in seinem Konstruktor `MsqlDriver()` mittels der Klassenmethode `registerDriver(this)` in der Klasse `DriverManager`:

```
public MsqlDriver() throws SQLException {
  super();
  DriverManager.registerDriver(this);
}
```

Der Sun-ODBC- und ein Oracle8-Treiber würden so registriert werden:

```
Class.forName("sun.jdbc.odbc.JdbcOdbc");
Class.forName("oracle.jdbc.driver.OracleDriver");
```

Neben der mehrfach überladenen Klassenmethode `getConnection()`, die im folgenden Abschnitt behandelt wird, gibt es im Treibermanager u.a. noch die Klassenmethoden

`Enumeration getDrivers()`
   gibt die Liste aller registrierten Treiberobjekte zurück

`void deregisterDriver(Driver driver)`
   entfernt das erste Treiberobjekt, das mit `driver` übereinstimmt

`void setLogStream(PrintStream out)`
   Logbuch- und Protokollmeldungen werden auf `out` ausgegeben; z.B.
   `DriverManager.setLogStream(System.out);`   // schaltet ein
   `DriverManager.setLogStream(null);`   // schaltet aus

`void println(String message)`
   Ausgabe einer Logbuchmeldung, z.B.
   `DriverManager.println("Loading ...");`

Die Verwendung des Treibermanagers ist keineswegs zwingend. Ebensogut können Treiberobjekte in eigene Verwaltung genommen werden. Für die obigen Beispiele ergeben sich dann als entsprechende Befehlszeilen

```
JdbcOdbcDriver dodbc = new JdbcOdbcDriver();
MsqlDriver     dmsql = new MsqlDriver();
OracleDriver   dorcl = new OracleDriver();
```

Eine Anmerkung: Im gleichen Verzeichnis, in dem die Kernklassen (`classes.zip`) lagern, kann in einem Verzeichnis mit dem Namen `.hotjava` eine Datei `properties` eingerichtet werden. In dieser Datei können Treiber persistent registriert werden durch Einträge der Art

```
Jdbc.drivers=sun.jdbc.odbc.JdbcOdbcDriver:
          com.imaginary.sql.msql.MsqlDriver:
          oracle.jdbc.driver.OracleDriver
```

Gewöhnlich wird von einer solchen Konfigurierung abgeraten, da damit eine zu starke Bindung an einen Einzelrechner erfolgt, d.h. die Portabilität stark eingeschränkt wird. (Die `properties`-Datei wird sonst vor allem von SUNs Appletviewern verwendet.)

4.2.2   Verbindungsaufbau (`Connection`)

Um eine Verbindung mit Datenbanken aufzunehmen, wird die statische Methode `getConnection()` in der Klasse `DriverManager` aufgerufen. Als Parameter ist bei allen Methodenvarianten die Zieldatenbank in URL-Schreibweise (JDBC-URL) anzugeben. Beispiele:

```
String url = "jdbc:odbc:Kurse";
Connection c = DriverManager.getConnection(url, "gast", "");
```

und

```
String url= "jdbc:msql://p1.uni-hohenheim.de:1112/Kurse";
Connection c = DriverManager.getConnection(url, "gast", "");
```

Namensgebungen für die URL-Bestandteile sind in der folgenden Tabelle beispielhaft aufgeführt. Datenquellen sind darin eine Desktop-Datenbank `Kurse` (MS Access), die über JDBC-ODBC angebunden wird, eine Oracle-Datenbank auf dem Computer mit dem Namen `p30.uni-hohenheim.de` und ein SQL-Datenbankserver auf dem Computer `p11.uni-hohenheim.de`. In beiden letzteren wird Verbindung zur Datenbank `Kurse` über den TCP-Port `1112` bzw. Port `1521` aufgenommen.

Protokoll	Subprotokoll(e)	Datenquelle/Datenbanksystem
jdbc	odbc	Kurse
jdbc	oracle:thin	@p30.uni-hohenheim.de:1521:orcl
jdbc	msql	//p11.uni-hohenheim:1112/Kurse

Nach Aufruf der Klassenmethode `getConnection()` geht der Treibermanager alle geladenen Treiber durch und probiert jeweils aus, ob eine Verbindung mit der angegebenen JDBC-URL möglich ist. Das geschieht durch Aufruf der

Methode `connect()` in dem jeweiligen registrierten Treiberobjekt. Kommt eine Verbindung zustande, so gibt die Methode ein `Connection`-Objekt zurück. Kommt über keinen der registrierten Treiber eine Verbindung zustande, so führt dies in eine Ausnahmesituation.

Mit `c.close()` oder `c = null` läßt sich eine bestehende Verbindung kappen, bei letzterem endgültig erst vom Garbagecollector.

Entscheidende Vorteile bietet die Verwendung des Treibermanagers in kleineren Anwendungen nicht. Denn im Regelfall werden selten mehr als eine oder zwei Datenbanken in einem solchen Programm verwendet, und es ist wohl immer bekannt, welche Datenbank-URL mit welchem Treiber korrespondiert. (Bei größeren Projekten kann hingegen ein zentrales Treiberregister durchaus von Vorteil sein.)

Der Weg, über direkt instanziierte Treiberobjekte Verbindungen aufzunehmen, ist der folgende:

```
Driver dodbc = new sun.jdbc.odbc.JdbcOdbcDriver;
String url = "jdbc:odbc:Kurse";
Properties p = new Properties();
p.put("user", "gast");  p.put("password",  "");
Connection codbc = dodbc.connect(url, p);
```

und

```
Driver dmsql = new com.imaginary.sql.msql.MsqlDriver;
String url = "jdbc:msql://localhost:1112/Kurse";
Properties p = new Properties();
p.put("user", "gast");  p.put("password",  "");
Connection cmsql = dmsql.getConnection(url, p);
```

In beiden Fällen muß zusätzlich eine Ausnahmebehandlung vorgesehen werden, es sei denn, der Fehler wird einfach an den Aufrufer weitergereicht. Denn sowohl die Ausnahmesignalisierung von `ClassNotFoundException` als auch von `SQLException` ist möglich. Das folgende Beispiel zeigt die Fehlerbehandlung mit `try...catch`:

```
Driver dmsql = new com.imaginary.sql.msql.MsqlDriver;
String url = "jdbc:msql://localhost:1112/Kurse";
Properties p = new Properties();
p.put("user", "gast");  p.put("password",  "");
try {
  Driver dmsql =
            (Driver) new com.imaginary.sql.msql.MsqlDriver;
  Connection cmsql = dmsql.getConnection(url, p);
```

```
    }
    catch (ClassNotFoundException ex) {ex.printStackTrace();}
    catch (SQLException ex) {ex.printStackTrace();}
```

Falls eine Unterscheidung der Fehlerursache nicht notwendig ist, können die beiden `catch`-Blöcke zu einem zusammengefaßt werden, in dem auf den Supertyp `Exception` der beiden Ausnahmeklassen geprüft wird:

```
catch (Exception ex) {ex.printStackTrace();}
```

4.2.3 Einfache SQL-Anweisungen (`Statement`)

Grundlage für die Ausführung von SQL-Anweisungen sind Anweisungsobjekte, d.h. Objekte vom Typ `Statement` oder `PreparedStatement`, dessen Supertyp `Statement` ist. Der Unterschied zwischen beiden Objekttypen besteht darin, daß bei `Statement` der SQL-Ausdruck insgesamt erst zum Ausführungszeitpunkt festgelegt wird (siehe im nächsten Abschnitt), während bei `PreparedStatement` bereits bei der Objektbildung zumindest Teile des SQL-Ausdrucks festgelegt werden müssen (wozu das dient, wird in Abschnitt 4.3.1 erläutert).

Bei Verwendung von einfachen Anweisungsobjekten sieht der entsprechende Programmteil typischerweise so aus:

```
Statement s = c.createStatement();      // Anweisungsobjekt
sql = "SELECT * FROM Kurse";    // auszuführender SQL-Ausdruck
s.execute(sql);                 // Ausführung des SQL-Ausdrucks
```

Zum gleichen Ergebnis gelangt man, wenn das Programm wie folgt umgearbeitet wird:

```
sql = "SELECT * FROM Kurse";    // auszuführender SQL-Ausdruck
PreparedStatement ps = c.prepareStatement(sql);  // Anweisung
ps.execute();           // Ausführung vorbereitete SQL-Anweisung
```

In beiden Fällen schließt sich die Auswertung des (gleichen) Ausführungsergebnisses an.

4.2.4   Die Ausführung von SQL-Anweisungen (`execute`)

In einem SQL-Anweisungsobjekt kann unabhängig von seinem Typ (`State-ment`, `PreparedStatement`, `CallableStatement`) mit seiner `execute()`-Methode ein SQL-Anweisungsstring ausgeführt werden. Je nach Typ enthält die Parameterklammer entweder den zu verarbeitenden SQL-Ausdruck bei `State-ment`, oder sie ist leer bei `PreparedStatement` und `CallableStatement`. Die Methode `execute()` gibt den logischen Wert `true` zurück, wenn eine Tabelle bzw. *Resultset* das Ergebnis ist, und `false`, wenn das Ergebnis eine Zahl vom Typ `int`, d.h. ein sogenannter Update-Zähler ist. Als Beispiel wird wiederum das `FuenfSchritte`-Programm modifiziert, und zwar so, daß nun als Argument bei der Kommandoeingabe eine komplette SQL-Anweisung angegeben werden kann.

Programm 4-4: `execute()`

```
// Programm 4-4:  ./JDBCelementar/ExecuteStatement.java
import java.sql.*;
public class ExecuteStatement {
  public ExecuteStatement(String sql) {
    try {
      Class.forName("sun.jdbc.odbc.JdbcOdbcDriver");
      Connection c =
             DriverManager.getConnection("jdbc:odbc:Kurse");
      Statement s = c.createStatement();
      if (s.execute(sql)) {
        ResultSet rs = s.getResultSet();
        int z = rs.getMetaData().getColumnCount();
        while(rs.next())
          for (int i = 1; i <= z; i++) {
            if (i != z) System.out.print(rs.getString(i)+", ");
            else        System.out.print(rs.getString(i)+"\n");
          }
      }
```

Die entscheidende Stelle im Programm ist die markierte `if`-Anweisung, in deren Bedingungsausdruck die eingegebene SQL-Anweisung ausgeführt wird. Als Ergebnis wird je nach Resultat der `execute()`-Methode im Falle von `true` eine Tabelle und von `false` ein Zähler über beispielsweise veränderte oder eingefügte Zeilen ausgegeben. Tabelle und Zähler erhält man aus dem `Statement`-Objekt `s` mittels der Methoden `getResultSet()` und `getUpdateCount()`.

```
      else System.out.println(s.getUpdateCount());
    }
    catch (Exception ex) {ex.printStackTrace();}
  }
```

```
public static void main(String[] args) {
   new ExecuteStatement(
          args.length==0?"SELECT * FROM Personen":args[0]);
}
}                                    // Ende class ExecuteStatement
```

Ein Aufrufbeispiel für dieses Programm:

```
C:>  java ExecuteStatement  "UPDATE Personen SET
      nachname='Roi' WHERE pcode=91"
```

Steht der Ergebnistyp bereits fest, so kann mittels entsprechender Methoden das Ergebnis auch direkt gewonnen werden, nämlich mit

- `statementObjekt.executeQuery()` für diejenigen SQL-Anweisungen, die `ResultSet`-Objekte (Tabellen) als Ergebnis haben, sowie

- `statementObjekt.executeUpdate()` für alle anderen SQL-Anweisungen wie z.B. für neue oder geänderte Zeilen. Das Ergebnis sind meist Zähler, etwa die Anzahl geänderter oder neuer Zeilen.

`statementObjekt` kann vom Typ `Statement` oder vom Typ `Prepared-Statement` bzw. `CallableStatement` sein. Im ersten Fall steht, wie bei `execute()`, ein SQL-Anweisungs-String in der Parameterklammer, in den beiden letzten Fällen ist die Klammer leer.

4.2.5 Auswertung der Ergebnistabellen (`ResultSet`)

Wichtig für die Fehlervermeidung beim Umgang mit Ergebnistabellen ist zu wissen, daß es

1. zu jedem `Statement`-Objekt höchstens ein `ResultSet`-Objekt gibt und daß

2. auf jeden Wert eines `ResultSet`-Objektes höchstens einmal zugegriffen werden darf.

Außerdem sollte eine `ResultSet`-Zeile immer von *links nach rechts*, also beginnend mit der ersten Spalte, gelesen werden.

Zur Bekräftigung die folgenden Beispiele, zunächst zu Ziffer 1. In diesem wird *vor* der Ausgabe des Resultset rn mittels des gleichen `Statement`-Objektes s ein weiterer Resultset rv generiert:

Programm 4-5: `Statement`- und `ResultSet`-Objekte

```
// Programm 4-5:  ./JDBCelementar/StatementUndResultset1.java
import java.sql.*;
public class StatementUndResultset1 {
```

```
  public static void main(String[] args) throws Exception {
    Class.forName("sun.jdbc.odbc.JdbcOdbcDriver");
    Connection c =
              DriverManager.getConnection("jdbc:odbc:Kurse");
    Statement s = c.createStatement();
    ResultSet rn = s.executeQuery("SELECT * FROM Personen");
    ResultSet rv = s.executeQuery( "SELECT * FROM Dozenten");
    while(rn.next())
      System.out.println(rn.getString("nachname"));
  }
}                                // Ende class StatementUndResultset1
```

Das Programm wird fehlerfrei compiliert, aber der Ablauf wird mit der folgenden Fehlermeldung abgebrochen:

```
... java.sql.SQLException: ResultSet is closed ...
```

Das zuerst erzeugte `ResultSet`-Objekt ist also nach Erzeugung des zweiten ungültig geworden.

Den Sachverhalt in Ziffer 2 – es darf höchstens einmal auf jeden Wert eines `ResultSet`-Objektes zugegriffen werden – verdeutlicht das zweite Beispiel, in dem auf dasselbe Datenelement ein zweites Mal zugegriffen werden soll:

Programm 4-6: Mehrfachzugriff auf dasselbe `ResultSet`-Datenelement

```
// Programm 4-6:  ./JDBCelementar/StatementUndResultset2.java
import java.sql.*;
public class StatementUndResultset2 {
  public static void main(String[] args) throws Exception {
    Class.forName("sun.jdbc.odbc.JdbcOdbcDriver");
    Connection c =
              DriverManager.getConnection("jdbc:odbc:Kurse");
    Statement s = c.createStatement();
    ResultSet rn = s.executeQuery("SELECT * FROM Personen");
    while(rn.next()) {
      System.out.println(rn.getString("nachname"));
      System.out.println(rn.getString("nachname"));
    }
  }
}
```

Der erste Zugriff funktioniert wie erwartet (`Müller` wird ausgegeben), aber der zweite Zugriffsversuch – und mit ihm das Programm – endet mit der Meldung, daß keine Daten vorhanden seien:

```
C:>java StatementUndResultset2                  // Programmstart

Müller                                          // 1. Ausgabe
java.sql.SQLException: No data found            // 2. Fehlermeldung
```

Java-Anweisungen der Art

```
ResultSet rs =
        stmt.executeQuery("SELECT * FROM Personen");
```

haben als Ergebnis Tabellen, im Beispiel das `ResultSet`-Objekt rs. Auf die Daten des `ResultSet`-Objektes kann über einen sog. *Cursor* in der *aktuellen* Zeile zugegriffen werden. Dieser Cursor ist allerdings unmittelbar nach Instanziierung eines `ResultSet`-Objektes noch undefiniert, und ein Zugriffsversuch würde mit einer Meldung der Art

```
java.sql.SQLException: [Microsoft][ODBC Driver
                Manager] Ungültiger Cursor-Zustand
java.sql.SQLException: ResultSet.next was not called
```

enden. Um zu einem gültigen Cursor zu kommen, der bei der ersten Zeile der Tabelle startet, muß ein erstes Mal die `next()`-Methode auf das `ResultSet`-Objekt angewandt werden. Daß eine gültige Zeile existiert, zeigt die Methode mit dem Rückgabewert `true` an. Ist dagegen die Tabelle leer, so meldet `next()` den logischen Wert `false`.

Jedes weitere `next()` schaltet die Cursor-Position jeweils um eine Zeile weiter, bis ein letztes `next()` mit `false` das Erreichen des Tabellenendes signalisiert. Dieses Vorwärtsbewegen des Cursors ist in der folgenden Java-Anweisungszeile symbolisiert:

```
while(rs.next()) {  }
```

Eine Möglichkeit, den Cursor rückwärts zu bewegen oder ihn wenigstens wieder an den Tabellenanfang zu setzen, gibt es in der JDBC-Version 1.2 *nicht*!

Auf die einzelnen Zeilenwerte kann – jeweils ein *einziges* Mal! – entweder über einen ganzzahligen Index *größer 0* oder über den Spaltennamen zugegriffen werden:

```
while(rs.next()) {
   System.out.print(rs.getString(2) + ", ");
   System.out.print(rs.getString("bezeichnung")) + ", ");
   System.out.print(rs.getDate("datum")) + ", ");
   System.out.println(rs.getInt(6));
}
```

Die Klasse `ResultSet` besteht zum größten Teil aus Instanzmethoden für den Zugriff auf Spaltenwerte mit unterschiedlichen Datenformaten. All diese `getXxx()`-Methoden sind im Anhang B.4 tabellarisch zusammengestellt.

Mittels der Methode `getMetaData()` kann man sich die sogenannten Metadaten eines `ResultSet`-Objektes beschaffen, bezogen auf die obigen Beispiele
etwa durch die Java-Anweisung

```
ResultSetMetaData rsmd = rs.getMetaData();
```

Aus dem Metadatenobjekt lassen sich z.B. feststellen:

- mit `getColumnCount()`   die Anzahl der Spalten,

- mit `getColumnName(int i)`   der Name der `i`-ten Spalte und

- mit `getColumnTypeName(int i)`   der Typ der `i`-ten Spalte.

Ein passendes Programmfragment zu den obigen Beispielen, mittels dessen alle
Spalten einer Resultattabelle ausgegeben werden, könnte wie folgt aussehen:

Programm 4-7: Ergebnistabelle einlesen und ausgeben (Auszug)

```
ResultSetMetaData rsmd = rs.getMetaData();
int x = rsmd.getColumnCount();
StringBuffer aus = new StringBuffer("\n");
for (int i = 1; i <= x; i++) {    // kommagetrennte Spaltennamen
   aus.append(rsmd.getColumnName(i));
   if (i != x) aus.append(", "); else aus.append("\n");
}
while(rs.next()) {                 // kommagetrennte Spaltenwerte
   for (int i = 1; i <= x; i++) {
      aus.append(rs.getString(i));
      if (i != x) aus.append(", "); else aus.append("\n");
   }
}
System.out.println(aus.toString());
```

4.2.6   Zusammenfassung

Zusammenfassend sind in der folgenden Abbildung 4-4 die Beziehungen von
Objekten der wichtigsten JDBC-Typen über Methodenaufrufe dargestellt.

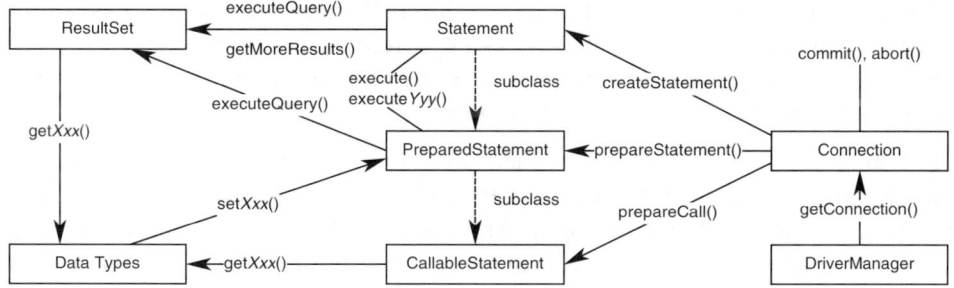

Abbildung 4-4: JDBC-Typen und ihre Beziehungen über Methodenaufrufe
(in Anlehnung an [Sun 96], Seite 40)

Angemerkt sei, daß für viele sogenannte Desktop-Datenbanken auf Windows-Rechnern wie ACCESS oder FOXPRO ODBC-Treiber verfügbar sind, mit deren Hilfe solche Datenbanken für JDBC-Anwendungen erreichbar werden. Dazu muß im Windows-ODBC-Manager für die betreffende Datenbank eine Treiberzuordnung vorgenommen werden. Wie das funktioniert, ist in Anhang E ausführlich gezeigt.

4.3   SQL-Anweisungen

Bei den einfachen SQL-Anweisungen auf der Basis von `Statement`-Objekten wird der *vollständige* SQL-Ausdruck erst zum Zeitpunkt der Ausführung festgelegt. Soll dieser Ausdruck variiert werden, beispielsweise in der `WHERE`-Klausel für wählbare Zeilenselektion wie in Programm 4-14 (Abschnitt 4.4.1), so kann dies nur durch unmittelbare Zeichenkettenmanipulationen geschehen. Diese recht primitive Art der „Parametrisierung" von SQL-Ausdrücken gemeinsam mit dem Umstand, daß der SQL-Ausdruck immer wieder aufs neue zur Datenbank geschickt und dort compiliert werden muß, kann durch Verwendung sogenannter *vorbereiteter Anweisungen* (`PreparedStatement`) umgangen werden. Die Unterschiede in der Verwendung von `Statement` und `Prepared Statement` sind in der folgenden beispielhaften Gegenüberstellung ersichtlich.

```
sql="SELECT * FROM Tab";          sql="SELECT * FROM Tab WHERE nr=?";
Statement s =                     PreparedStatement p =
    con.createStatement();            con.prepareStatement(sql);
                                  s.setInt(1, 4711);
s.execute(sql);                   s.execute();
```

Parameter in einem SQL-Ausdruck sind durch Fragezeichen symbolisiert, und jeder Parameter wird mit den setXxx()-Methoden der Klasse Prepared Statement mit Werten versehen. Die Parameter sind durchnumeriert, der erste hat die Nummer 1, der zweite die Nummer 2 usw.

Die Nutzung von PreparedStatement erlaubt nicht nur den komfortableren Umgang mit Parametern in SQL-Ausdrücken. Sie kann auch der Effizienzverbesserung dienen, da parametrisierte Ausdrücke in der Datenbank vorcompiliert werden können und nur noch die aktuellen Parameter berücksichtigt werden müssen.

Mittels *gespeicherter Prozeduren* lassen sich SQL-Anweisungsfolgen bzw. SQL-Programme beliebiger Komplexität in ein Datenbanksystem verlagern. Im Java/JDBC-Progamm verbleibt nur noch der Aufruf solcher Prozeduren. Die damit verbundenen Effizienzgewinne können gerade bei Verlagerung komplexer Funktionalität in die Datenbank beträchtlich sein.

Die Beziehungen der Statement-Klassen und -Interfaces untereinander sind in Abbildung 4-5 gezeigt.

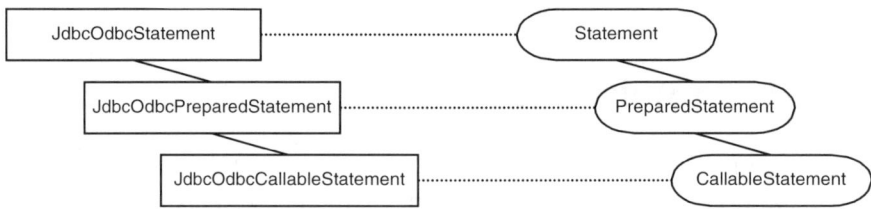

Abbildung 4-5: Vererbungsbeziehungen zwischen den Statement-Klassen und -Interfaces am Beispiel des JDBC-ODBC-Treibers

Nicht alle Datenbanksysteme lassen vorbereitete Anweisungen zu, und noch weniger Datenbanken verfügen über zufriedenstellende Fähigkeiten hinsichtlich gespeicherter Prozeduren. Es gibt erhebliche syntaktische und funktionelle Unterschiede, die zudem noch von den JDBC-Treibern stark beeinflußt sein können. Werden die Möglichkeiten dieser SQL-Anweisungstypen genutzt, so ist damit in der Regel auch der Verlust der Portabilität auf Schnittstellenebene verbunden, d.h. die Folge ist weitgehende Bindung an ein Datenbanksystem.

In den Beispielen wird ausschließlich Oracle8 zusammen mit dem thin-Treiber aus dem Treiberpaket oracle.jdbc.driver.OracleDriver verwendet.

4.3.1   Vorbereitete Anweisungen (`PreparedStatement`)

Die Verwendung von `PreparedStatement`-Objekten ist immer dann angezeigt, wenn sich eine Parametrisierung von SQL-Ausdrücken anbietet. Beachtet
werden sollte, daß nur Werte, nicht aber z.B. Tabellen- und Spaltennamen als
Parameter dienen können. Beispielsweise ist die Klausel `WHERE nachname=?`
korrekt parametrisiert, die Klausel `WHERE ?<'L%'` dagegen nicht.

Die Verwendung vorbereiteter Anweisungen folgt dem Muster

1. ein `PreparedStatement`-Objekt erzeugen (mit Fragezeichen als Platzhalter für die Parameter);

2. so viele Parameterwerte einfügen, wie es Fragezeichen gibt;

3. die Anweisung ausführen.

Diesem Muster entspricht das folgende Programm. Jeder Parameter ist durch
ein Fragezeichen symbolisiert, und jedem Parameter ist in der Reihenfolge der
Fragezeichen eine fortlaufende, bei 1 beginnende Nummer zugeordnet.

```
PreparedStatement ps = c.prepareStatement(
     "UPDATE Personen SET vorname=?,nachname=? WHERE pcode=?");
ps.setString(1, "Kalbacher");          // 1. Fragezeichen
ps.setString(2, "Marika");             // 2. Fragezeichen
ps.setInt(3, 101);                     // 3. Fragezeichen
ps.execute();              // vorbereitete SQL-Anweisung ausführen
```

Als vollständiges Beispiel wird das `FuenfSchritte`-Programm aus der Einleitung (Abschnitt 1.4) so umgearbeitet, daß bei seinem Aufruf ein Suchwert für
die Spalte `nachname` als Argument übergeben werden kann, z.B. der Nachname „Kaiser“:

Programm 4-8: Einfache vorbereitete Anweisung

```
// Programm 4-8:   ./JDBCelementar/SimplePrepStatement.java
import java.sql.*;
public class SimplePrepStatement {
  public SimplePrepStatement(String par) {
    try {
      Class.forName("oracle.jdbc.driver.OracleDriver");
      Connection c = DriverManager.getConnection(
                  "jdbc:oracle:thin:@localhost:1521:orcl",
                  "Kurse", "Oracle");
      String sql =
              "SELECT * FROM Personen WHERE nachname LIKE ?";
      PreparedStatement ps = c.prepareStatement(sql);
      ps.setString(1, par);
      ResultSet r = ps.executeQuery();
```

```
      while(r.next())
         System.out.println(
                r.getString("nachname") + ", " +
                r.getString("vorname"));
    }
    catch (Exception ex) {ex.printStackTrace();}
  }
  public static void main(String[] args) {
    new SimplePrepStatement(
                   args.length == 0 ?  "%" : args[0] + "%");
  }
}                                // Ende class SimplePrepStatement
```

Beispiel für einen Programmaufruf:

```
C:>java PrepStatement Kaiser
Kaiser, Leo
```

Das Programm funktioniert nicht mit dem MiniSQL-Server, dessen Treiber nicht JDBC-konform ist: Die Klasse `PreparedStatement` (und auch die Klasse `CallableStatement`) fehlt.

4.3.2   Gespeicherte Prozeduren (`CallableStatement`)

Gespeicherte Prozeduren (stored procedures) und Funktionen (stored functions) sind dauerhafter oder *persistenter* Bestandteil vor allem in professionellen Datenbanksystemen (vgl. Abschnitt 3.1.6). Ihre Programmierung erfolgt fast immer in herstellerspezifischer Weise, z.B. prozedural mit PL/SQL bei Oracle8 (PL für Procedural Language), d.h. ihre Verwendung bedingt zwangsläufig auch eine stärkere Produktbindung. Der Einsatz von gespeicherten Prozeduren und Funktionen ist aber sicher immer dann gerechtfertigt, wenn Effizienzgewinne erzielbar sind.

In allen Beispielen dieses Abschnittes werden das Oracle8-Datenbanksystem und sein SQL-Dialekt PL/SQL für die Programmierung der gespeicherten Prozeduren verwendet. Als Treiber für die Datenbankanbindung dient der `thin`-Treiber aus dem Oracle-Treiberpaket `oracle.jdbc.driver.OracleDriver` (die für Oracle8 gleichermaßen mögliche ODBC-Anbindung sollte man meiden).

An den Umgang mit gespeicherten Prozeduren wird in mehreren Schritten herangeführt:

- In einem ersten Schritt wird zunächst anhand der Addition zweier Zahlen mit der Syntax vertraut gemacht und gezeigt, wie solche Prozeduren aus einem Java-Programm in die Datenbank transportiert und wie sie dort aufgerufen werden.

- In einem weiteren Schritt wird der Austausch von Daten über skalare Parameter, also von Zahlen und Zeichenketten zwischen Datenbank und Java-Programm gezeigt.

- Schließlich wird dargelegt, wie Tabellen und Views über gespeicherte Prozeduren als Verbundtypen aus Datenbanken beschaffbar sind.

Prozedur und Funktion

Ob eine Datenbank gespeicherte Prozeduren unterstützt und was eine Datenbank dann unter dem Begriff gespeicherte Prozedur versteht, kann über die Metadaten der Datenbank festgestellt werden.

Programm 4-9: Test auf Unterstützung gespeicherter Prozeduren

```
// Programm 4-9:  ./JDBCelementar/StoredProceduresSupport.java
import java.sql.*;
import oracle.jdbc.driver.*;

public class StoredProceduresSupport {
  public static void main(String[] args) throws Exception {
    Class.forName("oracle.jdbc.driver.OracleDriver");
    Connection c = DriverManager.getConnection(
                 "jdbc:oracle:thin:@localhost:1521:orcl",
                 "Kurse", "Oracle");
    DatabaseMetaData meta = c.getMetaData();
    System.out.println(meta.getDatabaseProductName() + " " +
                 meta.getDatabaseProductVersion() );
    System.out.println("Stored Procedures: " +
                 meta.supportsStoredProcedures() );
    System.out.println("Prozeduren sind:   " +
                 meta.getProcedureTerm());
  }
}                              // Ende class StoredProceduresSupport
```

Oracle8 unterstützt gespeicherte Prozeduren. Das ergibt sich auch als Resultat eines Aufrufes von Programm 4-9. Würde das gleiche Programm auf eine Access-Datenbank angewendet werden, so wäre die Antwort, daß auch Access gespeicherte Prozeduren unterstützt, daß aber darunter „Queries", also Verknüpfungen von Tabellen aus dem Basisbestand, zu verstehen seien.

In Programm 4-10a wird anhand der Addition zweier ganzer Zahlen gezeigt, wie eine einfache Prozedur in PL/SQL von Oracle8 aufgebaut ist.

Programm 4-10a: Gespeicherte Prozedur

```
-- Programm 4-10a:  Gespeicherte Prozedur: Zwei Zahlen addieren
PROCEDURE pAdd
   (a IN INTEGER, b IN INTEGER, s OUT INTEGER) IS
   BEGIN
      s := a + b;
   END;
```

Die erste Zeile mit „--" am Anfang ist eine Kommentarzeile, danach folgt die Prozedurdeklaration. Sie wird eingeleitet durch die Angabe des Prozedurnamens pAdd, gefolgt von einer kommagetrennten Liste von formalen Parametern. Bei allen Parametern sind jeweils Name, Modus und Typ festgelegt (siehe Tabelle 4-1). Danach muß IS folgen, an das sich der BEGIN...END-Block des Prozedurkörpers anschließt. In ihm werden die Parameter a und b addiert und mit dem Operator := das Ergebnis dem Parameter s zugewiesen; es steht nach Rückkehr dem Aufrufer dann zur Verfügung.

Tabelle 4-1: Modi der formalen Parameter einer Prozedur bzw. Funktion

IN	OUT	IN OUT
optional	muß spezifiziert werden	muß spezifiziert werden
Wert an Prozedur	Wert an aufrufendes Programm	Wert an Prozedur, geänderter Wert zurück an aufrufendes Programm
wirkt wie *Konstante*	wirkt wie *nicht-initialisierte* Variable	wirkt wie eine *initialisierte* Variable
Wertzuweisung nicht möglich	kann nicht in Ausdrücken verwendet werden; Zuweisung eines Wertes erforderlich	ein Wert kann zugewiesen werden (sonst wäre das OUT überflüssig)
aktueller Parameter *kann* Konstante, initialisierte Variable, Literal oder Ausdruck sein	*aktueller* Parameter *muß* eine Variable sein	*aktueller* Parameter *muß* eine Variable sein

Wie in vielen anderen prozeduralen Sprachen gibt es auch in PL/SQL Funktionen. Funktionen haben wie Prozeduren eine Parameterliste. Anders als Prozeduren sind Funktionen in der Lage, einen Rückgabewert zu produzieren, der vom aufrufenden PL/SQL-Programm direkt in Zuweisungen und Ausdrücken weiterverwertet werden kann. Ein Beispiel ist Programm 4-10b. Es unterscheidet sich von Programm 4-10a sonst nur noch dadurch, daß subtrahiert statt addiert wird.

Programm 4-10b: Gespeicherte Funktion

```
-- Programm 4-10b:   Gesp. Prozedur: Zwei Zahlen subtrahieren
FUNCTION fSub
   (a INTEGER, b INTEGER)
   RETURN s INTEGER IS
   BEGIN
      s := a - b;
   END;
```

In der Parameterdeklaration ist der Modus IN weggelassen und somit als Standard wirksam. An die Parameterliste schließt sich die Deklaration der Rückgabevariablen an, und zwar sowohl der Name als auch der Typ. Der Modus liegt als OUT fest und darf nicht angegeben werden.

Im nun folgenden Programm 4-10c werden die beiden Module in die Datenbank übertragen und dann mit Werten aufgerufen, die über die Kommandozeile beim Aufruf des Java-Programms eingegeben werden können.

Programm 4-10c: Gespeicherte Prozedur und gespeicherte Funktion

```java
// Programm 4-10c:
./JDBCelementar/StoredProceduresRechnen.java
import java.sql.*;
public class StoredProceduresRechnen {
   public static void main(String[] args) throws Exception {
      int a = args.length >= 1 ? Integer.parseInt(args[0]) : 11;
      int b = args.length == 2 ? Integer.parseInt(args[1]) : 22;
      Class.forName("oracle.jdbc.driver.OracleDriver");
      Connection c = DriverManager.getConnection(
                  "jdbc:oracle:thin:@localhost:1521:orcl",
                  "Kurse", "Oracle");
      Statement s = c.createStatement();
      String proz = "CREATE OR REPLACE PROCEDURE pAdd \n" +
                  "(a IN INTEGER, b IN INTEGER, " +
                  " s OUT INTEGER) IS \n" +
                  "BEGIN s := a + b; END;";
      s.execute(proz);
      CallableStatement cs;
      cs = c.prepareCall("{call pAdd(?,?,?)}");
      cs.registerOutParameter(3, Types.INTEGER);
      cs.setInt(1, a); cs.setInt(2, b);
      cs.execute();
      System.out.println(a + " + " + b + " = " + cs.getInt(3));
      String funk = "CREATE OR REPLACE FUNCTION fSub \n" +
                  "(a IN INTEGER, b IN INTEGER) \n" +
                  "RETURN INTEGER IS \n" +
                  "BEGIN RETURN a - b; END;";
      s.execute(funk);
```

```
      cs = c.prepareCall("{? = call fSub(?,?)}");
      cs.registerOutParameter(1, Types.INTEGER);
      cs.setInt(2, a); cs.setInt(3, b);
      cs.execute();
      System.out.println(a + " - " + b + " = " + cs.getInt(1));
   }
}                              // Ende class StoredProceduresRechnen
```

Den Zeichenketten für die gespeicherten Prozeduren wird „CREATE OR REPLACE" vorangestelllt, d.h. bei der Übertragung dieser Zeichenketten zur Datenbank wird entweder die gespeicherte Prozedur neu erstellt oder eine bereits vorhandene gleichen Namens ersetzt. Für die Übertragung der gespeicherten Prozeduren wird zuerst ein `Statement`-Objekt erzeugt und mit dessen Hilfe dann die Prozedur übertragen. Als nächstes wird der Prozedur- bzw. Funktionsaufruf als `CallableStatement`-Objekt definiert:

`{call pAdd(?,?,?)}`   für die gespeicherte Prozedur `pAdd()`

`{? = call fSub(?,?)}`   für die gespeicherte Funktion `fSub()`

Danach werden alle Prozedurparameter für die Ausführung vorbereitet. IN-Parameter werden per `setXxx()` mit Werten passenden Typs versorgt, und die Typen der OUT bzw. IN OUT-Parameter werden durch Aufruf der Methode `registerOutParameter()` registriert.

Die Parameterzuordnungen zu den Fragezeichen in den Prozedur- bzw. Funktionsaufrufen sind in den folgenden beiden Bildern gezeigt (Abbildung 4-6a und b).

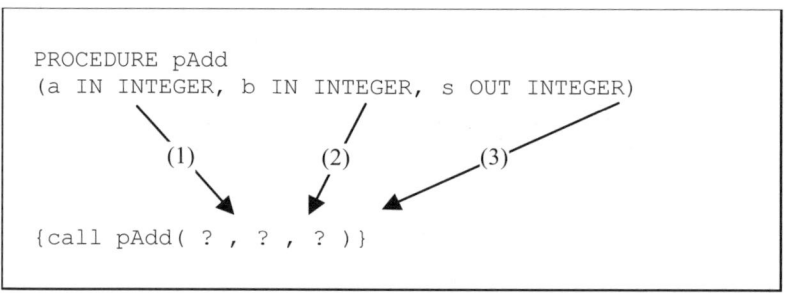

Abbildung 4-6a: Parameterzuordnung in gespeicherten Prozeduren

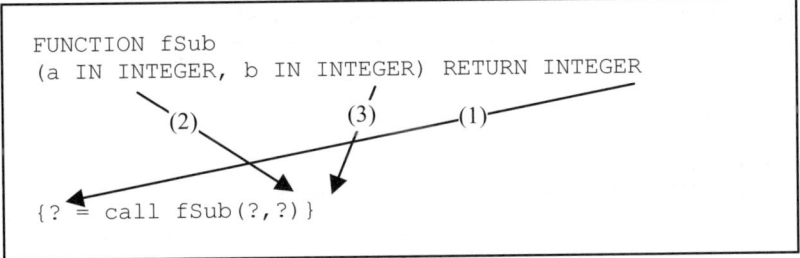

```
FUNCTION fSub
(a IN INTEGER, b IN INTEGER) RETURN INTEGER
        (2)           (3)      (1)

{? = call fSub(?,?)}
```

Abbildung 4-6b: Parameterzuordnung in gespeicherten Funktionen

Skalare Parameter (Zahlen und Zeichenketten)

Im folgenden Beispiel (Programm 4-11) werden zwei gespeicherte Prozeduren für das Einfügen und Löschen von Zeilen in der Tabelle Dozenten verwendet. Für den Datenaustausch sind skalare Größen noch hinreichend.

In Teil a des Beispiels werden als Parameter Vor- und Nachname angegeben, und zurückgegeben wird der Schlüsselwert des eingefügten Datensatzes.

Programm 4-11a: Gespeicherte Prozedur zum Einfügen einer Zeile

```
-- Programm 4-11a:  Gespeicherte Prozedur: Zeile hinzufügen
FUNCTION dHire
(v IN STRING, n IN STRING) RETURN INTEGER IS
temp INTEGER;
BEGIN
   SELECT Max(dcode) INTO temp FROM Dozenten;
   INSERT INTO Dozenten (dcode, vorname, nachname)
   VALUES (temp + 1, v, n);
   RETURN temp + 1;
END;
```

Zur Festlegung eines neuen Schlüssels wird mit SELECT Max(dcode)... zunächst der größte schon vorhandene festgestellt und in der Variablen temp zwischengespeichert. Man beachte, daß in der SELECT-Anweisung als weitere PL/SQL-spezifische Klausel INTO (hier zum Zwischenspeichern des größten Schlüsselwertes) zu verwenden ist. Der um 1 erhöhte Werte wird dann als Schlüssel in dem neuen Datensatz verwendet. (In konkurrenten Situationen müßten Schlüsselbestimmung und INSERT gegebenenfalls noch ununterbrechbar aneinandergebunden werden.)

Teil b des Programms ist eine gespeicherte Prozedur zum Löschen einer Zeile.

Programm 4-11b: Gespeicherte Prozedur zum Löschen einer Zeile

```
-- Programm 4-11b:  Gespeicherte Prozedur: Zeile löschen
PROCEDURE dFire
(dc IN INTEGER, n IN STRING, n IN STRING) IS
BEGIN
   DELETE FROM Dozenten
   WHERE dcode=dc AND vorname=n AND nachname=n;
END;
```

Die beiden gespeicherten Prozeduren wurden im folgenden Java-Programm verwendet.

Programm 4-11c: Einfügen und Löschen von Tabellenzeilen

```java
// Programm 4-11c:   ./JDBCelementar/InsertUndDelete.java
import java.sql.*;
public class InsertUndDelete {
   public static void main(String[] args) throws Exception {
      if (args.length < 3) System.exit(0);
      String modus = args[0];
      Class.forName("oracle.jdbc.driver.OracleDriver");
      Connection c = DriverManager.getConnection(
                  "jdbc:oracle:thin:@localhost:1521:orcl",
                  "Kurse", "Oracle");
      Statement s = c.createStatement();
      s.execute("CREATE OR REPLACE " +
            "FUNCTION dHire (v IN STRING, n IN STRING) " +
            "RETURN INTEGER IS temp INTEGER; BEGIN " +
            "SELECT Max(dcode) INTO temp FROM Dozenten; " +
            "INSERT INTO Dozenten (dcode, vorname, nachname) " +
            "VALUES (temp + 1, v, n); RETURN temp + 1; END;");
      s.execute("CREATE OR REPLACE " +
            "PROCEDURE dFire (dc IN INTEGER, v IN STRING, " +
            "n IN STRING) IS BEGIN DELETE FROM Dozenten " +
            "WHERE dcode=dc AND vorname=v AND nachname=n; END;");
      CallableStatement cs;
      if (modus.toUpperCase().startsWith("H")) {
        cs = c.prepareCall("{? = call dHire(?,?)}");
        cs.registerOutParameter(1, Types.INTEGER);
        cs.setString(2, args[1]);
        cs.setString(3, args[2]);
        cs.execute();
        System.out.println("Code= " + cs.getInt(1));
      }
      if (modus.toUpperCase().startsWith("F")) {
        cs = c.prepareCall("{call dFire(?,?,?)}");
        cs.setString(2, args[1]);
        cs.setString(3, args[2]);
        if (args.length > 3) {
          cs.setInt(1, Integer.parseInt(args[3]));
          cs.execute();
        }
```

```
        else
          System.out.print("nicht ");
          System.out.println("gelöscht!");
      }
    }
  }                                    // Ende class InsertUndDelete
```

Beim Aufruf des Programms können als Argumente angegeben werden,

- was getan werden soll, nämlich „H" für Einfügen und „F" für Löschen oder

- welche Zeile gelöscht (F) bzw. welche Daten neu aufgenommen werden sollen (H).

Auch dazu einige Beispiele:

```
c:> java InsertUndDelete Hire John Dickens
Code= 39
c:> java InsertUndDelete Fire John Dickens 39
gelöscht!
c:>
```

Tabellen und Views als Parameter

Besonders interessant sind Tabellen als Resultate von gespeicherten Prozeduren. Allerdings erfordert das für Oracle8 die Verwendung fortgeschrittener PL/SQL-Sprachmittel, von denen nur einige wenige musterhaft verwendet werden.

Ausgangspunkt sind SQL-Cursor, die analog denen in JDBC funktionieren (vgl. die folgende Tabelle 4-2).

Tabelle 4-2: SQL- und JDBC-Cursor

	Oracle8/PL/SQL	Java/JDBC
Deklarieren	CURSOR	ResultSet rs =
Öffnen	OPEN...FOR SELECT...	statement.getResultSet()
Nächste Zeile	FETCH	rs.next()
Schließen	CLOSE	rs.close()

Ein Beispiel dazu mit einer Nonsense-Rechnung auf der Basis der Primärschlüsselwerte der Tabelle Dozenten:

Programm 4-12: Gespeicherte Prozedur mit Cursor-Verwendung

```
-- Programm 4-12: Gespeicherte Prozedur mit Cursor
PROCEDURE pCursor (zahl OUT INTEGER) IS
i INTEGER; res INTEGER; dc INTEGER;
CURSOR c IS SELECT dcode FROM Dozenten;    -- Cursor-Deklaration
BEGIN
  OPEN c; i:=1; res:=0;                     -- "getResultSet()"
  LOOP
    FETCH c INTO dc;                        -- "next()"
    EXIT WHEN c%NOTFOUND;
    res := res + dc * i; i := i + 1;
  END LOOP;
  zahl := res;
END;
```

Ein Cursor in PL/SQL spielt auch die Rolle des Namens einer Tabelle, wie in Programm 4-12 zu sehen ist. Cursor – und damit Tabellen – lassen sich über Referenzvariable, sog. *Cursor-Variable*, in gespeicherten Prozeduren als Parameter verwenden.

Damit können die gespeicherten Prozeduren in den Programmen 4-12 und 4-13a einigermaßen plausibel gemacht werden, ohne allzusehr in PL/SQL-Details einzutauchen.

In einem PACKAGE als dritter Variante einer gespeicherterten Prozedur in PL/SQL wird ein benutzerdefinierter Typ für Cursor-Variable deklariert. In der gespeicherten Prozedur pDozenten() wird in der Parameterliste mit der Variablen rsp auf diesen Typ Bezug genommen mit rsp OUT spKurse. rsdozenten. Mit Öffnen des Cursors, OPEN rsp FOR SELECT..., wird die Tabelle über den Parameter rsp dem aufrufenden Programm verfügbar gemacht.

Programm 4-13a: Tabellen als Parameter von gespeicherten Prozeduren

```
-- Programm 4-13a:   Tabellen als Parameter
PACKAGE spKurse IS
  TYPE rsdozenten IS REF CURSOR RETURN Dozenten%ROWTYPE;
END;

PROCEDURE pDozenten (rsp OUT spKurse.rsdozenten) IS
BEGIN
  OPEN rsp FOR SELECT * FROM Dozenten;
END;
```

Im entsprechenden Java-Programmteil werden Package und Prozedur an die Datenbank übertragen. Nach Vorbereitung des Prozeduraufrufes mit {call pDozenten(?)} wird der Parameter als *Oracle-Typ* CURSOR registriert und die Prozedur ausgeführt. Die Ergebnistabelle kann dann über die Oracle-spezifische

Methode `getCursor()` aus dem `CallableStatement`-Objekt beschafft und z.B. ausgegeben werden. Da `getCursor()` keine Entsprechung in den JDBC-Interfaces hat, muß der Typ der Objektreferenz `cs` in die zuständige Oracle-Klasse `OracleCallableStatement` gewandelt werden.

Programm 4-13b: Gespeicherte Prozedur mit Tabellen als Rückgabewert

```
// Programm 4-13b:./JDBCelementar/StoredProceduresTabellen.java
import java.sql.*;
import oracle.jdbc.driver.*;

public class StoredProceduresTabellen {
  public static void main(String[] args) throws Exception {
    Class.forName("oracle.jdbc.driver.OracleDriver");
    Connection c = DriverManager.getConnection(
                "jdbc:oracle:thin:@localhost:1521:orcl",
                "Kurse", "Oracle");
    Statement s = c.createStatement();
    s.execute("CREATE OR REPLACE PACKAGE spKurse IS "+
      "TYPE rsdozenten IS REF CURSOR RETURN Dozenten%ROWTYPE;"+
      "PROCEDURE pDozenten(rsp OUT spKurse.rsdozenten); END;");
    s.execute("CREATE OR REPLACE " +
      "PROCEDURE pDozenten (rsp OUT spKurse.rsdozenten) IS "+
      "BEGIN OPEN rsp FOR SELECT * FROM Dozenten; END;");
    CallableStatement cs;
    cs = c.prepareCall("{call pDozenten(?)}");
    cs.registerOutParameter(1,
                    oracle.jdbc.driver.OracleTypes.CURSOR);
    cs.execute();
    ResultSet rs = ((OracleCallableStatement)cs).getCursor(1);
    int x = rs.getMetaData().getColumnCount();
    while(rs.next()) {
      for (int i = 1; i <= x; i++) {
        System.out.print(rs.getString(i));
        if (i != x) System.out.print(", ");
        else System.out.print("\n");
      }
    }
  }
}                      // Ende class StoredProceduresTabellen
```

4.4   Zwei vollständige Beispiele

In den beiden Beispielen wird jeweils eine einfache Datenbankanwendung mit einer sehr einfachen, aber vollständigen graphischen Benutzerschnittstelle (Graphical User Interface – GUI) versehen.

Das erste Beispiel (4.4.1) ist eine Java-*Applikation*, in der Spalten bzw. Spaltenwerte der Tabelle `Personen` abgesucht, geändert, gelöscht und neu angelegt werden können.

Das zweite Beispiel (Abschnitt 4.4.2) ist ein Java-*Applet*, also als Anwendung im Web konzipiert. Es hat als Grundlage das Programm `SqlDirekt` aus Abschnitt 3.2.

4.4.1 Eine Applikation

Ziel ist die Programmierung einer einfachen Bedieneroberfläche für die Tabelle `Personen` der Musterdatenbank `Kurse` gemäß Abbildung 4-7. Die SQL-Anweisungen werden bei allen erforderlichen Datenbankoperationen in ihrer vorbereiteten Form verwendet. Als Datenbanksystem wird daher Oracle8 zusammen mit dem `thin`-JDBC-Treiber verwendet (siehe Abschnitt 4.3.2).

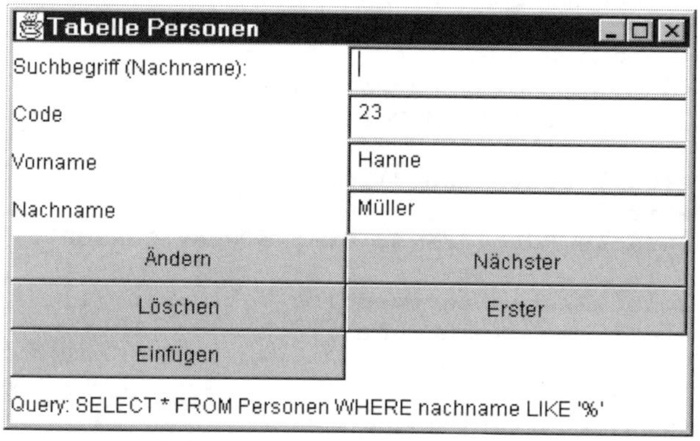

Abbildung 4-7: GUI einer als Java-Applikation programmierten Datenbankanwendung

Das Java-Programm beginnt mit einer Importliste, in der die benötigten Klassenpakete für die GUI-, Event- und Datenbankprogrammierung angegeben sind.

Programm 4-14: Einfacher Datenbank-Client als Java-Applikation

```
// Programm 4-14:   ./JDBCelementar/EinfacherClient.java
import java.awt.*;
import java.awt.event.*;
import java.sql.*;
import java.util.*;
```

Das Programm besteht aus der Klasse `EinfacherClient` und mehreren anonymen Klassen als Adapter für die Ereignisbehandlung. Instanzvariablen sind die GUI-Objekte und die erforderlichen JDBC-Objekte für die Datenbank-verbindung.

```
public class EinfacherClient extends Frame {
  // GUI-Variable
  Label status = new Label("bereit ...", Label.LEFT);
  Panel ein = new Panel(new GridLayout(0, 2));
    TextField query = new TextField();
    TextField cod  = new TextField();
    TextField vor  = new TextField();
    TextField nac  = new TextField();
    Button next, first, alter, erase, insert;
  // JDBC-Variable
  String drv = "oracle.jdbc.driver.OracleDriver";
  String url = "jdbc:oracle:thin:@localhost:1521:orcl";
  String uid="Kurse", passwd="Oracle";
  PreparedStatement sel, upd, ins, del;
  int code;
  Connection c;
  ResultSet rs;
  Statement s;
```

Im Konstruktor `EinfacherClient()` werden nacheinander aktiviert:

* Das Fenster mit allen Ein- und Ausgabefeldern. Grundlage ist ein Border-Layout mit einer Statuszeile, in der ein Suchausdruck angezeigt wird, und einer Zeichenfläche, auf der Knöpfe, Beschriftungen und Ein-/Ausgabefelder angeordnet sind. Grundlage dafür ist ein GridLayout mit zwei Spalten und sieben Zeilen.

```
public EinfacherClient() {
  // Fenster
  add("Center", ein);
    ein.add(new Label("Suchbegriff (Nachname):"));
    ein.add(query);
    ein.add(new Label("Code"));
    ein.add(cod);
    ein.add(new Label("Vorname"));
    ein.add(vor);
    ein.add(new Label("Nachname"));
    ein.add(nac);
    ein.add(alter = new Button("Ändern"));
    ein.add(next  = new Button("Nächster"));
    ein.add(erase = new Button("Löschen"));
    ein.add(first = new Button("Erster"));
    ein.add(insert = new Button("Einfügen"));
  add("South",  status);
  setSize(400, 250);
  setVisible(true);
```

- Die Verbindung mit der Datenbank und die Vorbereitung von vorbereiteten oder parametrisierten SQL-Anweisungen für das Absuchen sowie für das Hinzufügen, Ändern und Löschen von Daten.

```
try {
   Class.forName(drv);
   c = DriverManager.getConnection(url, uid, passwd);
   sel = c.prepareStatement("SELECT" +
        " * FROM Personen WHERE nachname LIKE ?");
   ins = c.prepareStatement("INSERT INTO " +
        "Personen(pcode,vorname,nachname) VALUES (?, ?, ?)");
   upd = c.prepareStatement("UPDATE " +
        "Personen SET vorname=?, nachname=? WHERE pcode=?");
   del = c.prepareStatement("DELETE " +
        "FROM Personen WHERE pcode=?");
   query(query.getText());
}
catch (Exception ex) {ex.printStackTrace();}
```

- Listenerobjekte, über die alle relevanten Ereignisse an Methoden *dieses* Objektes gebunden sind: Beispielsweise wird bei Drücken des Knopfes „Löschen" die Methode erase() aktiviert und bei Drücken von „Ändern" die Methode alter().

Die Verbindung der Listener mit den Methoden erfolgt über anonyme Klassen. Der Ablauf dieses Programmteils darf erst *nach* der Verbindungsaufnahme mit der Datenbank erfolgen.

```
addWindowListener(new WindowAdapter() {
   public void windowClosing(WindowEvent e) {
      System.exit(0); }} );
query.addTextListener(new TextListener() {
   public void textValueChanged(TextEvent e) {
      query(query.getText());}});
next.addActionListener(new ActionListener() {
   public void actionPerformed(ActionEvent e) {
      nächst(query.getText()); }});
first.addActionListener(new ActionListener() {
   public void actionPerformed(ActionEvent e) {
      query(query.getText()); }});
alter.addActionListener(new ActionListener() {
   public void actionPerformed(ActionEvent e) {
      alter(); }});
erase.addActionListener(new ActionListener() {
   public void actionPerformed(ActionEvent e) {
      erase(); }});
insert.addActionListener(new ActionListener() {
   public void actionPerformed(ActionEvent e) {
      insert(); }});
}
```

Die Methoden `alter()`, `erase()`, `insert()`, `nächst()` und `query()` werden nach Auslösung des entsprechenden Ereignisses aufgerufen. In allen Methoden werden zunächst die Parameter in den vorbereiteten SQL-Anweisungen festgelegt. Mit `setXxx(1, ...)` wird das erste Fragezeichen ersetzt, mit `setXxx(2, ...)` das zweite usw. Danach werden diese Anweisungen ausgeführt und die Ergebnisse ausgegeben. Alle Methoden sind als `private` deklariert, etwa um Just-In-Time-Compilern (JIT) zu signalisieren, daß sie statisch gebunden werden können.

```
private void alter() {                 // UPDATE
   try {
      upd.setString(1, vor.getText());
      upd.setString(2, nac.getText());
      upd.setInt(3, Integer.parseInt(cod.getText()));
      upd.execute();
      query(nac.getText());
      status.setText(upd.getUpdateCount()+" Zeilen gelöscht");
   }
   catch (Exception ex) {ex.printStackTrace();}
}
private void erase() {                 // DELETE
   try {
      del.setInt(1, Integer.parseInt(cod.getText()));
      del.execute();
      query(nac.getText());
      status.setText(del.getUpdateCount()+" Zeilen gelöscht");
   }
   catch (Exception ex) {ex.printStackTrace();}
}
private void insert() {                // INSERT
   try {
      ins.setInt(1, Integer.parseInt(cod.getText()));
      ins.setString(2, vor.getText());
      ins.setString(3, nac.getText());
      ins.execute();
      query(nac.getText());
      status.setText(ins.getUpdateCount()+" Zeilen eingefügt");
   }
   catch (Exception ex) {ex.printStackTrace();}
}
private void query(String q) {         // SELECT
   try {
      status.setText("Query: " + q + "%");
      sel.setString(1, q + "%");
      sel.execute();
      rs = sel.getResultSet();
   }
   catch (Exception ex) {ex.printStackTrace();}
   nächst(q);
}
private void nächst(String q) {        // nächste Zeile
```

```
    try {
      if (rs.next()) {
        code = rs.getInt("pcode");
        cod.setText("" + code);
        vor.setText(rs.getString("vorname"));
        nac.setText(rs.getString("nachname"));
      }
      else {
        cod.setText(""); vor.setText(""); nac.setText("");
        sel.setString(1, q + "%");
        sel.execute();
        rs = sel.getResultSet();
      }
    }
    catch (Exception ex) {ex.printStackTrace();}
  }
```

Die `main()`-Methode ist der Einstiegspunkt in das Programm. In ihr wird lediglich die `Frame`-Klasse instanziiert und damit GUI und Datenbankverbindung in Gang gesetzt.

```
  public static void main(String[] args) {
    new EinfacherClient();
  }
}                                       // Ende class EinfacherClient
```

Das Programm kann sehr einfach in ein *Applet* verwandelt werden, nämlich

1. durch Ersetzen von `extends Frame` durch `extends Applet`;

2. durch Streichen der Methode `addWindowListener()` sowie

3. durch Beistellen des folgenden HTML-Programms:

```
  <!-- HTML-Teil des Applets EinfacherClientAlsApplet -->
  <TITLE>EinfacherClientAlsApplet.html</TITLE>
  <APPLET Code=EinfacherClientAlsApplet.class
          Height=300 Width=450  >
  </APPLET>
```

Ebenso kann die `main()`-Methode gestrichen werden, da das Applet von einem Web-Browser instanziiert wird und diese Methode damit ihre Bedeutung als Startpunkt verloren hat.

4.4.2   Ein einfaches Applet

Das folgende Applet nutzt das Programm `SqlDirekt` aus Abschnitt 3.2 als Grundlage. Wie in jenem Programm können auch hier in ein Textfeld SQL-

Anweisungen eingegeben und auf Knopfdruck ausgeführt werden. Die Fensterelemente sind aber nun auf einem Webbrowser plaziert.

Wichtig ist zu beachten, daß bei Applets strenge Sicherheitsregeln gelten. Sie haben insbesondere zur Folge, daß die HTML-Datei mit der Applet-Einbettung und die zu diesem Applet gehörenden Bytecodedateien auf dem *gleichen* Computer lokalisiert sein *müssen*. Im Beispiel ist also vorausgesetzt, daß Web- *und* Datenbankserver vom gleichen Computer repräsentiert werden. Ist `localhost` Server (also der Rechner, auf dem die Serverprogramme ablaufen), so muß auch der Client auf dem gleichen Computer ablaufen wie die beiden Serverprogramme.

Des weiteren müssen die JDBC-Treiberklassen so lokalisiert sein, daß sie für Klassenlader des Web-Browsers auffindbar sind. Konkret heißt dies, daß die Treiberklassen entsprechend ihres `package`-Namens in einem Unterverzeichnis relativ zum Verzeichnis des Applets selbst, d.h. der Klasse, die das Applet erweitert, verfügbar sein müssen. Wenn `.\` das Appletverzeichnis symbolisiert, so müssen die `thin`-Treiber für Oracle8-Datenbanken im Verzeichnis `.\oracle\jdbc\driver` und die Treiber für MiniSQL im Verzeichnis `.\com\imaginary\sql\msql` zu finden sein. Gegebenenfalls müssen die entsprechenden Teile aus den komprimierten Klassenpaketen in diese Verzeichnisse entpackt werden.

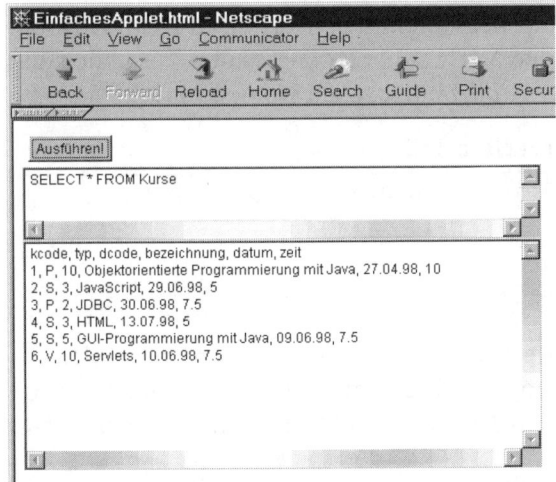

Abbildung 4-8: Das Programm `SqlDirekt` aus Abschnitt 3.2 als Java-Applet

Ein Applet besteht aus zwei Teilen, nämlich

- aus einem HTML-Programm, in dem das Applet eingebettet ist und mittels dessen das Applet instanziiert wird (Programm 4-15a),

- und aus einem Programm, dessen wesentlicher Teil eine Erweiterung der Klasse `Applet` aus dem Paket `java.applet` ist (Programm 4-15b).

Das HTML-Programm beginnt mit einer Kommentarzeile, gefolgt von einem zwischen `<TITLE>` und `</TITLE>` gestellten Text, mit dem der Browser betitelt wird. Danach folgt zwischen den Marken `<APPLET>` und `</APPLET>` das Applet, in dem neben der Flächenreservierung auf dem Browser-Fenster mittels `Width=` und `Height=` mit `Code=`... die Bytecodedatei des Applets angegeben ist.

Programm 4-15a: Einfaches Applet (HTML-Teil)

```
<!-- Programm 4-15a:    ./JDBCelementar/EinfachesApplet.html -->
<TITLE>EinfachesApplet.html</TITLE>
<APPLET Code=EinfachesApplet.class
        Height=300 Width=450   >
</APPLET>
```

Diese drei Parameterangaben reichen aus, wenn HTML- und Bytecodedatei im gleichen Verzeichnis sind. Ist dies nicht der Fall, so muß außerdem noch über einen `Codebase`-Parameter der Pfad zum Applet-Bytecode angegeben werden.

Der Java-Programmteil des Applets beginnt mit den erforderlichen Klassen-paketimporten, wobei gegenüber der Vorlage `SqlDirekt` nun zusätzlich das Paket `com.imaginary.sql.msql` *explizit* angegeben werden muß.

Programm 4-15b: Ein einfaches Applet (Java-Teil)

```
// Programm 4-15b:    ./JDBCelementar/EinfachesApplet.java
import java.sql.*;
import java.awt.*;
import java.awt.event.*;
import com.imaginary.sql.msql.*;
```

Durch Erbschaft wird die deklarierte Klasse zum Applet, außerdem implementiert sie einen Listener, der auf Knopfdrücke reagiert. Der Klassendeklaration schließen sich Instanzvariable für GUI-Elemente und Datenbankverbindung an.

```
public class EinfachesApplet extends java.applet.Applet
                            implements ActionListener {
   // GUI-Komponenten
   Button ausführen = new Button("Ausführen!");
   TextArea ein = new TextArea("SELECT", 3, 60);
   TextArea ausgabe = new TextArea();
```

```
// DBMS-Variable
Connection c;
Statement s;
```

GUI-Erzeugung und Datenbankverbindung werden in der Methode init()
vorgenommen. init() ist eine sogenannte Lebenszyklusmethode in der Klasse
Applet, die unmittelbar nach Laden des Applets aufgerufen wird. Durch Über-
schreiben dieser Methode kann eine eigene Initialisierungssequenz festgelegt
werden. init() ersetzt den Konstruktor SqlDirekt() des Vorbildes (außerdem ist der Adapter für Window-Ereignisse gestrichen).

```
public void init() {
   Panel eingabe = new Panel(new BorderLayout());
   Panel knopf = new Panel(new FlowLayout(FlowLayout.LEFT));
   knopf.add(ausführen);
   eingabe.add(knopf, "North");
   eingabe.add(ein, "Center");
   add(eingabe, "North");
   add(ausgabe, "Center");
   ausgabe.setEditable(false);       // für Eingaben sperren
   setSize(450, 300);                // Fenstergröße
   setVisible(true);                 // Fenster anzeigen
   try {
      Class.forName("com.imaginary.sql.msql.MsqlDriver");
      c = DriverManager.getConnection(
                     "jdbc:msql://localhost:1112/Kurse");
      s = c.createStatement();
   }
   catch (Exception ex) {
      ausgabe.setText("Fehler:\n" + ex.getMessage());
   }
   ausführen.addActionListener(this);   // Eventlistener reg.
}
```

Die Methode actionPerformed() wird mit Betätigen des Knopfes „Ausführen!" aktiviert. Der eingetippte Text wird eingelesen, als SQL-Anweisung
zur Datenbank geschickt, dort ausgeführt und das Ergebnis oder eine Fehlermeldung angezeigt.

```
public void actionPerformed(ActionEvent e) {
   String sql = ein.getText();
   ResultSet r;
   try {
      if (s.execute(sql)) {              // SQL SELECT ausführen
         r = s.getResultSet();
         ResultSetMetaData rm = r.getMetaData();
         int x = rm.getColumnCount();
         ausgabe.setText("");
         for (int i = 1; i <= x; i++) {
            ausgabe.append(rm.getColumnName(i));
```

```
          if (i != x) ausgabe.append(", ");
          else ausgabe.append("\n");
        }
        while(r.next()) {
          for (int i = 1; i <= x; i++) {
            ausgabe.append(r.getString(i));
            if (i != x) ausgabe.append(", ");
            else ausgabe.append("\n");
          }
        }
      }
      else
        ausgabe.setText(String.valueOf(s.getUpdateCount()));
    }
    catch (Exception ex) {
      ausgabe.setText("SQL: " + sql + "\nFehler:\n" +
                         ex.getMessage());
    }
  }
}                                     // Ende class EinfachesApplet
```

4.5   Metadaten

Als Metadaten werden in JDBC „Daten über Daten" bezeichnet, also z.B. die Anzahl der Spalten in einem `ResultSet`-Datenobjekt, die Versionsnummer einer Datenbank, die Möglichkeit, in SQL `UNION` ausführen zu können usw.

Über Metadaten besteht die Möglichkeit, ein Programm an die Kenndaten unterschiedlicher Datenbanksysteme anzupassen. So zu verfahren kann angezeigt sein, wenn die Festlegung auf ein bestimmtes Datenbanksystem vermieden werden muß. Auf diese Weise lassen sich auch Inkompatibilitäten unterschiedlicher Datenbanken ausgleichen. Diese Art der Programmierung wird auch als *adaptive Programmierung* bezeichnet.

Metadaten wurden bereits in vielen der vorangegangenen Beispielprogramme verwendet, so z.B. in den Programmen 1-1, 1-2, 2-3 und 4-9.

4.5.1   Metadaten von Ergebnistabellen (`ResultSetMetaData`)

`ResultSetMetaData` wurden bereits in Abschnitt 4.2.5 ausführlicher behandelt, deshalb an dieser Stelle nur als ein weiteres Beispiel das folgende Programm, in dem gezeigt wird, wie man Spalteneigenschaften in Tabellen feststellen kann.

Programm 4-16: ResultSet-Metadaten

```
// Programm 4-16:   ./JDBCelementar/ResultsetMetas.java
import java.sql.*;

public class ResultsetMetas {
  public static void main(String[] args) throws Exception {
    Class.forName("sun.jdbc.odbc.JdbcOdbcDriver");
    Connection c =
              DriverManager.getConnection("jdbc:odbc:Kurse");
    Statement s = c.createStatement();
    s.execute("SELECT * FROM Personen");
    ResultSetMetaData rsmd = s.getResultSet().getMetaData();
    System.out.println("Name " +  rsmd.getColumnName(2));
    System.out.println("Label " + rsmd.getColumnLabel(2));
    System.out.println("Typnummer " + rsmd.getColumnType(2));
    System.out.println("Typname " + rsmd.getColumnTypeName(2));
    System.out.println("Stellen " + rsmd.getPrecision(2));
  }
}
```

Das Programm gibt Metainformationen über die zweite Spalte der Tabelle Personen aus, u.a. den Typ der Spalte als Zahl und als Text.

Für eine vollständige Beschreibung wird auf die JDK 1.1-Dokumentation von SUN verwiesen.

4.5.2   Datenbank-Metadaten (DatabaseMetaData)

DatabaseMetaData enthält ca. 135 Methoden (Version 1.2), mit denen Eigenschaften des verbundenen Datenbanksystems abgefragt werden können. Außerdem enthält die Klasse ca. 45 Konstanten. Genaue Informationen sollten der JDK 1.1-Dokumentation entnommen werden.

Ein DatabaseMetaData-Objekt, das all diese Eigenschaften auf Abruf bereit hält, wird erzeugt mittels

DatabaseMetaData dbmd = connectionObjekt.getMetaData()

Man kann die Methoden nach ihrer Funktionalität grob klassifizieren in

• Methoden, die *unterstützte Leistungsmerkmale* beschreiben;

• Methoden, die *quantitative Einschränkungen* mitteilen;

• Methoden, die ResultSet-Objekte zur *Beschreibung von Datenbankobjekten* zurückliefern;

• Methoden, die *Informationen über die Zieldatenbank* liefern;

- Konstanten, die als *Rückgabewerte* bei einigen der DatabaseMetaData-Methoden auftreten können.

Für diese Klassen sollen jeweils einige Beispiele angegeben werden.

Methoden, die unterstützte Leistungsmerkmale beschreiben.

Die Methoden dieser Gruppe fangen fast alle mit supports an, z.B. supportsOuterJoins(). Der Rückgabetyp ist in allen Fällen boolean.

Beispiele:

nullPlusNonNullIsNull()
> prüft, ob die Verknüpfung eines NULL-Wertes und eines Nicht-NULL-Wertes zu einem NULL-Wert führt. Ein JDBC-konformer Treiber gibt true zurück.

supportsGroupBy()
> ergibt true, wenn GROUP BY unterstützt wird.

supportsOuterJoins()
> ergibt true, wenn Outer Join unterstützt wird.

supportsStoredProcedures()
> ergibt true, wenn die Datenbank Aufrufe gespeicherter Prozeduren mittels der sogenannten Escape-Syntax unterstützt (im wesentlichen ist das ein geschweiftes Klammernpaar {...}).

supportsUnion()
> ergibt true, wenn UNION in SQL unterstützt wird.

Methoden, die quantitative Einschränkungen mitteilen.

Diese Methoden fangen mit einer Ausnahme alle mit getMax an, z.B. getMaxRowSize(). Der Rückgabetyp ist in allen Fällen int. Der Rückgabewert ist die Zahl Null, wenn keine Einschränkungen bestehen oder bekannt sind.

Beispiele:

getMaxColumnNameLength()
> gibt die Maximalzahl von Zeichen zurück, die in einem Spaltennamen erlaubt sind.

getMaxColumnsInTable()
> gibt die maximale Anzahl von Spalten zurück, die in einer Tabelle erlaubt sind.

Methoden, die `ResultSet`-Objekte zur Beschreibung von Datenbankobjekten zurückliefern.

Diese Methoden fangen alle mit `get` an, und der Rückgabetyp ist in allen Fällen `ResultSet`.

Beispiel:

`getTableTypes()`
> gibt sortiert alle Tabellentypen in einem `ResultSet`-Objekt zurück.

Methoden, die Informationen über die Zieldatenbank liefern.

Diese Methoden haben die Rückgabetypen `String`, `int` und `boolean`. Die Anfänge der Methodennamen sind ziemlich unsystematisch, auch wenn die Namen mit `get` am Wortanfang das größte Kontingent stellen.

Beispiele:

`String getURL()`
> URL für diese Datenbank.

`String getDatabaseProductName()`
> Produktname der Datenbank.

`String getDatabaseProductVersion()`
> Version der Datenbank.

`String getDriverName()`
> Name des JDBC-Treibers.

`int getDriverMajorVersion()`
> Hauptversionsnummer des Treibers.

`int getDriverMinorVersion()`
> Unterversionsnummer des Treibers.

Konstanten, die als Rückgabewerte bei einigen der Methoden in `DatabaseMetaData` auftreten können.

Als *Beispiel:*

Mögliche Werte für `getColumns()` aus `DatabaseMetaData`:

```
    public final static int columnNoNulls = 0;
    public final static int columnNullable = 1;
    public final static int columnNullableUnknown = 2;
```

4.6   Treiber und Treiberkategorien

Die JDBC-Treiber haben zwar alle die gleiche Anwenderschnittstelle, sind aber in der Regel intern unterschiedlich strukturiert. Einige solcher Strukturmerkmale, die für die Anwendungsentwicklung von besonderer Relevanz sind, verwendet man zur Kategorisierung der Treiber in insgesamt *vier Typen*. Eines der Merkmale betrifft die Portabilität der Treiber und damit die Portabilität der Anwendungen, die diese Treiber verwenden. Portabilität ist gegeben, wenn die Treiber in Java programmiert sind, und sie sind nicht portabel, wenn sie plattformabhängige, „native" Programmteile beinhalten. Portabel sind Typ 3- und Typ 4-Treiber, nicht portabel Typ 1- und Typ 2-Treiber.

Die Typen 3 und 4 unterscheiden sich durch die Multiplizität der zugleich anbindbaren Datenbankprodukte. So sind Typ 4-Treiber auf Datenbanken jeweils eines einzigen Datenbankproduktes festgelegt. Hingegen verfügt ein Typ 3-Treiber über eine eingebaute Verteilungsplattform (Middleware), die Zugang zu Datenbanken von im Prinzip beliebigen Datenbankherstellern erlaubt. Typ 2 enhält native Teile und unterscheidet sich von Typ 4 nur durch die damit eingeschränkte Portabilität.

In der folgenden Tabelle sind diese Sachverhalte grob zusammengefaßt.

Tabelle 4-3: Treiberkategorien

Treiberkategorie		Java pur?	Zugriff
Typ 1	JDBC-ODBC-Brücke	Nein	über ODBC-Manager
Typ 2	Natives API	Nein	direkt
Typ 3	JDBC-Netz	Ja	über Middleware
Typ 4	Natives Netzprotokoll	Ja	direkt

Für die Markteinführung von JDBC hatten die Treiber vom Typ 1 und 2 ganz besondere Bedeutung:

- Typ 1 erschloß Java schlagartig die ganze Welt der ODBC-Datenbanken.

- Typ 2 ist sehr einfach und schnell aus vorhandenen Datenbanktreibern entwickelbar, so daß auch Nicht-ODBC-Datenbanken relativ mühelos an Java-Programme angeschlossen werden konnten und können.

Typ1 – JDBC-ODBC-Brücke plus ODBC-Treiber

Typ 1-Treiber (Abbildung 4-9) erschließen alle Datenbanken, für die es ODBC-Treiber gibt. ODBC-Treiber gibt es sowohl für fast alle Windows- und

McIntosh-Datenbanken als auch für die überwiegende Zahl Unix-basierter Datenbanken. Jede über ODBC betreibbare Datenbank kann also mittels der JDBC-ODBC-Brücke in Java-Programmen nutzbar gemacht werden. Da ODBC nativen Charakter hat, sind solche Anwendungen allerdings nicht portabel. Das bringt es mit sich, daß die benötigten ODBC-Treiber auf jedem Client installiert sein müssen.

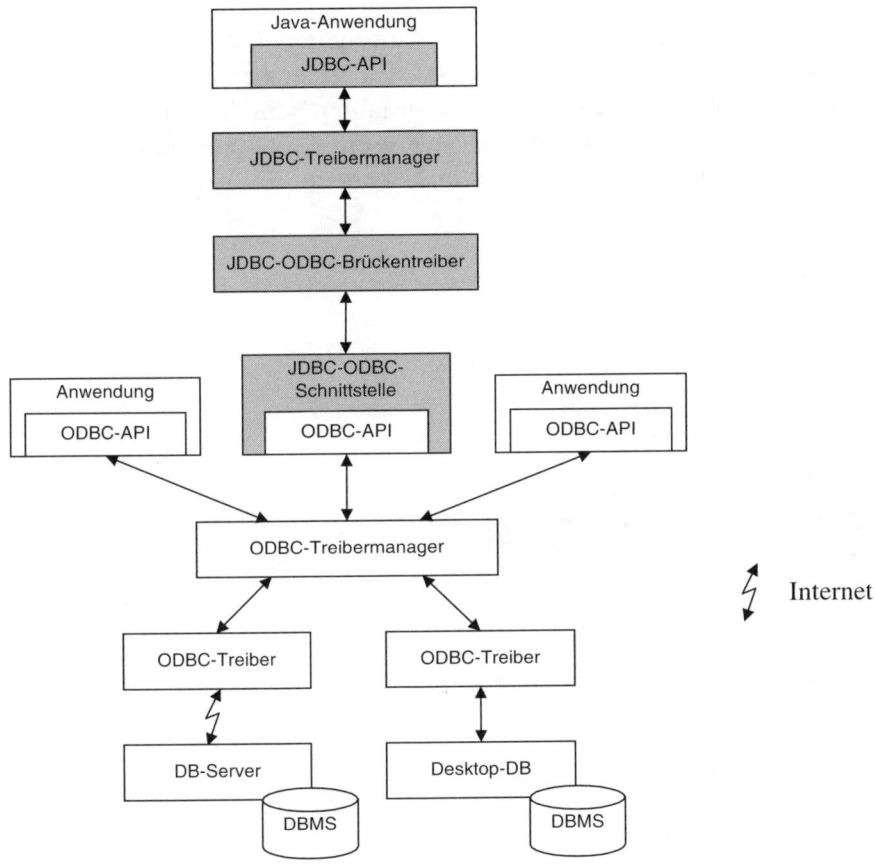

Abbildung 4-9: Typ 1 – JDBC-ODBC-Brücke plus ODBC-Treiber

ODBC ist ein API für C/C++-Programme, so wie JDBC ein API für Java-Programme ist. ODBC und JDBC haben ähnliche Strukturen. Den JDBC-APIs entsprechen ODBC-APIs, beide haben einen Treibermanager, und dem JDBC-Brückentreiber entsprechen in ODBC Datenbanktreiber. Indem die JDBC-APIs über ODBC gestülpt werden, werden alle Funktionen gleichsam doppelt durchlaufen, was der Effizienz einer Anwendung mit JDBC-ODBC-Brücke in der Regel nicht sehr förderlich ist.

Der JDBC-ODBC-Brückentreiber gehört als `sun.jdbc.odbc`-Paket zum plattformabhängigen Standardinventar des JDK 1.1 und 1.2.

Typ 2 – Natives API und teilweise in Java geschriebene Treiber

Typ 2-Treiber (Abbildung 4-10) sind zur Anwendung hin in Java und zum Datenbanksystem hin nativ programmiert. Typ 2-Treiber sind somit plattformabhängig und müssen bei jedem Client installiert sein. Solche Treiber können sehr schnell aus bestehenden beispielsweise in C programmierten Treibern hergestellt werden und spiel(t)en daher als Übergangslösungen eine wichtige Rolle.

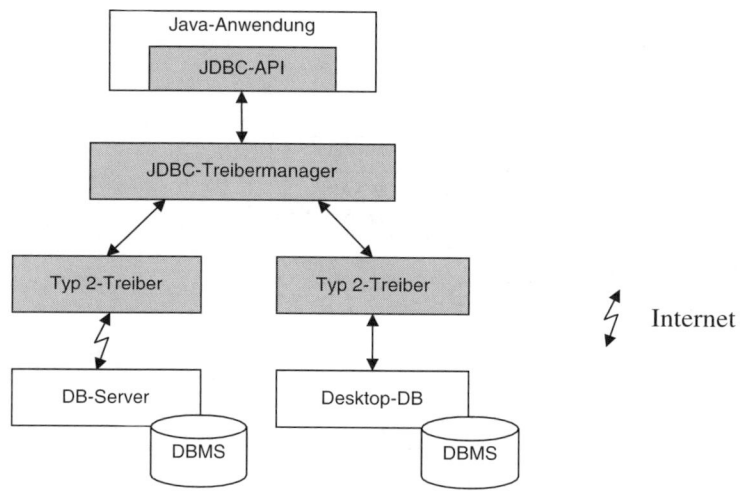

Abbildung 4-10: Struktur der Typ 2-JDBC-Treiber

Typ 3 – JDBC-Netz mit in reinem Java geschriebenem Treiber

Typ 3-Treiber (Abbildung 4-11) übertragen mittels eines einheitlichen, *DBMS-neutralen* Netzprotokolls alle JDBC-Anforderungen eines Java-Programms zunächst an eine *Verteilungsinstanz*, die sich um alles weitere kümmert (linke Seite in Abbildung 4-11). Diese *als Server ausgestaltete Middleware* gibt die Anforderung mittels eines *DBMS-abhängigen* Protokolls an das zuständige DBMS weiter; dessen Antwort gibt sie schließlich zurück an den Client. Über die Middleware wird somit die gesamte Kommuniktion zwischen allen möglichen Java-Clients und den unterschiedlichsten DBMS abgewickelt, dient also als Verteilungsplattform.

Treiber vom Typ 3 sind im allgemeinen die flexibelsten. Der eigentliche Treiber ist in purem Java geschrieben und damit plattformunabhängig. Die Middleware hat also keinen Einfluß auf die Portabilität der Anwendungen selbst. Für ein reibungsloses Funktionieren ist lediglich eine beidseitig eingehaltene, auf den Internetprotokollen beruhende Vereinbarung erforderlich. Über solche Vereinbarungen läßt sich auch die Intranet-Tauglichkeit der Treiber steuern.

Typ 3-Treiber sind mittlerweile wohl die am häufigsten angebotenen, wie man auch aus den Tabellen in Anhang A ersehen kann (dort haben sie einen ca. 50%igen Anteil).

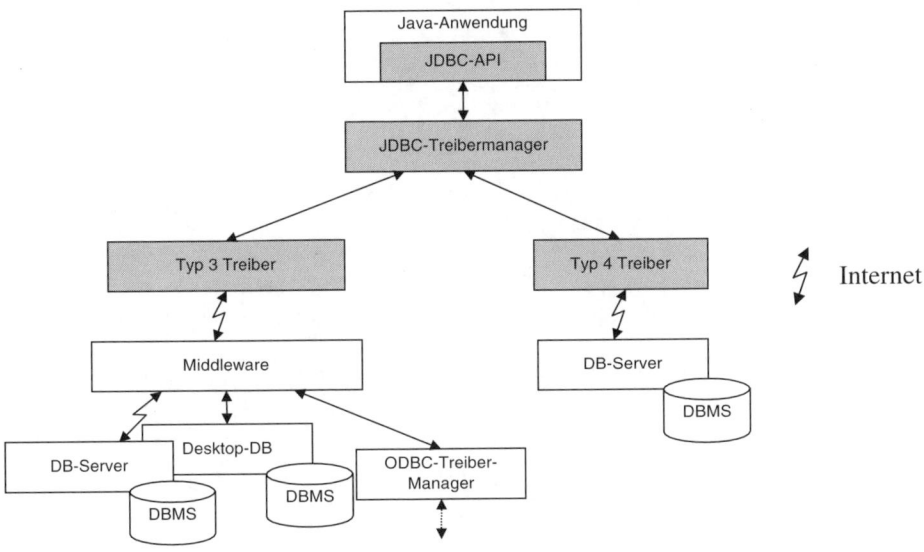

Abbildung 4-11: Struktur der Typ 3- und Typ 4-JDBC-Treiber

Typ 4 – Natives Protokoll und reine Java-Treiber

Treiber des Typs 4 übertragen JDBC-Aufrufe direkt an das DBMS, d.h. eine Datenbank wird unmittelbar vom Client angesprochen (rechte Seite in Abbildung 4-11). Die Verbindungsprotokolle sind in der Regel herstellerabhängig, und sie basieren in der Regel auf den Internet-Protokollen. Die in den Beispielen verwendeten Oracle8- und MiniSQL-Treiber gehören zu diesem Typ.

5 JDBC und Client/Server

Verteilte Anwendungen basieren heute in der Regel auf *mehrstufigen* Client/Server-Architekturen. Die Stufen oder *Ebenen* zwischen Client und Server werden zusammenfassend als *Middleware* bezeichnet; in „Client/Server" ist sie gleichsam durch den Schrägstrich symbolisiert.

Es ist das Ziel des Kapitels, elementare Grundlagen solcher Architekturen zu erarbeiten und sie mit einfachen Java-Programmen zu illustrieren. Demgemäß wird zunächst eine Übersicht über *Schlüsselbegriffe* des Client/Server-Computings gegeben. *CORBA*, der Architektur, die potentiell alle Middleware zu subsumieren verspricht, ist ein eigener Abschnitt gewidmet (5.5). Als Grundlage für die *Kommunikation* zwischen Client/Server-Ebenen werden dann die Begriffe aus der Welt des Internet bzw. der Intranets so weit präsentiert, wie sie zur Programmierung einfacher Protokolle für die *Kommunikation* zwischen den Client/Server-Ebenen erforderlich sind. Dem schließen sich Fallbeispiele für die JDBC-Anbindung von Datenbanken über Middleware an, wobei eher die Kommunikation zwischen den Ebenen im Vordergrund steht und weniger die Middleware selbst. Die entsprechenden Beispiele sind darauf konzentriert, möglichst einfach und direkt zu zeigen, wie Datenbanken grundsätzlich an Java-Programme über Middleware und JDBC gebunden und wie sie damit zu sogenannten Webdatenbanken geformt werden können.

5.1 Client/Server-Architekturen

5.1.1 Client/Server

Das *Client/Server-Modell* ist das Standardmodell für Programmsysteme, deren Komponenten in Netzwerken verteilt sind. Das Modell beschreibt die Rollen der verteilten Programmkomponenten und ihre Kooperation. Elemente des Modells sind *Server* und *Clients* in der Rolle von *Diensteanbietern* und *Dienstenachfragern*.

Die *Interaktion* zwischen Clients und Servern beruht auf einem sehr einfachen Schema. Ein Client schickt eine *Anforderung* an einen Server, und der Server bescheidet in seiner *Antwort* den Client mit den angeforderten Informationen oder einer Fehlermeldung mit der Begründung des Versagens. Im Internet sind Anforderungen und Antworten auf *Netzprotokollen* wie *UDP*, *TCP* und *HTTP* basiert (die genannten drei Protokolle sind als Kernklassen in dem Java-Klassenpaket `java.net` repräsentiert).

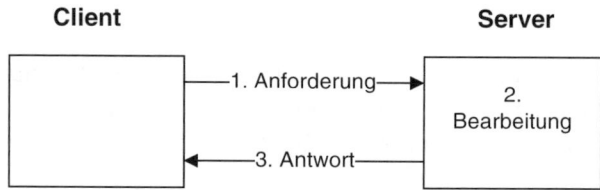

Abbildung 5-1: Client/Server

Der Mannigfaltigkeit von Client/Server-Beziehungen sind kaum Grenzen gesetzt. Grundsätzlich kann ein Client die Dienste vieler unterschiedlicher Server anfordern, und ebenso kann ein Server die Anforderungen vieler unterschiedlicher Clients beantworten. Auf der Basis elementarer Client/Server-Beziehungen lassen sich so höchst komplexe verteilte Programmsysteme gestalten.

5.1.2   Ebenen der Client/Server-Interaktion; Middleware

Für JDBC relevant sind Datenbankserver als Datenquellen sowie Clients, die die Daten des Servers manipulieren. Im einfachsten Falle bedienen sich die Clients direkt der Datendienste eines Datenbankservers, wie in Abbildung 5-2 skizziert. Man spricht in diesem Falle von einem zweistufigen oder *Zweiebenen-Strukturmodell* mit einer Server- und einer Clientebene (engl. *two-tier client/server*). Die in der Literatur gleichfalls übliche Bezeichnung „Zwei*schichten*-Modell" wird hier vermieden, um Verwechslungen mit den *Schichten*modellen der Datenkommunikation oder den logischen *Schichten* in Anwendungsarchitekturen vorzubeugen.

Lag früher die ganze Intelligenz in zentralen Computern – mit „dumb terminals" als Clients –, so ist in Zweiebenenstrukturen die Intelligenz nun sehr weitgehend, aber gleichermaßen einseitig, dem Client aufgebürdet. Versuche, diesen Tatbestand zu mildern, sind beispielsweise gespeicherte Prozeduren bei Datenbankservern.

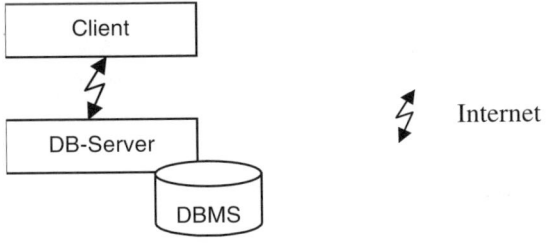

Internet

Abbildung 5-2: Zweiebenenstruktur

Bei der Zweiebenenstruktur erfolgt die gesamte Kommunikation mit dem Server direkt, unabhängig davon, ob der Client etwa als Administrator oder Sachbearbeiter weitgehende Zugriffsrechte hat oder als einfacher Kunde sich mit sehr eingegrenzten Informationen begnügen muß. Der Server muß auf das gesamte Spektrum von Zugriffsmöglichkeiten vorbereitet sein, also über ein abgestuftes und zuverlässiges Zugriffs- und Sicherheitskonzept verfügen. Der Client greift in einer Zweiebenenstruktur in der Regel unmittelbar über die JDBC-Treiber auf Datenbanken zu. Er ist alleine sowohl für die Aufbereitung und Präsentation der Daten als auch für die Interaktion mit dem Nutzer über Schnittstellen meist graphischen Typs (GUI) verantwortlich, allenfalls entlastet durch Verwendung von gespeicherten Prozeduren. Im allgemeinen ist die Anwendungs- oder Geschäftslogik im Client zu finden, also etwa das Berechnen von Teil- und Gesamtsummen, von Mehrwertsteuer, Rabatten und anderem mehr. Dies führt zu „fetten", d.h. codeaufwendigen, schwerfälligen und wartungsintensiven Clients und darüber hinaus zu vergleichsweise hohen Sicherheitsrisiken auf der Serverseite.

Die wichtigste Maßnahme zur Vermeidung solcher Probleme ist die Einschaltung mindestens einer zusätzlichen *mittleren* Ebene zwischen Client und Server, sog. *Middleware*, d.h. eine Strukturierung in *drei Ebenen* (engl. *three-tier client/server*) oder mehr. Die mittleren Ebenen entkoppeln Clients und Server, und die Anwendungslogik kann auf diese Ebenen zurückverlagert werden.

Middleware ist das Bindeglied zwischen Client und Server, und im Idealfall nehmen sich Client und Server jeweils nur noch durch die Middleware wahr, müssen also voneinander direkt nichts mehr wissen (Abbildung 5-3). Client und Server sehen sich nun in Form meist einheitlicher Schnittstellen zur Middleware. Middleware löst außerdem noch einige weitere Probleme der einfachen

Zweiebenenstruktur, etwa im Zusammenhang mit Ressourcen- und Change-Management, Netzwerkbelastung, Sicherheit und Wartbarkeit.

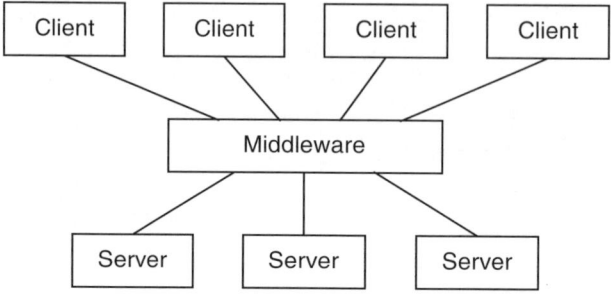

Abbildung 5-3: Middleware als Bindeglied zwischen Client und Server

Die Aufgaben von Middleware sind außerordentlich umfangreich und vielschichtig, und nur einige Aspekte im Zusammenhang mit der Datenbankanbindung über JDBC und der Datenpräsentation sind in der Folge berücksichtigt. Eine systematische Darstellung von Middleware als „Schlüsseltechnologie zur Entwicklung verteilter Informationssysteme" ist im Informatik-Spektrum 19:249-256(1996) zu finden.

Den meisten der Beispielprogramme dieses Kapitels liegt eine Dreiebenenstruktur zugrunde mit einer

- *Persistenzebene*, in der die Datenbanken mit JDBC angebunden sind,

- und einem Client als *Präsentationsebene*, meist einem Java-GUI.

Dieses Schema ist in Abbildung 5-4 skizziert.

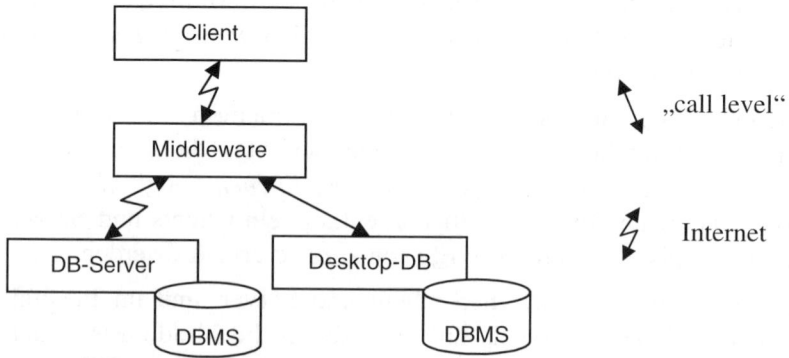

Abbildung 5-4: Dreiebenenstruktur

Die Bedeutung von Middleware als Mittel der Strukturierung zeigt sich unmittelbar bei verteilten Anwendungssystemen mit heterogenen Bestandteilen sowohl auf der Server- als auch auf der Clientseite. So können als Clients Java-Applets und Java-Applikationen, Webformulare, Bankautomaten und Kartenterminals auftreten, und die Clients können Programme auf den unterschiedlichsten Plattformen wie MacOS, Wintel oder Linux sein. Und serverseitig können die Daten für Geschäftsvorgänge heterogen auf unterschiedliche Datenbanksysteme mit individuellen Eigenschaften in separaten Computern verteilt sein. In solchen Fällen kann Middleware der Homogenisierung des Daten- und Funktionsangebotes dienen. So können den Datenbanken mittels JDBC einheitliche SQL-Schnittstellen vorgeschaltet werden, und Datenaufbereitung bzw. Geschäftslogik sind aus den Clients in die mittlere Ebene verlagerbar. Eine vorteilhafte Folge davon ist auch, daß der Client dabei zu einem „thin Client" verschlankt wird, was meist mit kräftigen Effizienzgewinnen verbunden ist.

Middleware ist im Regelfall durch Server repräsentiert. Eine wichtige Ausprägung solcher Middleware-Server sind die sogenannten *Applikationsserver*, in denen die Anwendungs- oder Geschäftslogik eines Software-Systems konzentriert ist.

Dreiebenenstrukturen kommen typischerweise auch bei Datenbankanwendungen im Web zustande. Der Client ist z.B. durch ein Formular in einem Webdokument repräsentiert, der Formularinhalt wird als Anforderung vom Webserver weitergeleitet an ein *CGI*-Programm (CGI – Common Gateway Interface – bezeichnet eine Methode, in Webservern Programme, die „dynamische" Webseiten generieren, aufzurufen). Das CGI-Programm reicht die Daten mehr oder weniger verändert an den Datenbankserver weiter. Der Server formuliert eine Antwort, die zurück an den Webserver und von dort aus als neue Webseite an den Client geht. Webserver und CGI-Programm haben also die Funktion einer Middleware; in dieser Middleware ist u.a. die gesamte Aufbereitung der Daten und deren Darstellung in Bildschirmanzeigen enthalten. Die Verlagerung der Bildaufbereitung in die mittlere Ebene bietet sich auch deshalb an, weil auf diese Weise Webdokumente erstellt werden können, die völlig plattformunabhängig sind. Client, Web- und Datenbankserver können jeweils in unterschiedlichen Computern lokalisiert sein, sie können aber ebenso alle dem gleichen Computer angehören.

Die Anbindung einer Datenbank an einen Webclient ist in Abbildung 5-5 veranschaulicht.

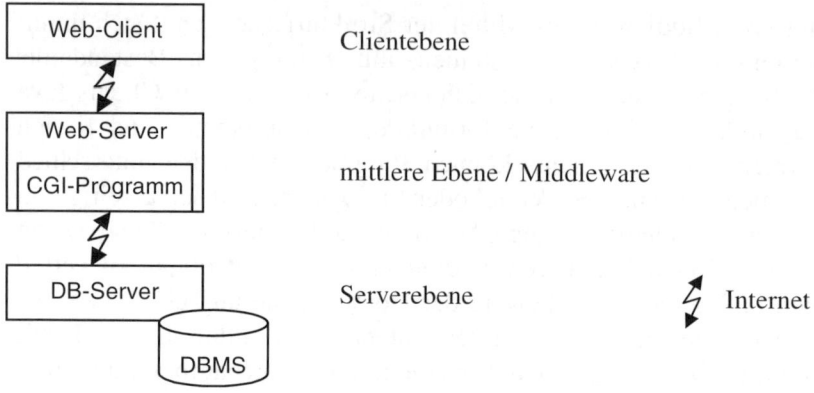

Abbildung 5-5: Dreiebenenstruktur bei sog. Webdatenbanken

Zunächst aber müssen die wichtigsten Internet-Begriffe erarbeitet werden.

5.2   Internet und Intranets

In diesem Abschnitt ist zusammengestellt, was an Fakten über Internet und Intranets relevant ist für die Client/Server-Programmierung mit JDBC/Java, die dann in Abschnitt 5.3 folgt. Leitfaden für die Stoffauswahl ist das Java-Paket `java.net`, das die Basishilfsmittel für die Internetprogrammierung in Java enthält. Was folgt, ist also keine systematische Internet-Einführung; ebensowenig ist Vollständigkeit beabsichtigt.

5.2.1   Internet

Struktur

Das Internet ist ein *Maschennetz*. Die Maschen sind mehr oder weniger autonome *Teilnetze*, und das Verknoten der Maschen geschieht mittels sogenannter *Router*, welche die Teilnetze aneinanderkoppeln (Abbildung 5-6). Die Router bahnen den Weg für den Datenaustausch zwischen zwei Computern oder *Hosts*, die sich in unterschiedlichen Teilnetzen befinden. (Solche Wege lassen sich mittels sogenannter *Traceroute*-Programme Router für Router durch das Internet verfolgen, z.B. mittels `http://www.atnet.at/cgi-bin/traceroute`.)

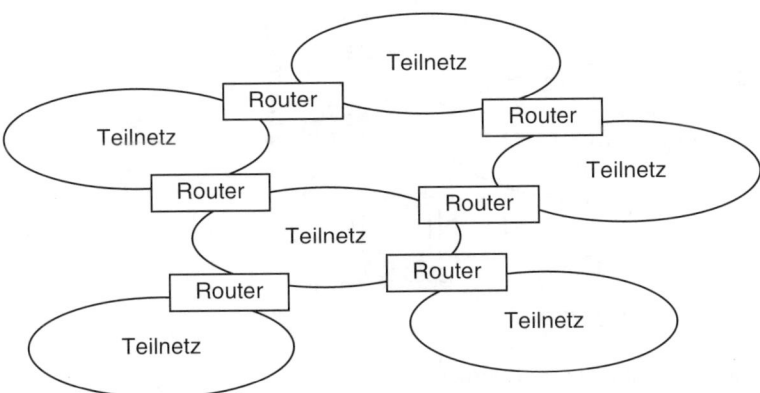

Abbildung 5-6: Grundstruktur des Internet: Teilnetze und Router

Üblicherweise werden zwei Teilnetztypen mit unterschiedlichen Aufgaben-schwerpunkten unterschieden. *Computernetze* sind insbesondere ein Mittel, vernetzte Computer und andere EDV-Einrichtungen zu organisieren und zu strukturieren, während *Backbone*-Netze in erster Linie der Flächenerschließung und der Überbrückung großer Distanzen dienen. Die Grenzziehung zwischen Backbone- und Computernetzen ist allerdings fließend. Oft übernehmen auch Computernetze Funktionen von Backbones, und ebenso können Backbone-Netze nebenbei die Funktionen von Computernetzen mit übernehmen.

Internet-Adressen: Nummern und Namen

Jedes Teilnetz ist durch einen individuellen Adreßraum repräsentiert, der frei von Überschneidungen mit den Adreßräumen aller anderer Teilnetze im Internet ist. Die in einem Teilnetz angeschlossenen *Hosts* – unter diesem Begriff werden Computer, Router und andere Geräte wie Druck-Server zusammengefaßt – ent-nehmen ihre Adressen dem jeweiligen Adreßraum. (Diese *IP-Adressen* sind in der Netzwerkschicht der Internet-Protokolle definiert, siehe im folgenden Abschnitt.) Im Bild:

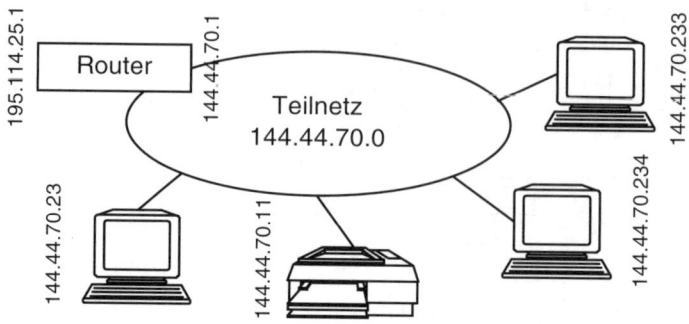

Abbildung 5-7: Teil- bzw. Subnetz im Internet

Die IP-Adressen sind numerisch und haben 32 Binärstellen. Davon werden je nach Klasse 8, 16 oder 24 Bit als Typ A-, B- der C-Netze zentral vergeben. Zuständig dafür ist IANA, die Internet Assigned Numbers Authority (www.iana.org). Die verbleibenden Bits werden von der nutzenden Institution zur Kennzeichnung von Teil- oder Subnetzen sowie von Hosts, d.h. von Computern, Routern etc. in eigener Verantwortung und mit eigenen Regeln verwaltet. Jeder Host im Internet hat eine solche Nummer.

Die Schreibweise von IP-Adressen kann Abbildung 5-7 entnommen werden. Jeweils 8 Binärstellen werden zu einer dezimal notierten Triade zusammengefaßt und gegeneinander durch Punkte abgegrenzt, z.B. die Adresse 144.41.64.102. Adressen von Netzen sind beispielsweise 144.41.64.0 oder 144.41.0.0; Netzadressen können meistens an den 0-Werten in den Endtriaden erkannt werden.

Jeder Internet-Host kann sich selbst mit der einheitlichen Nummer 127.0.0.1 adressieren, so wie man mit „Ich" ausschließlich sich selbst bezeichnen kann.

Dem Nummernsystem überlagert ist ein Namensystem, das *Domain Name System* oder kurz *DNS*. Jeder Host im Internet kann damit durch einen hierarchisch gestaffelten *Domänennamen* zusammen mit einem *Host-Namen* gekennzeichnet werden. In den Beispielen www.acm.org und iris.chemie.uni-hohenheim.de sind www bzw. iris Hostnamen und acm.org bzw. chemie.uni-hohenheim.de Domänennamen.

Mit dem Namen localhost kann jeder Host sich selbst bezeichnen. Wird localhost also in einem Programm verwendet, so ist damit der Host bezeichnet, auf dem das Programm abläuft.

Ein Bild für das Domänenschema, in dem auch *Domänenverwaltungsbezirke* oder *Zonen* eingezeichnet sind, ist das folgende:

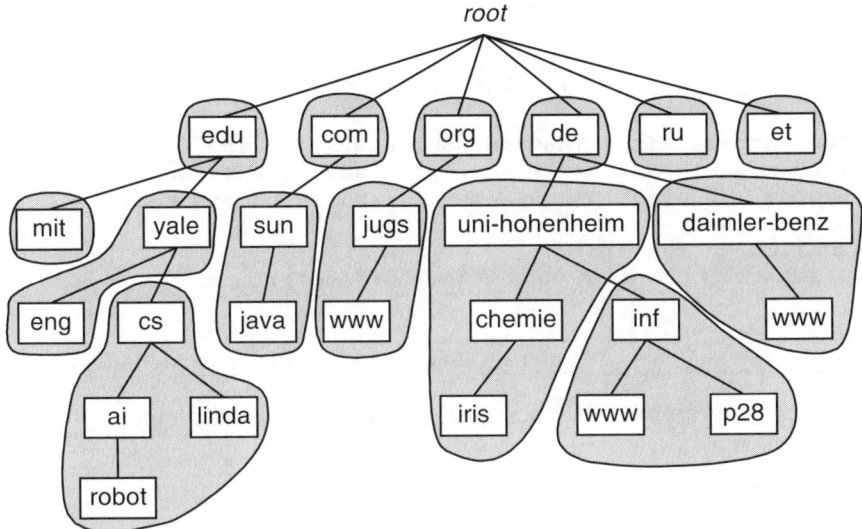

Abbildung 5-8: Strukturierung der Domänen- und Hostnamen

Die Zonen sind jeweils durch mindestens einen DNS-Server repräsentiert. Die DNS-Server können Mitglied der betreffenden Domänen sein, müssen es aber nicht. Zwischen den Servern bestehen Abhängigkeiten, in denen sich die Hierarchie des Domänensystems widerspiegelt.

Die Namen in der obersten Ebene des DNS sind festgelegt und entweder ein zweibuchstabiges *Länderkürzel* entsprechend dem ISO-Standard 3166 (erhältlich bei `ftp://ftp.ripe.net/iso3166-countrycodes`) oder ein dreibuchstabiger *generischer Name* wie `com`, `org` und `edu`.

Die Namensentsprechung der „Ich"-IP-Adresse `127.0.0.1` ist `localhost`. Der Name `localhost` steht für sich und darf nicht durch Domänennamen ergänzt werden.

Zwischen Namen und Nummern gibt es gewöhnlich Entsprechungen, die in einem verteilten Internet-Adressenverzeichnis festgehalten sind. Dieses Adressenverzeichnis ist auf das System der DNS-Server hierarchisch verteilt. Über die Server können Auskünfte über Internet-Adressen oder -Namen erfragt werden. In Java gibt es dazu die Klasse `InetAddress` aus dem Paket `java.net`, siehe das folgende Programm 5-1 als Beispiel.

Programm 5-1: DNS-Anfrage

```
// Programm 5-1:   ./JDBCclientserver/HoleInternetAdresse.java
import java.net.*;
public class HoleInternetAdresse {
  public static void main(String[] args) {
    if (args.length < 1)
      args = new String[]{"localhost"};
    try {
      InetAddress adr = InetAddress.getByName(args[0]);
      System.out.println("IP-Adr:   " + adr.getHostAddress());
      System.out.println("IP-Name: " + adr.getHostName());
    }
    catch (Exception e) {
      System.out.println("ungültige Adresse");
    }
  }
}                                  // Ende class HoleInternetAdresse
```

Bei Aufruf des Programms mit einer gültigen IP-Adresse oder einem gültigen DNS-Namen wie

```
C:>java HoleInternetAdresse p31.inf.uni-hohenheim.de
```

wird z.B. ausgegeben:

```
IP-Adr:   144.41.64.231
IP-Name: p31.inf.uni-hohenheim.de
```

Über IP-Adressen definierte Netze sind in der Regel nicht deckungsgleich mit Domänen. Ebensowenig gibt es eindeutige Beziehungen zwischen IP-Adresse und DNS-Name eines Hosts. Unter einem DNS-Namen können mehrere Hosts mit unterschiedlichen IP-Adressen subsumiert sein, und zu einer IP-Adresse können mehrere oder auch keine DNS-Namen gehören.

Port

Jedem Dienst im Internet entspricht ein *Port* in der sog. Transportschicht (vgl. Abschnitt 5.2.2). Ports sind positive ganze Zahlen mit 16 Binärstellen. Die standardisierten Dienste haben die Portnummern 0-255 und sind als sogenannte *well-known Services* bekannt.

Einige wichtige Dienste bzw. Services sind als Beispiele in der Tabelle aufgeführt.

Dienst	Port	
ftp	21	File Transfer Protocol
telnet	23	Dialog
DNS	53	Domain Name System
HTTP	80	Hypertext Transfer Protocol

Abbildung 5-9: Internet-Dienste und Ports

Socket

Internet-Adresse und Internet-Port lokalisieren einen Internet-Dienst in eindeutiger Weise. Adresse und Port gemeinsam definieren einen Internet-*Socket*. Jeder Socket ist also ein Unikat im Internet. Will ein Anwender einen Dienst in Anspruch nehmen, so wird der Dienst über solche Sockets angesprochen. Mit dem folgenden Programm 5-2 ist das u.a. mit dem Socket 127.0.0.1 / 80 (dies entspricht localhost und HTTP-Dienst) demonstrierbar.

Das Programm beginnt mit dem Import des Internet-Klassenpakets java.net und der Stream-Klassen aus java.io. Alle evtl. auftretenden Ausnahmen werden mittels der throws-Klausel im Kopf der Methode main() an die virtuelle Maschine weitergereicht, die über den Fehler im gegebenen Fall berichtet und das Programm abbricht.

In der main()-Methode wird eine Internet-Adresse (Nummer oder Name) eingelesen oder, falls nichts eingegeben wurde, die „Ich"-Adresse 127.0.0.1 vorgegeben. Mit dieser Adresse wird zusammen mit der HTTP-Portnummer 80 ein Internet-Socket definiert und auf diesem Socket mittels eines Ausgabestreams der HTTP-Protokollkopf "GET / HTTP/1.0\n\n" ausgegeben. Ist der Zielhost ein Webserver, so antwortet er mit dem ASCII-Inhalt seiner Homepage, die als Inputstream mit readLine() zeilenweise eingelesen und mit System.out.println() im Kommandofenster ausgegeben wird.

Programm 5-2: Internet-Socket und I/O-Streams

```
// Programm 5-2:   ./JDBCclientserver/InternetSocket.java
import java.net.*;
import java.io.*;
public class InternetSocket {
  public static void main(String[] args) throws Exception {
    String host = args.length > 0 ? args[0] : "127.0.0.1";
    Socket s = new Socket(host, 80);
    PrintWriter aus = new PrintWriter(s.getOutputStream());
    aus.print("GET / HTTP/1.0\n\n");
    aus.flush();
```

```
    BufferedReader in = new BufferedReader(
                new InputStreamReader(s.getInputStream()));
    for (String line; (line = in.readLine()) != null;)
       System.out.println(line);
    s.close();
  }
}                                    // Ende class InternetSocket
```

5.2.2 Internet-Protokolle

Damit sich Hosts in Kommunikationsnetzen verständigen können, müssen dafür Regeln festgelegt sein, und diese Regeln müssen von allen Hosts strikt eingehalten werden. Die beteiligten Hosts benutzen dann gleiche Verständigungsmittel, sogenannte *Protokolle*. Im Internet sind sie in der *TCP/IP-Protokollfamilie* zusammengefaßt. Diese Protokollfamilie ist die Verständigungsgrundlage im Internet; benannt ist sie nach ihren beiden Basisprotokollen TCP und IP (siehe weiter unten). Die Protokolle sind in Dokumenten, die als RFCs bezeichnet werden, normativ festgehalten. RFC ist die Abkürzung für Request for Comments; sie sind unter ftp://ftp.denic.de/pub/rfc erhältlich.

Kommunikation wird infolge ihrer Komplexität in logische Schichten gegliedert. Die niedrigste Schicht setzt am Verbindungskabel an, die höchste ist an den Anwendungen orientiert und definiert standardisierte Dienste. Dazwischen gibt es weitere Schichten, in denen u.a. die Identifizierung der vernetzten Hosts festgelegt wird und die für den sicheren Transport der Daten sorgen.

Im Internet werden meist vier aufeinander aufbauende Ebenen oder *Schichten* der Kommunikation unterschieden, und zwar drei technische und eine anwendungsorientierte. Festgelegt sind die Schichten in einem Referenzmodell, dem ARPA-Modell (ARPA: Advanced Research Projects Agency). Sie sind in der folgenden Abbildung 5-10 illustriert. Unmittelbar dort zu entnehmen ist, daß Ports in der 3. Schicht in TCP und UDP definiert sind, IP-Adressen in Schicht 2 (IP) und die Hardwareadressen von Netzadaptern in der ersten, der physikalischen Schicht.

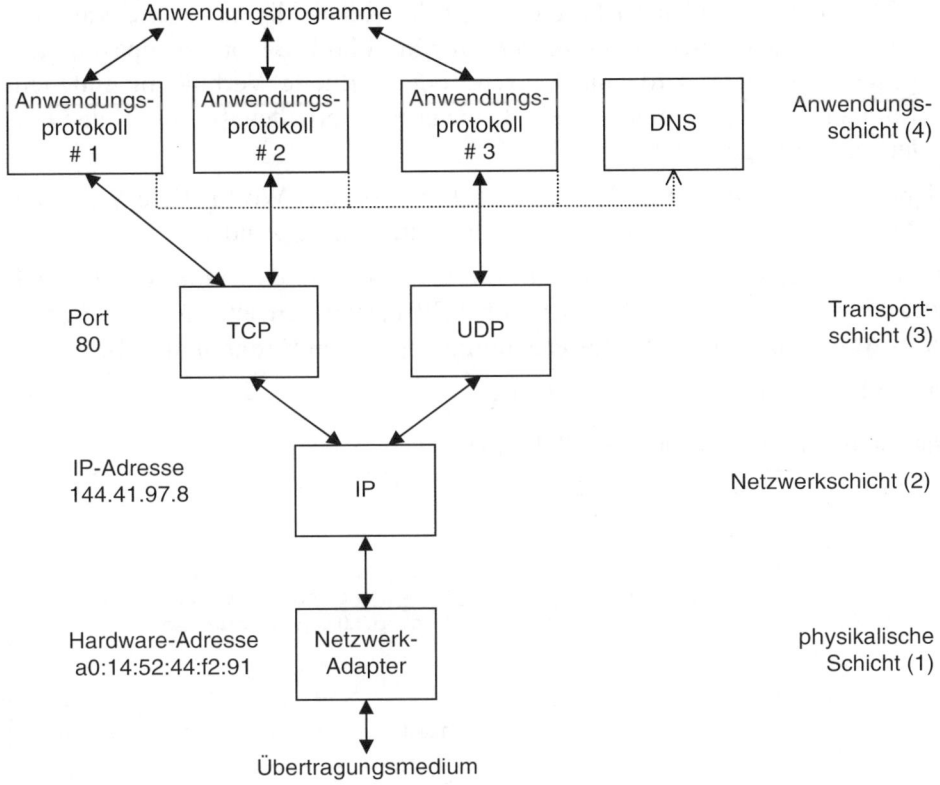

Abbildung 5-10: Schichtung der Internet-Protokolle

Jede Schicht hat ihre eigene Funktionalität, die sie der jeweils überlagernden Schicht zur Verfügung stellt. Für die Programmierung in Java von direkter Relevanz sind allerdings nur

- als Protokolle der Anwendungsschicht HTTP und am Rande DNS,
- als Protokolle der Transportschicht TCP und UDP.

In der Transportschicht wird für einen mehr oder weniger gesicherten Transport der Daten durchs Internet gesorgt:

- UDP – User Datagram Protocol – ist eine schnelle, aber nicht vollständig abgesicherte Variante. Es ist ein sogenanntes *verbindungsloses* Protokoll, d.h. Daten werden auf die Reise durchs Internet geschickt, ohne daß zuvor eine Verbindung mit dem Partner für die Dauer der Datenübertragung hergestellt wird.

- TCP – Transport Control Protocol – ist die vollständig gesicherte Variante, ein sogenanntes *verbindungsorientiertes* Protokoll. Bevor Datenpakete aufgegeben werden, wird eine logische oder virtuelle Verbindung mit dem Empfänger aufgenommen und so lange aufrechterhalten, bis alle Daten fehlerfrei übertragen sind.

Beispielsweise wird TCP in HTTP, dem Protokoll des World Wide Web, und UDP in DNS, dem Adressenverzeichnis des Internet, verwendet.

Im Klassenpaket `java.net` sind z.B. die Klassen `DatagramSocket` auf UDP und `Server` bzw. `ServerSocket` auf TCP basiert. Zu letzterem, TCP, war bereits weiter oben ein einfaches Programm angegeben (Programm 5-2).

Ein einfaches Beispiel auf HTTP-Basis:

Programm 5-3: Anwendung des HTTP-Protokolls

```
// Programm 5-3:   ./JDBCclientserver/URLVerbindung.java
import java.net.*;
import java.io.*;
public class URLVerbindung {
  public static void main(String[] args) throws IOException {
    String host = args.length > 0 ? args[0] : "localhost";
    URL url =
        new URL("http://" + host);
    BufferedInputStream in =
                  (BufferedInputStream) url.getContent();
    System.out.println(in);
    for (int c; (c = in.read()) > -1;)
      System.out.print(String.valueOf((char) c));
  }
}                                       // Ende class URLVerbindung
```

Der Ablauf einer Programm/Programm-Verbindung über Internet, in Abbildung 5-11 skizziert, ist etwa der folgende:

Das Anwendungsprogramm #1, z.B. ein Client, übergibt seine Daten an die Anwendungsschicht, z.B. an HTTP. Diese Schicht versieht die Daten mit einem charakteristischen Datenkopf oder *Header* und gibt diese weiter an die unterlagerte Schicht, die ihrerseits einen TCP-Header anfügt etc. Als letzter packt der Ethernet-Adapter einen Rahmen um die Daten (in der Abbildung nicht eingezeichnet) und gibt sie zwecks Weitergabe an den Partner auf das Übertragungsmedium.

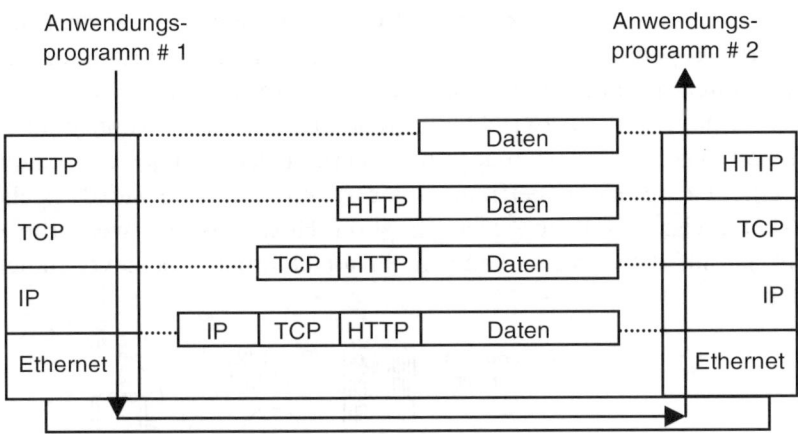

Abbildung 5-11: Kommunikationsmodell

Nach erfolgter Übertragung zum Zielsystem werden dort in umgekehrter Reihenfolge die Header Schicht für Schicht wieder entfernt und dort jeweils ausgewertet, bevor die Daten an die überlagerte Schicht weitergegeben werden, und zwar solange, bis die Daten im Anwendungsprogramm #2 angekommen sind. In Programm 5-7 verwendet der Client, ein Web-Browser, das HTTP-Protokoll, und der adressierte Server kommuniziert über TCP-Sockets, d.h. im Server spielen HTTP-Header eine Rolle.

5.2.3   Intranets

Intranets sind private Internets. Innerbetrieblich verbinden sie beispielsweise oft sehr heterogene DV- und Datennetzlandschaften. Sie erschließen aber zugleich Internet-Techniken wie E-Mail und WWW für den betrieblichen Bedarf, etwa zu Zwecken der internen Information.

Ein Intranet kann ein vollständig autonomes Netz sein, mit vom Internet unabhängigen Adreßräumen, Domänennamen und Verwaltungsinstanzen wie DNS-Server etc. Bei Kontaktaufnahme mit dem Internet wird dann im Intranet z.B. durch Adreßumsetzungen (Network Address Translation – NAT) für konfliktfreien Datenverkehr zwischen beiden Netzen gesorgt.

Im Unterschied zum jedermann geöffneten Internet sind Intranets zwecks der erforderlichen Kontrolle des Datenverkehrs hinein *und* hinaus mit Schutzwällen, sog. *Firewalls*, umgeben. Sperrungen können sowohl auf Internet-Adreßebene als auch auf der Ebene von Ports erfolgen. Eine nicht seltene Methode ist die generelle Sperrung fast aller Ports, ausgenommen z.B. HTTP

(80) und ftp (21). Zu diesem Zweck gibt es Router, die nicht nur Intranet und Internet aneinander koppeln, sondern auch jedes Datenpaket überprüfen und es nur unter bestimmten Bedingungen weitergeben (Paketfilter oder Screening Router). Die Übergangsstellen zwischen Intranet und Internet können noch weiter abgesichert werden, indem man ein Sicherheitsnetz mit jeweils einem internen und einem externen Paketfilter sowie einem „Bastion Host" (siehe Abbildung 5-12) zwischenschaltet. Der „Bastion Host" als die wesentliche Kontrollinstanz ist auf diese Weise kaum mehr attackierbar, weder von innen noch von außen.

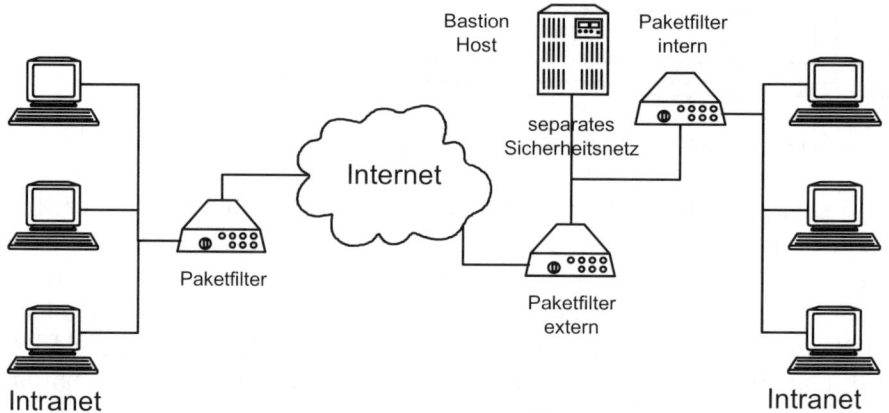

Abbildung 5-12: Intranets und Firewalls

Sollen datenbankbasierte Dienste, beipielsweise Kataloge, möglichst vorausset-zungslos angeboten werden, so sollten potentielle betriebliche Kunden nicht einfach dadurch ausgeschlossen sein, weil deren Firewalls die in diesen Diensten verwendeten Ports sperren. Für die Akzeptanz eines Diensteangebotes ist also die Wahl des Internet-Ports für den Dienst ganz entscheidend. Port 80, der Port des World Wide Web, bietet sich an. In der folgenden Abbildung 5-13 ist eine solche Situation veranschaulicht.

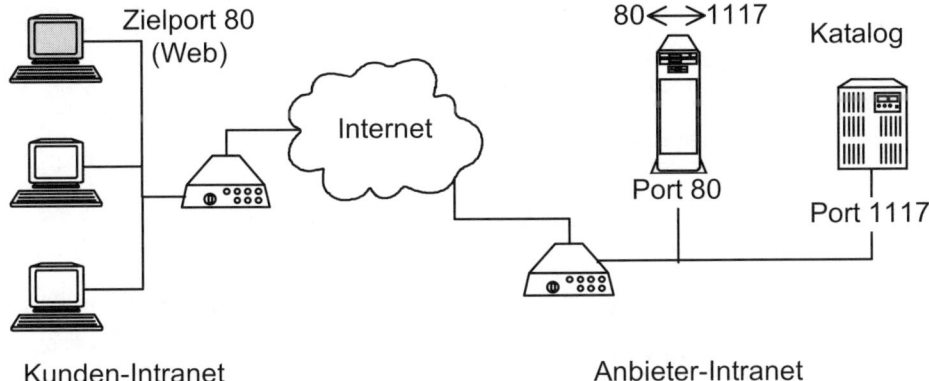

Abbildung 5-13: Beispiel für ein Kunden-/Anbieter-Szenario unter Verwendung des Web-Ports 80 (HTTP). Der Server mit Port 80 im Anbieter-Intranet ist Durchgangsstation zum Katalog-Server mit Port 1117.

5.2.4   Client/Server-Kommunikation über Internet-Sockets (TCP)

Die folgenden Programme für einen Server (Programm 5-4) und einen passenden Client (Programm 5-5) zeigen exemplarisch, wie Client/Server-Kommunikation, die direkt auf TCP aufsetzt, grundsätzlich funktioniert.

Der *Server* (Programm 5-4) belauscht seinen Server-Socket auf eingehende Anforderungen. Geht eine Anforderung ein, so übernimmt er die Daten zeichenweise in einem `java.io`-Stream. Mit einer Null wird signalisiert, daß alle Zeichen übertragen sind. (Würde der Anforderer den Stream statt dessen mit `close()` schließen, so würde damit auch die Socket-Verbindung beendet werden, und die Antwort des Servers wäre verloren.) Die eingelesenen Zeichen werden unverändert in einem Ausgabe-Stream an den Anforderer zurückgegeben und daran noch ein eigener Text angefügt. Danach wird die Socket-Verbindung geschlossen, und der Server geht wieder in Lauschposition.

Programm 5-4: Einfacher Internet-Server

```
//Programm 5-4:   ./JDBCclientserver/SimpleInternetServer.java
import java.io.*;
import java.net.*;

public class SimpleInternetServer {
   final static int port = 6799;
   public static void main(String[] args) throws IOException {
```

```
          // Internetanschluß festlegen (Server Socket)
          ServerSocket server = new ServerSocket(port);
          System.out.println(
                  "\nServer belauscht port " + port + " ...\n");
          while(true) {                           // Serverscheife
             // Internetanschluß belauschen
             Socket lauschen = server.accept();
             // Clientdaten übernehmen
             InputStream ein = lauschen.getInputStream();
             // Einlesen und sofort beantworten
             PrintWriter aus =
                      new PrintWriter(lauschen.getOutputStream());
             for (int ch; (ch = ein.read()) != 0;)
               aus.print(String.valueOf((char) ch));
             aus.println(" Hello Client!!"); aus.close();
             System.out.print("#"); System.out.flush();
          }
       }
    }                              // Ende class SimpleInternetServer
```

Sein Aktivwerden zeigt der Server bei jeder Anforderung durch die Ausgabe des Zeichens # an, und zwar in dem DOS- bzw. Kommando-Fenster, aus dem heraus er gestartet wurde. Der Methodenaufruf `flush()` sorgt dafür, daß der Ausgabepuffer geleert, das #-Zeichen also sofort angezeigt wird, und mit `close()` werden Ausgabe-Stream und Socket geschlossen.

Der *Client* (Programm 5-5) nimmt über einen Socket mit dem Server Verbindung auf und übermittelt ihm als Anforderung den Text „Hello Client" in Form eines `java.io`-Streams. Der Anforderungs-Stream wird mit dem Null-Zeichen \0 (ASCII NUL) abgeschlossen, da ein Stream-`close()` auch den Socket schließen würde. Danach wartet der Client auf die Antwort des Servers (ebenfalls ein Stream), gibt sie aus und beendet seine Existenz. Die Antwort wird zeichenweise so lange eingelesen, bis eine negative Zahl, verursacht durch Schließen des Antwort-Streams im Server, ihren Abschluß signalisiert.

Programm 5-5: Einfacher Client zum Internet-Server

```
// Programm 5-5:   ./JDBCclientserver/SimpleInternetClient.java
import java.io.*;
import java.net.*;

public class SimpleInternetClient {
   static final int port = 6799;                // Serverport
   static final String server = "localhost";   // Serveradresse
   public static void main(String[] args)
                                      throws IOException {
      // Verbindung herstellen (Client Socket)
      Socket s = new Socket(server, port);
      PrintWriter aus = new PrintWriter(s.getOutputStream());
      // Anforderung an Server (Eine Textzeile)
```

```
    aus.print("Hello Server!\0"); aus.flush();
    // Serverdaten übernehmen
    DataInputStream ein =
                new DataInputStream(s.getInputStream());
    for (int ch; (ch = ein.read()) > -1;)
       System.out.print(String.valueOf((char) ch));
    // Verbindung schließen
    s.close();
  }
}                             // Ende class SimpleInternetClient
```

Eine kleine Abschweifung sei erlaubt, um darzulegen, wie das Verhalten von Serverprogrammen optimiert werden kann.

Das gezeigte Serverprogramm hat noch den gewichtigen Nachteil, daß eine Anforderung bis zur vollständigen Abnahme der Antwortdaten abgehandelt sein muß, bevor die nächste Anforderung bearbeitet werden kann. Ein solcher Programmablauf setzt nicht nur den Durchsatz erheblich herab, sondern kann bei starken Verzögerungen bzw. Störungen beim Datenaustausch den Server auch weitgehend außer Betrieb setzen.

Dieser Mangel läßt sich dadurch beseitigen, daß das Eintreffen einer Anforderung entkoppelt wird von ihrer Bearbeitung, also das Geschehen in unterschiedliche, *nebenläufige* Objekte verlagert wird. Unter Nebenläufigkeit von Programmen versteht man deren gleichzeitiges bzw. quasi-gleichzeitiges Ablaufen, was in Java durch Anwendung der Klasse Thread erreicht werden kann.

Der Server wird durch das Eintreffen einer Anforderung aus seiner Lauschposition gerissen. Als erstes akzeptiert er den Client-Socket, den er dann sofort an ein neues Objekt weitergibt, das die vollständige Abarbeitung der Anforderung übernimmt. Ist dieses Objekt gegenüber dem Serverprozeß als unabhängiger „Tochter"prozeß, d.h. als Java-Thread konzipiert, so kann der Server sofort wieder in Lauschstellung gehen und evtl. eine weitere Anforderung sofort, d.h. auch vor Abschluß der Bearbeitung von Vorgängeranforderungen, bearbeiten. Da der Server immer empfangsbereit sein sollte, muß sein Ablauf Vorrang bzw. mindestens gleichen Rang haben gegenüber dem Ablauf der Tochterprozesse.

Die eingehenden Anforderungen werden also unbearbeitet an quasi-gleichzeitig ablaufende Tochterprozesse delegiert, d.h. an Objekte mit jeweils eigenem *Thread* übergeben. Die Tochterprozesse wickeln den Datenaustausch selbständig ab und beenden danach ihre Existenz. Störungen wirken sich nun nur noch auf die jeweiligen Tochterprozesse aus und nicht mehr auf den Serverprozeß selbst. In Abbildung 5-14 ist diese Technik veranschaulicht.

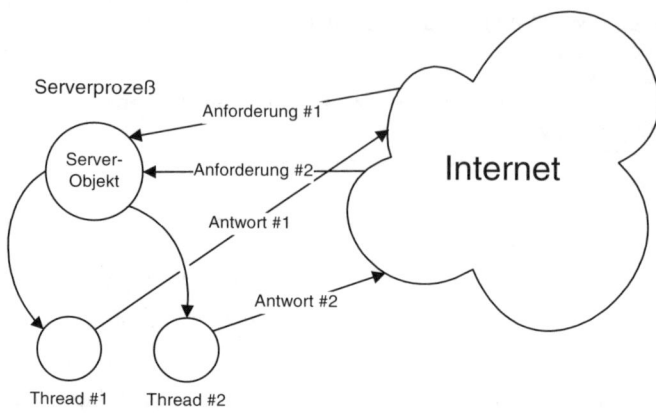

Abbildung 5-14: Delegieren von Serveranforderungen an `Thread`-Tochterobjekte

Die Änderungen, die dazu beispielsweise in `SimpleInternetServer` (Programm 5-4) vorgenommen werden müssen, sind dem Umfang nach eher geringfügig. Ein mögliches Ergebnis ist das Programm 5-6:

- In der Serverschleife wird nach Eintreffen einer Anforderung ein Tochterprozeß instanziiert, d.h. ein Objekt der Klasse `ThreadedInternet ServerThread`. Diese Klasse implementiert das Interface `Runnable` und insbesondere deren abstrakte Methode `run()`, die beim Start des Threads aufgerufen wird (ihre Objekte stellen also selbständige Threads dar).

- Im Konstruktor `ThreadedInternetServerThread()`, der die Anforderung als Parameter erhält, wird dieses Objekt mit einem Thread versehen und der Thread durch Aufruf der Methode `start()` in Gang gesetzt.

- `start()` bewirkt den Aufruf der Methode `run()`, in der die Anforderung dann vollständig abgewickelt wird.

- Nach Abschluß der `run()`-Methode wird das überflüssig gewordene Objekt einfach dem Garbagecollector Javas überlassen.

Die entsprechenden Teile des Programms sind durch Fettdruck hervorgehoben.

Programm 5-6: Internet-Server mit Tochterprozessen

```
// Programm 5-6: ./JDBCclientserver/ThreadedInternetServer.java
import java.io.*;
import java.net.*;

public class ThreadedInternetServer {
   final static int port = 6799;
   static int zähler;
```

```
public static void main(String[] args) throws Exception {
  ServerSocket server = new ServerSocket(port);
  System.out.println(
            "\nServer belauscht port " + port + " ...\n");
  while(true) {                              // Serverscheife
    new ThreadedInternetServerThread(server.accept());
  }
}
}
class ThreadedInternetServerThread implements Runnable {
  Socket lauschen;
  public ThreadedInternetServerThread(Socket lauschen) {
    this.lauschen = lauschen;
    (new Thread(this)).start();
  }
  public void run() {
    try {
      InputStream ein = lauschen.getInputStream();
      PrintWriter aus =
                new PrintWriter(lauschen.getOutputStream());
      aus.print(++ThreadedInternetServer.zähler + " # ");
      for (int ch; (ch = ein.read()) != 0;)
        aus.print(String.valueOf((char) ch));
      aus.println(" Hello Client!!"); aus.close();
      System.out.print("#"); System.out.flush();
    }
    catch (Exception ex) {ex.printStackTrace();}
  }
}
```

5.2.5   Client/Server-Kommunikation mit HTTP

Für die Kommunikation von Clients mit Servern können auch Protokolle der Anwendungsschicht verwendet werden. Insbesondere HTTP, das Protokoll des World Wide Web, bietet sich an, zum einen wegen seiner sehr einfachen Struktur und seiner Verfügbarkeit in Java, zum anderen wegen der damit gewonnenen Freiheit, Clients beispielsweise auch als Webdokument programmieren zu können. Das serverseitige Programm wickelt die HTTP-Anforderungen entweder als Server direkt ab, oder es erhält seine Anforderungen über einen Webserver, in den es z.B. als Servlet oder CGI-Programm eingeklinkt ist.

Hier wird die direkte Anforderungsabwicklung betrachtet (zu CGI und Servlet siehe Abschnitt 5.4.3). Der Server setzt also auf TCP – nicht HTTP! – auf und muß demgemäß HTTP-Header selbst interpretieren und generieren, d.h. das HTTP-Protokoll befolgen (vgl. Abbildung 5-11). Allerdings ist es sinnvoll, für die Beispielprogramme keinen der „well-known Ports", etwa den klassischen

HTTP-Port 80, zu verwenden, sondern Ports mit hohen Nummern deutlich über 1000.

Durch Daten ausgedrückt, sieht eine Anforderung in HTTP gemäß Standard (RFC 1945) wie folgt aus (HTTP-Header und Daten sind durch eine Leerzeile getrennt):

HTTP-Header	
Anforderungszeile	`Request-Line`
0,1,2,... Headerzeilen	`*(General-Header	Request-Header |`
	`    Entity-Header)`
Leerzeile!	`CRLF`
HTTP-Body (optional)	
Daten	`[Entity-Body]`

In der Anforderungszeile `Request-Line` steht eine Methode, wie man sie in Webformularen vereinbaren kann (z.B. `GET` und `POST`), dann folgt nach einem Leerzeichen der Pfadanteil einer absoluten URL und danach die HTTP-Version, z.B.:

```
GET /fob/materialien/jdbc/index.html HTTP/1.0
```

oder formal nach Norm (`SP` = Leerzeichen):

```
Method SP Request-URI SP "HTTP/" HTTP-Version
```

URI steht für Unified Request Identifier, einer Generalisierung der bekannteren URL (Unified Request Locator).

Folgen nach der Leerzeile Daten – das ist der Fall, wenn *Method* den Wert `"POST"` hat –, so sind diese in einem *Entity-Header* beschrieben. Beschreibungsmerkmale sind neben der Länge in Zeichen der Typ der Daten, ihre Kodierung und anderes mehr, z.B.

```
POST /cgi-bin/Test HTTP/1.0
User-Agent: Mozilla/4.05 [en] (WinNT; I)
Host: p1:6799
Content-type: application/x-www-form-urlencoded
Content-length: 12
   ((Leerzeile))
Name=Mueller              // Daten aus z.B. HTML-Formular in der Form
                             Name1=Inhalt1&Name2=Inhalt2&...
```

Eine HTTP-Antwort sieht ganz ähnlich aus:

HTTP-Header	
Statuszeile	`Status-Line`
0,1,2,... Headerzeilen	`*(General-Header	Response-Header |`
	`    Entity-Header)`
Leerzeile!	`CRLF`
HTTP-Body (optional)	
Daten	`[Entity-Body]`

Header und Daten sind auch hier durch eine Leerzeile voneinander getrennt. Die Statuszeile hat die Form

`"HTTP/"` *HTTP-Version* SP *Status* SP *Statusbeschreibung*

zum Beispiel

`"HTTP/1.0 200 OK"` oder
`"HTTP/1.0 403 Forbidden"`

Im folgenden Beispiel ist der Client einfach das Location-Feld des Netscape-Navigators; der Server ist in Java geschrieben.

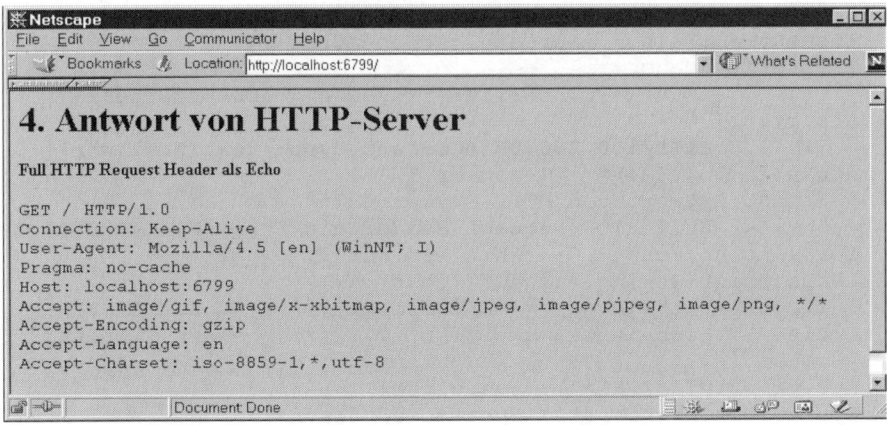

Abbildung 5-15: Location-Zeile eines Browsers als „Client"

Die Anforderung geht an den Server in Programm 5-7, der immer dieselbe Antwort gibt. Die erste Zeile der Antwort ist ein Antwort-Header, in dem eine Statusmitteilung, daß alles korrekt ablief (`200 OK`), sowie der Typ der nachfolgenden Daten steht (`text/html`). Dem schließt sich eine gleichfalls protokolla-

rische Leerzeile an, und danach folgen Daten, die der Browser entsprechend
dem Datentyp `text/html` als Webdokument interpretiert.

Was in den Daten folgt, ist im wesentlichen einfach der empfangene HTTP-
Anforderungs-Header. Die Header-Daten haben einen kurzen Vorspann zur
Betitelung des Webdokuments. Er ist in HTML, der Sprache für Webdokumente, verfaßt. Darin wird als Überschrift (`<H1>`...`</H1>`) ein Zähler, in dem
die Anzahl der Serveranforderungen seit seinem Start registriert wird, und
danach der Text „. Antwort von HTTP-Server" ausgegeben. Ein weiterer Text
folgt in Fettdruck und Normalschriftgröße (`<B>`...`</B>`).

Programm 5-7: Ein einfacher HTTP-basierter Server

```
// Programm 5-7:    ./JDBCclientserver/SimpleHttpServer.java
import java.io.*;
import java.net.*;
public class SimpleHttpServer {
  final static int CR = 13, LF = 10, port = 6799;
  static int zähler;
  public static void main(String[] args) throws IOException {
    // Internetanschluß festlegen (Server Socket)
    ServerSocket server = new ServerSocket(port);
    System.out.println(
            "\nHTTP-Server belauscht port " + port + " ...\n");
    while(true) {                              // Serverschleife
      Socket lauschen = server.accept();
      InputStream ein = lauschen.getInputStream();
      PrintWriter aus =
                new PrintWriter(lauschen.getOutputStream());
      aus.print(
            "HTTP/1.0 200 OK\nContent-type: text/html\n\n");
      aus.println("<H1>" + ++zähler +
            ". Antwort von HTTP-Server</H1>" +
            "<B>Full HTTP Request Header als Echo</B>\n<PRE>");
      for (int ch, chp = 0; (ch = ein.read()) > -1;) {
        aus.print(String.valueOf((char) ch));
        if (ch == LF && chp == LF) break;   // Test auf CRLFCRLF
        else  if (ch != CR) chp = ch;       // beendet HTTP-Anf.
      }
      aus.println("</PRE>"); aus.close();
      System.out.print("#"); System.out.flush();
    }
  }
}
```

Man beachte, daß in der `for`-Schleife die HTTP-Anforderung nur bis zur ersten
Leerzeile, also nur der Anforderungs-Header gelesen wird. Etwaige noch folgende Daten werden verworfen.

5.3   Client/Server und Java

Grundlage dieses und des folgenden Abschnittes sind verteilte Dreiebenenstrukturen mit Datenbanksystemen als Persistenzebene, Clients mit Java-GUIs
als Präsentationsebene und eine Middleware, die im wesentlichen die JDBC-
Schnittstelle zur Datenbank beinhaltet und den Datenaustausch mit dem Client
über Internet-Sockets sicherstellt. Als Datenbanksysteme werden

*   auf „call level" *Access* und

*   als internetbasierter Datenbankserver *MiniSQL* in der Version 1 von
    Hughes Technologies für Windows 9x/NT (siehe Anhang D)

verwendet. (Als Nebeneffekt werden so Access-Datenbanken internettauglich.)
Die Wahl gerade dieser beiden Datenbanksysteme hat pragmatische Gründe:
Access ist wohl die verbreitetste Desktop-Datenbank, und der Mini-SQL-Server
ist sehr kompakt (ca. 0,8 MByte) und kann kostenlos evaluiert oder unter
bestimmten Umständen (Universitäten, gemeinnützige Organisationen) sogar
gänzlich kostenfrei eingesetzt werden.

Weitere naheliegende Rahmenbedingungen sind:

*   Die Clientsoftware sollte aus dem Internet geladen werden können, d.h. das
    Internet als Verteilungsmedium verwenden, und sie sollte plattformunab-
    hängig sein. Das kann erreicht werden, indem Web-Browser als Plattform
    für den Client gewählt werden, d.h. das Clientprogramm als Java-Applet in
    einem Webdokument eingebettet oder das Programm direkt in HTML aus-
    geführt wird (HTML, Hypertext Markup Language, ist die Sprache, in der
    gewöhnlich Webdokumente formuliert sind). Ist der Client ein Applet, so
    sollte er nach Möglichkeit mit Java in einer Version, die zumindest von
    Web-Browsern der neueren Versionen unterstützt wird, programmiert sein
    (Java 2 scheidet daher aus).

*   Der Client sollte möglichst schlank sein, um kurze Ladezeiten zu erlauben.
    Das läßt sich dadurch erreichen, daß das Clientprogramm im wesentlichen
    auf die Handhabung der Benutzerschnittstelle beschränkt wird und alle
    Verarbeitungsschritte konsequent in die Middleware verlegt werden. Die
    Anwendungs- oder Geschäftslogik ist nun an zentraler Stelle konzentriert,
    und sie ist u.a. damit auch viel einfacher Änderungs- und Wartungsarbeiten
    zugänglich.

*   Diensteangebote sollten ungehindert alle potentiellen Kunden erreichen
    können, d.h. Clientsoftware sollte auch solchen Kunden zur Verfügung ste-
    hen, die hinter Firewalls lokalisiert sind. Mit dieser Randbedingung wird
    die Zahl der Internet-Protokolle, die als *Middleware-Protokolle* in Frage

kommen, d.h. geeignet sind für den Datenaustausch zwischen Client und Middleware, stark eingeschränkt. Einigermaßen unbeeinträchtigt bleibt unter Umständen nur die Kommunikation mittels des HTTP-Protokolls.

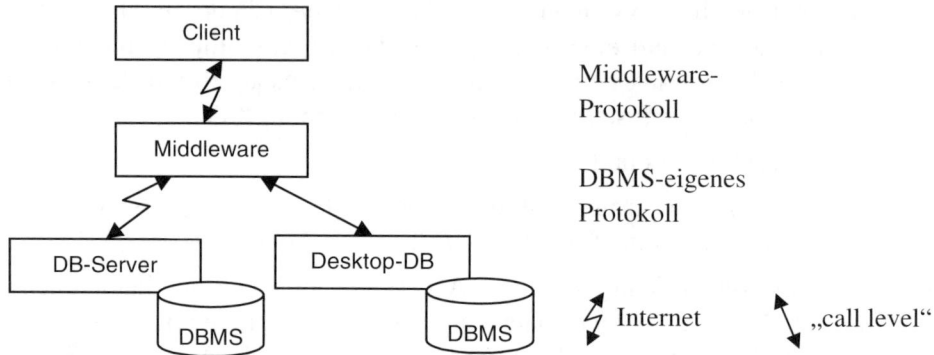

Abbildung 5-16: Dreiebenenarchitektur mit Datenbankserver und Desktop-Datenbank

Middleware kann durch einen selbständigen Server repräsentiert sein, etwa einen sogenannten Applikationsserver; in diesem Server ist die „Geschäftslogik" der Anwendung konzentriert. Middleware muß sich aber nicht unbedingt als einzelner Server präsentieren, sondern kann ein Verbund aus Webserver, CGI- und Java-Programmen oder ein sog. *Servlet* in einem Webserver (vgl. Abschnitt 5.4.3) oder aber auch ein Verbund von mehreren Servern sein. Als Middleware-Protokolle für die Kommunikation zwischen der Client- und der mittleren Ebene können Protokolle wie RMI, IIOP/CORBA[*], HTTP etc. verwendet werden. Möglich sind aber ebenso individuelle Protokolle auf der Basis direkter Socket-Programmierung oder – noch einfacher – auf „call level", d.h durch direkten Prozedur- bzw. Programmaufruf.

In den folgenden Abschnitten werden mit einfachen Beispielprogrammen verschiedene Dreiebenenstrukturen durchgespielt. Die ersten Beispiel-Clients sind als Java-Applikationen geschrieben, werden also noch nicht über das Internet geladen (bei einem Client ist aber ein Verfahren angegeben, wie Applikationen in Applets transformiert werden können). Das ist erst bei den Clients für die sog. *Webdatenbanken* in Abschnitt 5.4 uneingeschränkt der Fall. (Als *Web-*

---

[*]   RMI   Remote Method Invocation, Klassenpaket `java.rmi` im JDK 1.1 und höher, eine sprachgebundene Verteilplattform für Objekte
      IIOP   Internet Inter-ORB Protocol
      CORBA   Common Object Request Broker Architecture, eine standardisierte, sprachunabhängige Verteilungsplattform für Objekte

datenbanken bezeichnet man Datenbanksysteme, deren Clients Web-Browser als Plattform haben.)

5.3.1 Middleware für eine Desktop-Datenbank

In einem ersten Beispiel für eine Dreiebenenlösung soll eine Desktop-Datenbank auf der Basis von ACCESS ihre Dienste im Internet anbieten (Abbildung 5-17), also beispielsweise als persönlicher Datenbankserver fungieren. Client und Middleware tauschen Informationen über das Internet aus, und zwar mittels des TCP-Ports 6789. Client und Middleware bedienen sich dabei der Java-Internet-Klassenbibliothek `java.net`.

In der Middleware werden mittels JDBC und ODBC-Brückentreiber *alle* erforderlichen Datenmanipulationen auf Anforderung des Client hin vorgenommen und die Ergebnisse mehr oder weniger aufbereitet an den Client zurückgegeben.

Zugrundegelegt ist wieder das Programm `SqlDirekt` aus Abschnitt 3.2, d.h. in das Textfenster des Java-GUI kann eine beliebige SQL-Anweisung eingegeben werden, und das Ausführungsergebnis, eine Tabelle oder eine Fehlermeldung, wird in einem zweiten Textfenster angezeigt. Die Befehlsausführung wird über den Knopf mit der Beschriftung „Ausführen!" gestartet.

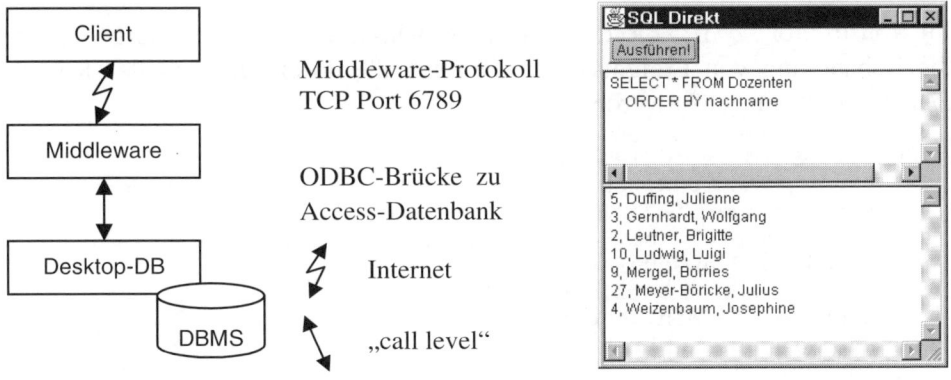

Abbildung 5-17: Eine Desktop-Datenbank im Internet als Server bereitstellen

Das Middlewareprotokoll, also die Vereinbarungen zwischen Client und Middleware über den Datenaustausch, ist benutzerdefiniert. Es beruht auf TCP und ist durch Detailvereinbarungen darüber ergänzt, wie das Ende einer Datenübertragung in die eine oder andere Richtung jeweils signalisiert wird.

Der Client

Der Client ist als Java-Applikation konzipiert, wird also in der Regel von der lokalen Platte geladen und nicht aus dem Internet.

Das Clientprogramm beginnt mit den Importen aller benötigten Klassenbibliotheken. Dem schließt sich der Klassenkopf an, gefolgt von Variablen, die während der Laufzeit des Client Bestand haben, also als Instanzvariable der Klasse deklariert bzw. definiert sein müssen.

Programm 5-8a: Desktop-Datenbankanbindung: Client

```
// Programm 5-8a:    ./JDBCclientserver/SqlDirektClient.java
import java.awt.*;                    // GUI Fenster etc.
import java.awt.event.*;              // GUI Events
import java.io.*;                     // für Streams von/zum Server
import java.net.*;                    // Internet
public class SqlDirektClient extends Frame
                                    implements ActionListener {
  // Internet-Adresse und -Port des Servers
  static final String server = "localhost";
  static final int port = 6789;
  // GUI-Komponenten
  Button ausführen = new Button("Ausführen!");
  TextArea ein = new TextArea("SELECT", 5, 60);
  TextArea aus = new TextArea();
```

Im Konstruktor `SqlDirektClient()` der Klasse wird das GUI aufgebaut und die Behandlung von Ereignissen vorbereitet, die durch Drücken des Knopfes „Ausführen!" ausgelöst werden.

```
  public SqlDirektClient() {
    super("SQLDirekt per Middleware");     // Fensterbezeichnung
    Panel eingabe = new Panel(new BorderLayout());
    Panel knöpfe = new Panel(new FlowLayout(FlowLayout.LEFT));
    knöpfe.add(ausführen);
    eingabe.add(knöpfe, "North");
    eingabe.add(ein, "Center");
    add(eingabe, "North");
    add(aus, "Center");
    aus.setEditable(false);                // für Eingaben sperren
    ausführen.addActionListener(this);  // Eventlistener reg.
    setSize(500, 400);                     // Fenstergröße
    setVisible(true);                      // Fenster anzeigen
  }
```

Beim Drücken des Knopfes „Ausführen!" wird der Eventhandler `actionPerformed()` aufgerufen. Dort wird der SQL-Ausdruck aus dem Eingabefenster `ein` eingelesen und über die als `private` attributierte Methode `sendeSql()`

an die Middleware geschickt. `sendeSql(sql)` hat als Rückgabewert die Antwort des Servers, die in dem zweiten Textfenster `aus` ausgegeben wird.

```
public void actionPerformed(ActionEvent e) {
  String sql = ein.getText();
  try {
    String res = sendeSql(sql);
    aus.setText(res);
  }
  catch (Exception ex) {
    aus.setText("SQL: " + "\nFehler:\n" + ex.getMessage());
    ex.printStackTrace();
  }
}
```

In der Methode `sendeSql()` erfolgt der Datenaustausch zwischen Client und Server. Dazu wird ein Internet-Socket erzeugt und über diesen Socket die eingegebene SQL-Anweisung versandt. Der entsprechende SQL-String muß mit dem ASCII-NUL-Zeichen (`'\0'`), das dem Empfänger „Textende" signalisiert, abschließen. Außerdem ist darauf zu achten, daß der Ausgabepuffer mit `flush()` geleert wird. Keinesfalls darf der Ausgabe-Stream `out` mit `close()` geschlossen werden, denn dabei wird auch die Socket-Verbindung beendet. Anschließend wird die Antwort des Servers zeichenweise in den Puffer `StringBuffer buf` eingelesen, der Socket geschlossen und das Ergebnis mit `return buf.toString()` als `String`-Objekt zurückgegeben.

```
private String sendeSql(String text) throws Exception {
  Socket socket = new Socket(server, port);
  PrintWriter out =
              new PrintWriter(socket.getOutputStream());
  out.print(text + "\0"); out.flush();
  InputStream in  = socket.getInputStream();
  StringBuffer buf = new StringBuffer();
  for (int ch; (ch = in.read()) > -1;)
    buf.append((char) ch);
  socket.close();
  return buf.toString();
}
```

Das Client-GUI wird beim Start des Programms in der Methode `main()` durch Instanziieren der Klasse `SqlDirektClient` aktiviert. Da kein `Window Listener` implementiert ist und die entsprechenden Ereignisse, anders als etwa in Programm 2-2, nicht behandelt werden, kann das Clientprogramm nur durch Terminieren der virtuellen Maschine abgebrochen werden, z.B. nach seinem Start in einem Kommando-Fenster durch Eingabe von `Strg-C`.

```
   public static void main(String[] args) {   // Programmstart
     new SqlDirektClient();                    // Client-Start
   }
}                                     // Ende class SqlDirektClient
```

Die Middleware

Der Middleware-Server beginnt ähnlich wie der Client; natürlich fehlen die GUI-spezifischen Importe und Variablen. Beachtet werden sollte, daß in Client und Server die *gleiche* Portnummer verwendet wird.

Programm 5-8b: Desktop-Datenbankanbindung: Middleware

```
// Programm 5-8b:    ./JDBCclientserver/SqlDirektServer.java
import java.io.*;
import java.net.*;
import java.sql.*;

public class SqlDirektServer {
   final static int port = 6789;
   ServerSocket servsock;
   Connection c; Statement s;
   int zähler;
```

Im Konstruktor wird durch Aufruf der „privaten" Methode `registerData-base()` der Treiber für die Access-Datenbank `Kurse` registriert, danach ein Server-Socket definiert und sodann der Socket auf eingehende Daten hin belauscht (`servsock.accept()`). Treffen Daten ein, so wird dazu passend ein Socket `lauschen` erzeugt. Zunächst wird die IP-Nummer des Socket festgehalten (`lauschen.getInetAddress().getAddress()`), und danach werden die Clientdaten mit `lauschen.getInputStream()` eingelesen. Das zeichenweise Einlesen des Strings wird so lange fortgesetzt, bis ein Zeichen mit dem Ganzzahlenwert `0` festgestellt wird. Der eingelesene String wird mit `queryDatabase(buf.toString())` an die Datenbank weitergegeben, und das zurückerhaltene Ergebnis geht über den gleichen Socket weiter an den Client (`out.print(...)`). Der Socket wird geschlossen, und IP-Nummer und SQL-String der Anforderung werden ausgedruckt. Danach geht der Server wieder in seine Lauschposition `servsock.accept()`.

```
   public SqlDirektServer() {
     try {
       registerDatabase();
       servsock = new ServerSocket(port);
       System.out.println(
           "\nMiddleware Server auf Port " + port + " ...\n");
     }
     catch (Exception ex) {ex.printStackTrace();}
```

```
    while(true) {                          // Serverschleife
      StringBuffer  buf = new StringBuffer();
      String addr = "";
      try  {
        Socket lauschen = servsock.accept();
        byte[] ad = (lauschen.getInetAddress()).getAddress();
        for (int i = 0; i < 4; i++) addr += (ad[i]&0xff) + ".";
        InputStream in = lauschen.getInputStream();
        PrintWriter out =
                new PrintWriter(lauschen.getOutputStream());
        zähler++;
        for (int ch; (ch = in.read()) > 0;)
          buf.append((char) ch);
        out.print(queryDatabase(buf.toString()));
        out.close();
      }
      catch (Exception ex) {ex.printStackTrace();}
      System.out.println(
              zähler + ": " + addr + " " + buf.toString());
    }
  }
```

In `registerDatabase()` werden für die Lebenszeit des Servers initial die Verbindung mit der Datenbank `Kurse` hergestellt und ein `Statement`-Objekt vorbereitet.

```
  private void registerDatabase() throws Exception {
    Class.forName("sun.jdbc.odbc.JdbcOdbcDriver");
    c = DriverManager.getConnection("jdbc:odbc:Kurse");
    s = c.createStatement();
  }
```

In der Methode `queryDatabase()` wird der SQL-String zur Verarbeitung mittels der `execute()`-Methode an das DBMS zur Ausführung übergeben. Je nach SQL-Typ ist das Ergebnis entweder in einem `ResultSet`-Objekt enthalten, das Zeile für Zeile in einem Stringpuffer festgehalten und als String an den Aufrufer zurückgegeben wird, oder es wird die Anzahl geänderter Zeilen mitgeteilt. Tritt ein Fehler auf, so wird statt dessen eine entsprechende Fehlermeldung als String zurückgegeben.

```
  private String queryDatabase(String sql) {
    StringBuffer buf = new StringBuffer();
    try {
      if (s.execute(sql)) {
        ResultSet rs = s.getResultSet();
        ResultSetMetaData rsmd = rs.getMetaData();
        while(rs.next()) {
```

```
                for (int i  = 1, max = rsmd.getColumnCount();
                                              i <= max; i++)
             buf.append(
                   rs.getString(i) + (i == max ? "\n" : ", "));
          }
        }
      else
        buf.append(
            String.valueOf(s.getUpdateCount()) + " Zeile(n)");
     }
   catch (Exception ex) {
      buf.append("SQL-Fehler!\n" + ex.getMessage());
   }
   finally {
      return buf.toString();
   }
  }
```

Aktiviert wird der Server in der Startmethode `main()` durch Instanziieren der Serverklasse.

```
  public static void main(String[] args) {
    new SqlDirektServer();                    // Server starten
  }
}                                     // Ende class SqlDirektServer
```

Der Client als Applet

In ein Applet (vgl. auch Abschnitt 4.4.2) läßt sich der *Client* wie folgt ändern:

- überall `SqlDirektClient` durch `SqlDirektClientApplet` ersetzen;

- in der Klassendeklaration `extends Frame` ersetzen durch
  `extends java.applet.Applet`

- die erste Zeile im Konstruktor löschen:
  `super("SQLDirekt per Middleware");`

- die Konstruktorkopfzeile ersetzen durch
  `public void init() {`

- das Webdokument `SqlDirektClientApplet.html` erstellen:

```
<!-- HTML-Teil des Applets -->
<TITLE>SqlDirektClientApplet .html</TITLE>
<APPLET Code=SqlDirektClientApplet.class
        Height=300 Width=450  >
</APPLET>
```

Außerdem kann die `main()`-Methode ersatzlos gestrichen werden.

5.3.2   Middleware für einen Datenbankserver

Gegenüber dem vorangegangenen Beispiel ist die Verbindung der Middleware zum DBMS internetbasiert. Hat eine solche Middleware neben ihrer Vermittlungsfunktion außerdem noch Aufgaben bei der Aufbereitung der Daten aus der Datenbank, enthält sie also eine *Geschäftslogik*, so mutiert sie zum *Applikationsserver* (Abbildung 5-18).

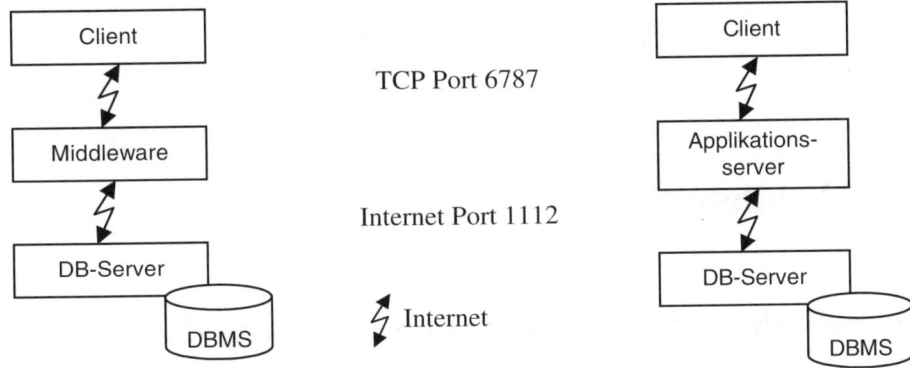

Abbildung 5-18: Middleware als Server

In den folgenden Kästen sind die Änderungen in Fettschrift vermerkt, die in den Beispielprogrammen `SqlDirektClient` und `SqlDirektServer` des Abschnitts 5.3.1 vorgenommen werden müssen, um die obige Struktur zu realisieren. Als Datenbankserver wird MiniSQL verwendet (Anhang D). Dessen JDBC-Treiber wird mit `forName()` geladen und registriert, und danach wird mittels der ins Internet weisenden JDBC-URL Verbindung zur Datenbank aufgenommen. Um Konfliktsituationen zu vermeiden, sind neben den Klassennamen auch die Portnummern in beiden Programmen geändert.

Programm 5-9a: Anbindung eines SQL-Datenbankservers: Server

```
// Programm 5-9a:  ./JDBCclientserver/MsqlDirektServer
...
public class MsqlDirektServer {
  final static int port = 6787;
...
  private void registerDatabase() throws Exception {
    Class.forName("com.imaginary.sql.msql.MsqlDriver");
    c = DriverManager.getConnection(
            "jdbc:msql://localhost:1112/Kurse");
    s = c.createStatement();
  }
...
```

Programm 5-9b: Anbindung eines SQL-Servers: Client

```
// Programm 5-9b:   ./JDBCclientserver/MsqlDirektClient.java
...
public class MsqlDirektClient extends Frame
                              implements ActionListener {
  static final int port = 6787;              // Serverport

  public MsqlDirektClient() {
    super("MiniSQL Direkt über Middleware");
...
```

5.4   Webdatenbanken

5.4.1   Middleware für Webclient und Desktop-Datenbank

Eine *Webdatenbank* mit Dreiebenenarchitektur ist in der folgenden Abbildung 5-19 skizziert. Ihre Besonderheit ist, daß die Middleware mit den Clients mittels des HTTP-Protokolls kommuniziert, ohne selbst Webserver zu sein. Als Clients können nun auch Webdokumente dienen, besonders dann, wenn diese Dokumente mit Hilfe von HTML-Formularelementen über Eingabemöglichkeiten verfügen, d.h. interaktiv sind.

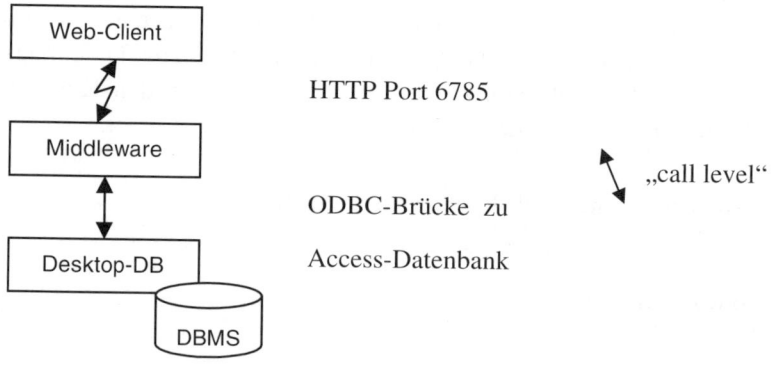

Abbildung 5-19: Desktop-Datenbank als Webdatenbank

Die Portnummer für die Internetverbindung ist willkürlich gewählt; es kann auch die übliche 80 verwendet werden, wenn der DB-Serverrechner nicht zugleich einen Webserver beherbergt (zum HTTP-Protokoll siehe Abschnitt 5.2.5). HTTP ist ein einfaches Protokoll und auch deshalb für Verbindungen dieser Art sehr gut geeignet.

Als Client dient das folgende HTML-Programm, das im wesentlichen ein Eingabeformular und einen Auslöseknopf realisiert.

Programm 5-10a: Webdatenbank, HTML-Client

```
<!-- Programm 5-10a: SqlDirektHttpClient in HTML -->
<TITLE>Middleware mit HTTP-Protokoll</TITLE>
<FORM Method=get Action="http://localhost:6785">
   <INPUT Type=text Name=sql Value="SELECT" Size=30> SQL<BR>
   <INPUT Type=submit Value="Ausführen!">
</FORM>
```

Die HTML-Sprachelemente `<FORM...>` und `</FORM>` definieren ein Formular. In diesem Formular sind

*   `<INPUT Type=input...>`, ein Textfeld für die Eingabe von SQL-Ausdrücken, und

*   `<INPUT Type=submit>`, ein Taster zum Auslösen des Versands der Formularwerte an die Middleware, enthalten.

Als Übertragungsmethode für das Formular muß das Attribut `Method` mit dem Wert `get` versehen werden.

Das GUI des Client hat in HTML zwei getrennte Ansichten für die Eingabe und für die Ergebnisanzeige, vgl. Abbildung 5-20. Links kann in ein Formularfeld eine SQL-Anweisung eingetragen und durch Knopfdruck oder Eingabetaste zur Ausführung gebracht werden. Rechts ist das Ergebnis dieser Aktion angezeigt. Um zur Eingabe zurückzukehren, muß über die Knopfleisten des Browsers zurücknavigiert werden.

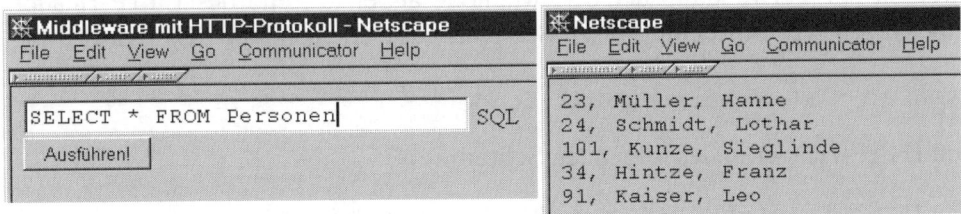

Abbildung 5-20: Graphische Oberflächen des Client

Die Middleware ist weitgehend identisch mit der des Beispiels in Abschnitt 5.3.1. Die demgegenüber vorgenommenen Änderungen zur Anpassung an das

HTTP-Protokoll und den HTML-Client sind im Programmtext durch Fettschrift kenntlich gemacht.

Programm 5-10b: Webdatenbank, Middleware

```
// Programm 5-10b:   ./JDBCclientserver/SqlDirektHttpServer.java
import java.io.*;
import java.net.*;
import java.sql.*;

public class SqlDirektHttpServer {
  final static int LF = 10, port = 6785;
  ServerSocket servsock;
  Connection c; Statement s;
  int zähler;

  public SqlDirektHttpServer() {
    try {
      registerDatabase();
      servsock = new ServerSocket(port);
      System.out.println(
              "\nMiddleware Server auf Port "+port+" ...\n");
    }
    catch (Exception ex) {ex.printStackTrace();}
    while(true) {                                    // Serverschleife
      StringBuffer  buf = new StringBuffer();
      String addr = "";
      try  {
        Socket lauschen = servsock.accept();
        byte[] ad = (lauschen.getInetAddress()).getAddress();
        for (int i = 0; i < 4; i++) addr += (ad[i]&0xff) + ".";
        InputStream in = lauschen.getInputStream();
        PrintWriter out =
                new PrintWriter(lauschen.getOutputStream());
        zähler++;
```

Die vom Client übertragenen Anforderungsdaten sind Bestandteil der URL und werden bei Verwendung der GET-Methode als erste Zeile des HTTP-Headers übertragen (vgl. Abschnitt 5.2.5). Beispielsweise erscheint die SQL-Anweisung

```
SELECT * FROM Kurse WHERE kcode >= 3
```

im HTTP-Header in der folgenden Schreibweise:

```
?sql=SELECT+*+FROM+Kurse+WHERE+kcode+%3E%3D+3/
```

Beim zeichenweisen Einlesen werden deshalb zunächst die eingehenden Zeichen so lange übergangen (skip=true), bis das Gleichheitszeichen erkannt wird. Danach werden die Zeichen der SQL-Anweisung so lange eingelesen und in einem Stringpuffer gesammelt, bis entweder ein Schrägstrich „/" festgestellt wird oder die Zeile beendet ist, im letzten Falle das eingelesene Zeichen also den Wert 10 (LF – LineFeed) hat. Da die Leerzeichen in der SQL-Anweisung durch Pluszeichen „+" substituiert sind, werden diese wieder auf Leerzeichen zurückgesetzt. Browser kodieren auch Kommata, Größer- und Gleichheitszeichen in die hexadezimale Form %2C, %3E und %3D. Die erforderliche Rückwandlung in die entsprechenden Zeichen geschieht im else if -Block mit der Bedingungsklammer (ch == '%').

```
        boolean skip = true;
        for (int ch; (ch = in.read()) != LF;) {
          if (skip) { if (ch == '=') skip = false; }
          else if (ch == '+') buf.append(' ');
          else if (ch == '/') break;
          else if (ch == '%') {
            StringBuffer temp = new StringBuffer();
            temp.append((char) in.read());
            temp.append((char) in.read());
            buf.append(
                (char) Integer.parseInt(temp.toString(), 16));
          }
          else buf.append((char) ch);
        }
        out.print(queryDatabase(buf.toString()));
        out.close();
      }
      catch (Exception ex) {ex.printStackTrace();}
      System.out.println(zähler+": "+addr+" "+ buf.toString());
    }
  }
  private void registerDatabase() throws Exception {
    Class.forName("sun.jdbc.odbc.JdbcOdbcDriver");
    c = DriverManager.getConnection("jdbc:odbc:Kurse");
    s = c.createStatement();
  }
```

In der Methode wird der Stringpuffer buf mit dem HTML-Sprachelement <PRE>, gefolgt von „#\n", initialisiert. <PRE> sorgt dafür, daß Zeilenumbrüche und Leerzeichen in dem sich anschließenden Text auch als solche ausgegeben werden (ohne <PRE> würden z.B. Zeilenumbrüche als Leerzeichen wiedergegeben).

```
  private String queryDatabase(String sql) {
    StringBuffer buf = new StringBuffer("<PRE>#\n");
    try {
      boolean resultset = s.execute(sql);
      if (resultset) {
        ResultSet rs = s.getResultSet();
        ResultSetMetaData rsmd = rs.getMetaData();
```

```
            while(rs.next()) {
                for (int i  = 1, max = rsmd.getColumnCount();
                                        i <= max; i++)
                    buf.append(
                        rs.getString(i) + (i == max ? "\n" : ", "));
                }
            }
            else
                buf.append(
                    String.valueOf(s.getUpdateCount()) + " Zeile(n)");
        }
        catch (Exception ex) {
            buf = new StringBuffer(
                        "SQL-Fehler!\n" + ex.getMessage());
        }
        finally { return buf.toString(); }
    }
    public static void main(String[] args) {
        new SqlDirektHttpServer();           // Server starten
    }
}                                   // Ende class SqlDirektHttpServer
```

5.4.2   Datenbankanschluß mit CGI

Webserver liefern auf Anforderung entweder direkt Dateien oder übergeben die Anforderung zur Bearbeitung an Programme, die dann für die Informationslieferung an den Client verantwortlich sind. Für die Weitergabe an Programme bieten fast alle Webserver ein sogenanntes *Common Gateway Interface (CGI)* an. Entsprechend Abbildung 5-21 ruft der Webserver auf Anforderung von einem Webclient das CGI-Programm auf und übergibt ihm die Anforderung. Das Programm erhält die Daten aus dem HTTP-Header über Umgebungsvariable und die Daten über den Standard-Input. Das CGI-Programm selbst formt die Anforderung in SQL-Anweisungen um, übergibt sie dem DB-Server zur Ausführung und gibt, abhängig von einer evtl. Geschäftslogik, eine mehr oder minder stark bearbeitete Antwort über das Internet als Standard-Output zurück. Will man Datenbanken für Webclients nutzbar machen, so bietet sich also ein Rückgriff auf CGI unmittelbar an.

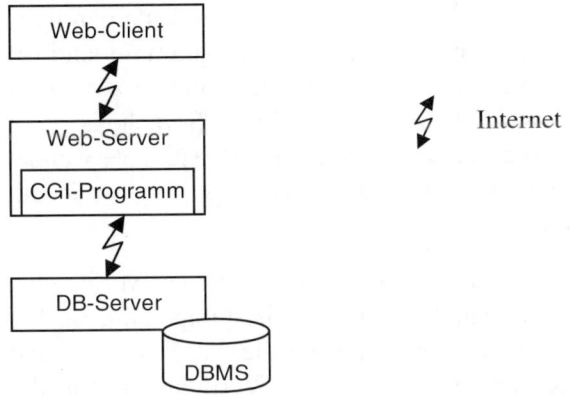

Abbildung 5-21: Datenbankanbindung mittels Webserver und CGI

Leider gibt es unter Windows 9x/NT, abhängig von der verwendeten Webserversoftware, mehr oder weniger große Hindernisse, mit diesem Verfahren eine in Java geschriebene Middleware direkt zu starten. Eines davon ist, daß HTTP-Parameter in Umgebungsvariablen bereitgestellt sind, auf die ein Java-Programm keinen direkten Zugriff hat, und weitere Probleme können beim Andocken der Datenströme an das Java-Programm und mit Klassenpfaden bestehen. Für die meisten Webserver können diese Hindernisse durch Vorschalten eines Programms, das im wesentlichen nur das Java-Programm mittels der JVM startet, umgangen werden (Abbildung 5-22), allerdings auf Kosten des Durchsatzes.

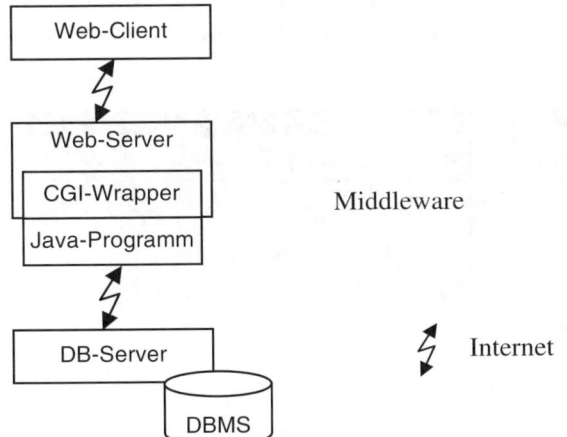

Abbildung 5-22: Datenbankanbindung mittels Webserver und CGI unter Verwendung eines CGI-Wrappers

Solche Zwischenprogramme heißen auch *Wrapper*, weil sie um das eigentliche Programm geschrieben sind, es sozusagen einhüllen. CGI-Programme sind oft in der interpretativen, syntaktisch von C inspirierten Programmiersprache *Perl* geschrieben (Bezugsquelle siehe Abschnitt "Webware"). Diese Sprache ist auch für die Programmierung des CGI-Wrappers im folgenden Beispiel verwendet worden. Einer der Vorzüge besteht darin, daß diese Technik bei fast jedem Webserver angewandt werden kann.

Diese Art der Anbindung von Java-Programmen über CGI ist zwar vergleichsweise einfach, jedoch, wie bereits erwähnt, nicht sehr leistungsfähig, da bei jeder Anforderung erst das Perl-Programm und danach die JVM geladen und gestartet werden muß und schließlich auch noch die Verbindung mit der Datenbank herzustellen ist. Es sind also immer wieder relativ zeitaufwendige Vorgänge in Gang zu bringen, d.h. großer Durchsatz darf nicht erwartet werden. Bei geringfügigen Anforderungsraten, als Übergang oder für Prototypen, kann dieser Lösungsweg aber durchaus akzeptabel sein.

Programm 5-11 ist ein Beispiel für eine entsprechende Middleware, in der Webserverfunktionalität, ein Java-Programm und ein in Perl geschriebener CGI-Wrapper zusammengefaßt sind. (Das Beispiel macht nebenbei aber auch Vorgänge in Webservern etwas tranparenter.)

Als Client ist im Beispiel ein HTML-GUI verwendet (Abbildung 5-23). In eine Eingabemaske können Vor- und Nachname eingegeben werden, gegebenenfalls unter Zuhilfenahme von Jokerzeichen. Nach Drücken der „Ausführen!"-Taste werden sowohl der Tabellenname als auch die Spaltennamen und Vergleichswerte für die WHERE-Klausel einer SELECT-Anweisung an die Middleware geschickt, die dann das Ausführungsergebnis als HTML-Datenstrom zurückgibt.

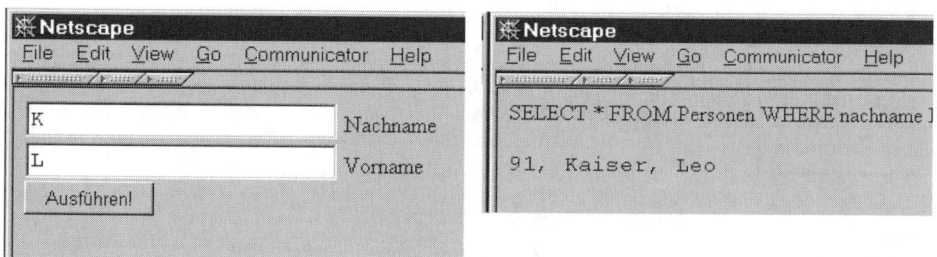

Abbildung 5-23: Client-GUI, siehe Programm 5-11a-c

Im HTML-Teil des Programmbeispiels (Programm 5-11a) ist der Name der Tabelle, in der die Abfrage durchgeführt werden soll, in einem verborgenen Formularfeld vorgegeben (INPUT Type=hidden), und die Vergleichswerte können in Textfelder eingegeben werden (`INPUT Type=text`). An die Middleware werden die Formularwerte nach Drücken des „Ausführen!"-Tasters (`INPUT Type=submit`) versandt.

Programm 5-11a: Middleware mit CGI-Anbindung: HTML-Client

```
<!-- Programm 5-11a:  SqlUeberCgi, HTML-Teil -->
<FORM Method=get
      Action=http://localhost:80/cgi-bin/Jdbc/SqlUeberCgi.pl>
  <INPUT Type=hidden Size=20 Name=tabelle Value=Personen>
  <INPUT Type=text Size=20 Name=nachname> Nachname<BR>
  <INPUT Type=text Size=20 Name=vorname> Vorname<BR>
  <INPUT Type=submit Value="Ausführen!">
</FORM>
```

Nebenbei bemerkt, würde der Eintrag `http://localhost/cgi-bin/` `Jdbc/SqlUeberCgi.pl?tabelle=Personen&nachname=K&vorname=L` in das „location"-Feld des Netscape Navigator zu einem gleichartigen Ergebnis führen.

Die Funktion des Perl-Programms besteht darin, die Anforderungsdaten entgegenzunehmen und umzuformen, diese an das Java-Programm weiterzureichen und schließlich die Ergebnisse direkt dem Client zurückzugeben. Die einzelnen Programmschritte sind (Numerierung wie in Programm 5-11b):

1. Der Webserver setzt eine Reihe von Umgebungsvariablen, unter anderem solche, aus denen der Modus der Parameterübermittlung aus dem Formular (`GET` oder `POST`) und, im Falle von `POST`, die Datenpufferlänge entnommen werden können. Perl erhält sie mit Aufruf als sog. Hash- oder assoziatives Array `%ENV` (Element von `%ENV` ist z.B. `$ENV{'REQUEST METHOD'}`), dessen Inhalte über Textschlüssel adressiert werden.

2. Es werden vorbereitend die `CLASSPATH`- und `PATH`-Variablen für den JVM-Aufruf `java SqlUeberCgi...` gesetzt.

3. Der Auftrag des Client wird in die Variable `$query` kodiert, beispielsweise der String „tabelle=Personen&nachname=K&vorname=L". Je nach Anforderungsmodus geschieht dies entweder durch Einlesen über den Internet-Socket (`POST`-Methode) oder aus der Umgebungsvariablen `QUERY_STRING` (`GET`-Methode).

4. Der String „tabelle=Personen&nachname=K&vorname=L" wird in „tabelle Personen nachname K vorname L\n" (\n ist ein Zeilenumbruch) konvertiert, an den JVM- und Programmaufruf in `$auftrag` als Kommandoparameter angehängt und der Aufruf dann mit `` `$auftrag` `` (die Akzente sind Bestandteil des Aufrufs!) ausgeführt.

Die Antwort des Java-Programms wird in der Variablen $antwort gespeichert.

Mit Perl sind solche String-Konvertierungen über sogenannte *Reguläre Ausdrücke* besonders einfach durchführbar; im Java-Programm würden die gleichen Manipulationen ein Vielfaches an Programmanweisungen erfordern.

5. Die Anwort des Java-Programms $antwort wird auf Standard-Output ausgedruckt, d.h. an den Client zurückgegeben.

Programm 5-11b: Middleware mit CGI-Anbindung: Perl-Wrapper

```
# Programm 5-11b:  SqlUeberCgi, CGI-Wrapper in Perl

$auftrag = "java SqlUeberCgi";    # JVM-Aufruf als String

#1 Standard-I/O ist HTTP-Socket bei Aufruf durch Webserver
#1 Von HTTP definierte Umgebungsvariablen einlesen
$method = $ENV{'REQUEST_METHOD'};        # POST oder GET
$length = $ENV{'CONTENT_LENGTH'};        # Puffergröße

#2 Windows/DOS-Umgebungsvariablen definieren
$ENV{'PATH'}      = 'C:\\Compiler\\Java\\1.1\\bin';
$ENV{'CLASSPATH'} =
    'C:\\Compiler\\Java\\1.1\\lib;C:\\httpd\\HtDocs\\JDBC\\';

#3 Clientauftrag von Standard-Input (STDIN) bei POST oder
#3 aus Umgebungsvariable Bei GET einlesen
if      ($method =~ /POST/i) { read(STDIN, $query, $length); }
elsif ($method =~ /GET/i)   { $query = $ENV{'QUERY_STRING'}; }

#4 übergebene Name/Value-Parameterpaare extrahieren
#4 Muster-String:    tabelle=Personen&nachname=K&vorname=L
@pars = split(/\&/, $query);
for ($i = 0; $i <= $#pars; $i++) {
  ($key, $value) = split(/=/, $pars[$i]);
  $auftrag .= " \"$key\" \"$value\""
}
$antwort = `$auftrag`;    # JVM-Aufruf; Rückgabedaten zuweisen

#5 Serverantwort auf Standard Output (STDOUT) ausdrucken
print STDOUT "\n<!--Auftrag: $auftrag-->\n", "$antwort\n";
```

Das Serverprogramm ist sehr kurz und wird vermutlich kaum Geheimnisse bergen. Angemerkt sei lediglich, daß die SQL-Anweisungen nicht angemessen mit PreparedStatement-Objekten vorbereitet werden können. Das Imaginary-Treiberpaket für MiniSQL ist nicht JDBC-konform, insbesondere ist in dem Treiberpaket die Klasse PreparedStatement nicht enthalten. Statt dessen wird die SQL-Anweisung per Stringverkettung unter Verwendung des in den

Argumenten `args[]` übermittelten Tabellennamens und der Spaltenname/
Spaltenwert-Paare (Fettdruck) zusammengestellt.

Programm 5-11c: Middleware mit CGI-Anbindung

```
// Programm 5-11c:    ./JDBCclientserver/SqlUeberCgi.java
import java.sql.*;
public class SqlUeberCgi {
  public SqlUeberCgi(String[] args) {
    String sql = "SELECT * FROM ";
    if (args.length >= 2 &&
                     args[0].toLowerCase().equals("tabelle"))
      sql += args[1];
    StringBuffer buf = new StringBuffer("<PRE>#\n");
    for (int i = 2; i < args.length; i += 2) {
      if (i == 2) sql += " WHERE ";
      sql += args[i] + " LIKE '" + args[i+1] + "%'";
      if (i < args.length - 2) sql += " AND ";
    }
    try {
      System.out.println(sql);
      Class.forName("com.imaginary.sql.msql.MsqlDriver");
      Connection c = DriverManager.getConnection(
                       "jdbc:msql://localhost:1112/Kurse");
      Statement s = c.createStatement();
      ResultSet rs = s.executeQuery(sql);
      ResultSetMetaData rsmd = rs.getMetaData();
      while(rs.next()) {
        for (int i = 1, max = rsmd.getColumnCount();
                                         i <= max; i++)
          buf.append(rs.getString(i) + (i == max?"\n":", "));
      }
    }
    catch (Exception ex) {
      buf = new StringBuffer("SQL-Fehler: " + ex.getMessage());
    }
    finally {
      System.out.println(buf);
    }
  }
  public static void main(String[] args) {
    new SqlUeberCgi(args);              // Programm starten
  }
}                                      // Ende class SqlUeberCgi
```

Eine nicht unerhebliche Verbesserung der Leistungsfähigkeit läßt sich erreichen, wenn die Java-Middleware als Server, wie in der folgenden Abbildung
5-24 skizziert, konzipiert wird.

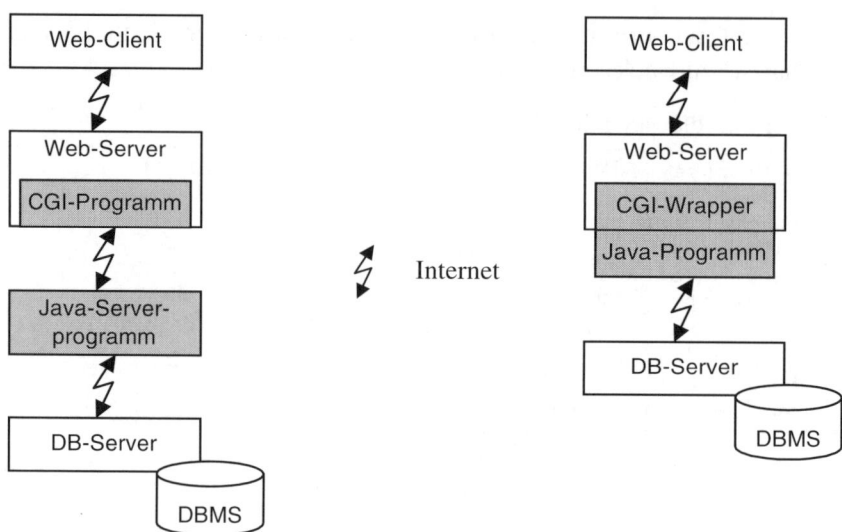

Abbildung 5-24:   Datenbankanbindung mittels Webserver, CGI und Middleware-
Server (links); zum Vergleich das Beispiel mit CGI-Wrapper für die
Middleware (rechts)

Die wesentlichsten Änderungen würden das in Perl geschriebene CGI-Programm betreffen, das einer relativ umfangreichen Socket-Programmierung bedarf. Deshalb – und weil es mit z.B. Servlets geeignetere Verfahren gibt – wird auf eine Exemplifizierung der erforderlichen Änderungen in den entsprechenden Vorgängerprogrammen verzichtet.

Abbildung 5-24 links legt die Trennung des Mittelteils in zwei funktionell weitgehend unabhängige Teile nahe, kann also auch als Beispiel für eine Vierebenen-Client/Server-Architektur herangezogen werden. Sie besteht aus den folgenden Ebenen:

1.   dem Client als Präsentationsebene;

2.   einem Webserver zusammen mit einem CGI-Programm als Verteilungs-
ebene;

3.   einem Applikationsserver als „Business"- oder Anwendungsebene und

4.   einem SQL-Server als Persistenzebene.

5.4.3   Datenbankanschluß über Servlets

Java-Servlets sind plattformunabhängige Java-Programme, mit denen man die Funktionalität von Webservern analog CGI erweitern kann ([SUN 98]). Servlets

interagieren über ihre virtuelle Maschine, die „Servlet-Maschine", im Anforde-
rungs-Antwort-Schema mit dem Webserver, in den das Servlet eingebettet ist
(das Schema ist an HTTP orientiert). Wichtig ist, daß in diesem Schema keine
weiteren Programmladevorgänge und Programmaufrufe mehr erforderlich sind,
Java-Programme also so eng wie überhaupt denkbar an den Webserver gekop-
pelt sind.

Servlets und CGI sind nicht die einzige Art der Programmkopplung an Webserver. Konkurrenzprodukte sind beispielsweise das herstellerspezifische ISAPI
für den Information Server von Microsoft (Internet Server Application Programming Interface) und NSAPI für den Enterprise Server von Netscape (Netscape Application Programming Interface).

Im folgenden Bild ist ein Servlet in Dreiebenenanordnung für Desktop-Datenbanken bzw. Datenbankserver der – weitaus weniger leistungsfähigen! – CGI-
basierten Lösung gegenübergestellt.

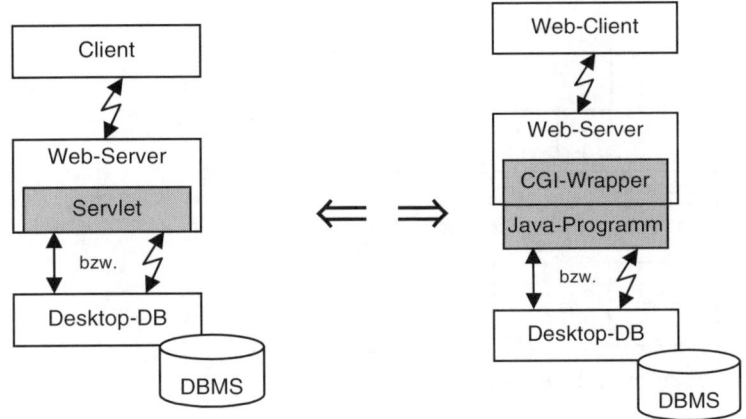

Abbildung 5-25:   Servlet und CGI-Analogon für Desktop-/Server-Datenbanksysteme

Abschließend sind als Beispiele einige wenige Webserver angegeben, in die mit
unterschiedlichem Aufwand Servlets einbettbar sind:

- Apache ab Version 1.1.3
- Sun Java Webserver
- Jigsaw (W3 Konsortium)
- Microsoft Internet Information Server ab Version 3

5.5   Middleware und CORBA

Der Begriff Middleware wird mehr oder weniger für alles verwendet, was in irgendeiner Form vermittelnd zwischen Client und Server tritt, und ist dementsprechend schemenhaft. (Der Versuch einer Systematisierung ist z.B. im Informatik-Spektrum 19:249-256(1996) zu finden.)

Aller Middleware gemeinsam ist aber, daß sie dem Client APIs anbietet, um die Dienste des Servers zu vermitteln. In verteilten Umgebungen sorgt sie für die Übertragungsvorgänge durch das Netzwerk, und sie bewerkstelligt die Bearbeitung bzw. Aufbereitung sowohl der Anforderung des Client als auch der Antwort des Servers an den Client. Middleware ist fast immer beides, *Verteilungsplattform* und *Anwendungplattform*. Abbildung 5-26 zeigt Middleware in ihrer Funktion als Verteilinstanz, an die Clients und Server gebunden sind. APIs, Applikationslogik etc. sind durch die Kästchen, über die die Anbindung erfolgt, angedeutet.

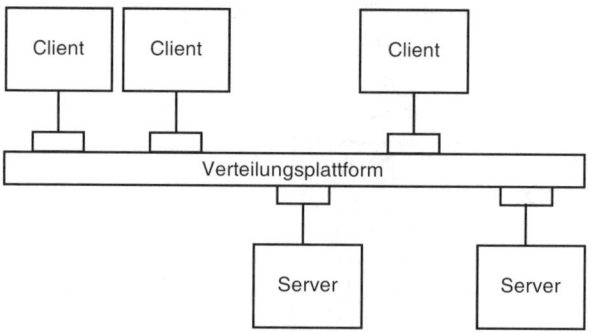

Abbildung 5-26: Client/Server und Verteilungsplattform

Middleware ist Gegenstand von Normierungs- und Standardisierungsbemühungen, die mittlerweile weit fortgeschritten sind. Das bekannteste und universellste Standardisierungsprojekt ist wohl CORBA, und mit CORBA soll dieses Kapitel in Form einer knappen Übersicht abgeschlossen werden.

An welcher Stelle CORBA in Client/Server-Strukturen ansetzt, kann der Abbildung 5-27 entnommen werden.

Auf der linken Seite des Bildes ist eine Dreiebenenstruktur mit einem Applikationsserver als Middleware, die über JDBC an ein Datenbanksystem gebunden ist, skizziert. Das dort grau markierte Applikationsserverkästchen ist auf der rechten Seite des Bildes CORBA-gerecht transformiert. An die Stelle des Applikationsservers tritt ein Applikationsobjekt, und der Client interagiert mit diesem Objekt über sogenannte Stubs und Skeletons sowie über ein als „ORB/IIOP" bezeichnetes Gebilde. Der ORB, der *Object Request Broker*, makelt zwischen Client und Applikationsobjekt, ggf. über das Internet unter Verwendung von IIOP (*Internet Inter-ORB Protocol*), und das Applikationsobjekt steht über JDBC mit dem Datenbankserver in Verbindung.

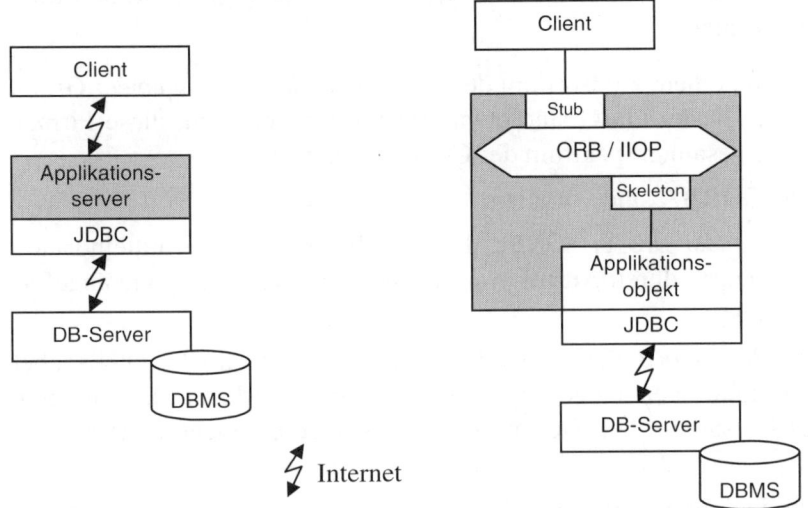

Abbildung 5-27: Der Middleware-Server aus Abbildung 5-18 im Vergleich mit einer CORBA-Lösung

Die inhärente Vielfalt von Middleware ist also systematisierbar; insbesondere ihre Funktion als Verteilungsplattform bietet dazu Ansatzpunkte. Fast immer beruhen Verteilungsplattformen auf Normen aller Art, und solche Normen können kategorisiert werden, beispielsweise in

- *dienstspezifische* wie etwa ODBC, JDBC und Oracle SQL*Net;
- *internetspezifische* wie HTTP/CGI;
- *kooperative* wie SMTP, POP und NNTP sowie insbesondere
- *objektspezifische* wie CORBA/IIOP, COM+ und RMI.

Neuerdings gewinnen *komponentenspezifische* Plattformen als Varianten der objektspezifischen an Interesse, insbesondere solche für sogenannte Enterprise JavaBeans.

Von Bedeutung sind vor allem diejenigen Plattformen, die sich in objektorientierte verteilte Umgebungen bruchlos einfügen. Das leisten

- sprach- bzw. hersteller*spezifisch*:   *RMI* von Sun und *COM+* von Microsoft sowie

- sprach- und hersteller*unabhängig*: *CORBA* der Object Management Group (OMG).

CORBA, die *Common Object Request Broker Architecture*, ist nach [Orfali 99] „das bedeutendste (und ehrgeizigste) Middleware-Projekt, das jemals ... unternommen wurde". CORBA ist danach *die* Middleware, die jegliche Middleware zu subsumieren vermag.

CORBA wurde von einem Konsortium des Namens *Object Management Group* (*OMG*) entworfen. In der OMG sind etwa 800 Firmen vertreten; diese Firmen repräsentieren das gesamte Spektrum der Computerindustrie.

Bestandteile von CORBA sind vor allem

- der *Object Request Broker* (*ORB*), d.i. eine Instanz, die vermittelnd tätig wird, wenn Dienste durch Aufruf von Methoden verteilter Objekte angefordert werden, und

- das *Internet Inter-ORB Protocol* (*IIOP*), das unterschiedliche ORBs über Internetprotokolle aneinanderkoppelt und damit z.B. erlaubt, daß aus dem ORB eines Herstellers Dienste im ORB eines anderen angefordert werden können.

Spezifikationen, Dokumentationen und Literaturangaben zu CORBA erhält man direkt bei der OMG.

In den folgenden Abschnitten wird zunächst die Architektur der Objektwelt beschrieben, in der CORBA spielt. Dem schließen sich Skizzen über die Struktur eines CORBA-ORBs und die sprachliche Beschreibung der Eigenschaften und Methoden von CORBA-Objekten an. Den Abschluß bilden ein Beispiel in Java (gleichfalls als Skizze) sowie ein Hinweis auf CORBA-Produkte.

5.5.1   OMA

In CORBA der Version 1.1 von 1991 waren im wesentlichen die Interface Definition Language (IDL) und die APIs für die Client/Server-Interaktion in einem ORB definiert, und in der Version 2.0 von 1994 schloß sich die Spezifizierung der Interoperabilität von ORBs etwa unterschiedlicher Hersteller an (IIOP). Dem Programmierer präsentiert sich CORBA über IDL (vgl. Abschnitt 5.5.3).

All dem zugrunde liegt *OMA*.

OMA, die *Object Management Architecture*, ist in Abbildung 5-28 skizziert. Das Herz der Architektur ist der ORB, dem standardisierte Dienste und „Facilities" sowie die Schnittstellen zu den eigentlichen Diensten beigeordnet sind. Clients docken an diese Struktur an. Sie sind die eigentlichen Nutzer dieser

Infrastruktur, daneben aber auch die CORBA-Komponenten selbst, z.B. die Common Facilities.

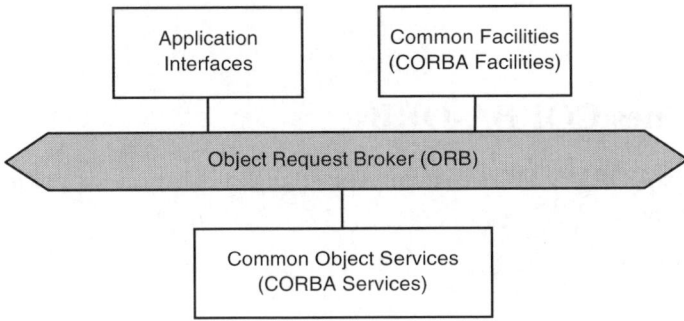

Abbildung 5-28: OMA

Die Bausteine der Architektur im einzelnen sind:

- *Object Request Broker (ORB)*

  Mittels des Object Request Broker werden Informationen zwischen Clients und Serverobjekten ausgetauscht, und zwar unabhängig davon, auf welcher Plattform oder mit welchem Compiler die Objekte implementiert wurden. Serverobjekte können ihrerseits Clients von anderen Serverobjekten sein. Auf dieser Basis können Anwendungen komplexester Art realisiert werden.

- *Application Interfaces*

  Application Interfaces sind die Schnittstellen von Anwendungen, die potentiellen Clients und anderen Anwendungen angeboten werden.

- *Common Object Services*

  Die Common Object oder CORBA Services sind Standarddienste, von denen in Anwendungen bzw. von Clients und Servern Gebrauch gemacht werden kann. Dazu gehört beispielsweise ein *Naming-Service* in Form eines Verzeichnisses für Objektreferenzen und ein *Event-Service*, der statt direkter Methodenaufrufe solche Aufrufe vom Eintreten eines bestimmten Ereignisses abhängig macht.

- *Common Facilities*

  Common oder *CORBA Facilities* definieren *Anwendungs-Frameworks*, die an „Endnutzern" oder an ganzen Anwendungsgebieten bzw. Branchen (application domains) orientiert sind. CORBA ist in solchen Frameworks so eingebettet, daß die Programmierung in diesen Frameworks keine speziellen CORBA-Kenntnisse mehr voraussetzt, d.h. daß der Programmierer sich nun ganz auf das Anwendungsproblem konzentrieren kann. Branchen, die in

diesem Zusammenhang oft genannt werden, sind E-Commerce, Gesund-
heitswesen etc. Den aktuellen Stand über verfügbare CORBA-Facilities
kann man bei der OMG erfahren.

5.5.2   Struktur eines CORBA-ORBs

Die Grundstruktur eines CORBA-ORBs ist in Abbildung 5-29 in einer etwas
vereinfachten Form gezeigt.

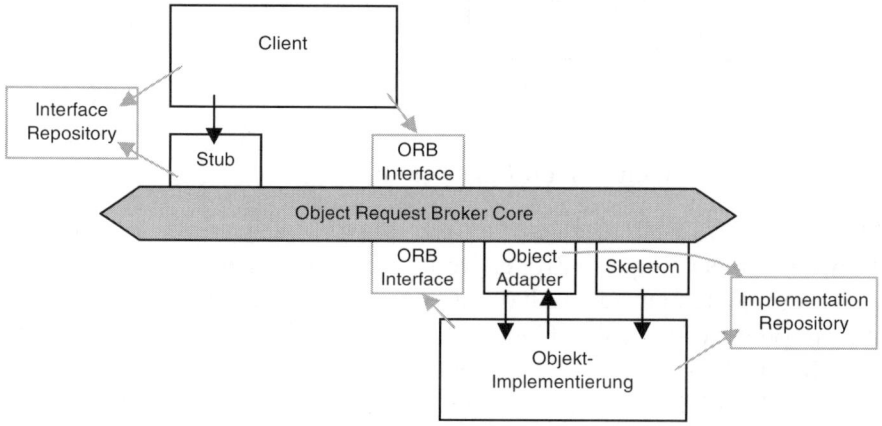

Abbildung 5-29: Struktur eines CORBA-ORBs

CORBA-Dienste stellen ihre Schnittstellen, über die sie angesprochen werden
können, als Application Interfaces zur Verfügung, und Clients sprechen über
diese Application Interfaces Dienste an. Alle Interfaces werden in einem Interface Repository gesammelt (im Bild links), und die dazugehörigen Implementierungen in einem Implementation Repository, siehe im Bild rechts. (Repository wird oft auch mit „Verzeichnis" übersetzt, z.B. Schnittstellenverzeichnis
für Interface Repository.)

Diese Repositories werden von Client und Stub bzw. dem Adapter des fernen
Objektes (Object Adapter) in Anspruch genommen (graue Pfeile; die Funktionen von Stub und Object Adapter werden etwas weiter unten erläutert). Mittels dieser Repositories beschreibt sich CORBA gleichsam selbst.

„Objektimplementierung" sind CORBA-kompatible Dienste. Sie treten in
CORBA z.B. wie in Abbildung 5-27 an die Stelle der Anwendungslogik in
Applikationsservern.

Das „ORB Interface" ist die Schnittstelle zu Diensten des ORBs, die von Clients und Objektimplementierungen verwendet werden können.

Die Dienste bzw. Objektimplementierungen haben clientseitig sogenannte *Stubs*, über die sie angefordert werden können. Ein Stub repräsentiert den lokalen Teil des fernen Objektes, dessen Methoden aufgerufen werden sollen. Skeleton ist der Teil (oder Stub) auf seiten der Objektimplementierung, der den Aufruf unter Heranziehung eines Objektadapters (Object Adapter bzw. Basic Object Adapter oder kurz BOA) der Objektimplementierung zuleitet. Stubs, Skeletons und Objektadapter sorgen dafür, daß der Client Methoden in entfernten Objekten transparent, d.h. wie in gewöhnlichen lokalen Objekten aufrufen kann.

Der Ablauf des Aufrufes einer Servermethode ist etwa der folgende (vgl. Abbildung 5-30; nach http://www.qds.com/people/apope/Corba):

1. Der Client ruft eine Methode über den Stub auf.

2. Der ORB übergibt die Aufrufanforderung an den Objektadapter weiter, der zunächst die Objektimplementierung aktiviert (der Objektadapter ist das Bindeglied zwischen ORB und Serverfunktionalität).

3. Die Implementierung ruft den Objektadapter auf, um ihm zu sagen, daß er verfügbar und aktiv sei.

4. Der Objektadapter gibt nun den eigentlichen Aufruf über den Skeleton weiter an die Objektimplementierung.

5. Die Objektimplementierung gibt das Resultat bzw. im Fehlerfall eine Ausnahme durch den ORB zurück an den Client.

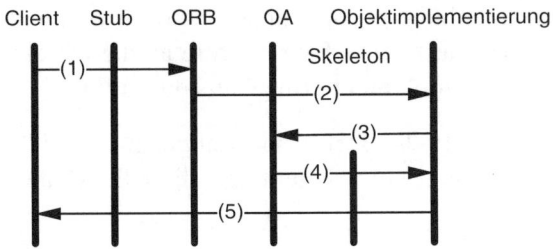

Abbildung 5-30: Ablauf einer Anforderung (OA = Object Adapter)

5.5.3   IDL

Ein wichtiger Bestandteil von CORBA ist die einheitliche sprachliche Beschreibung der Eigenschaften und Methoden von Objekten, die über den

ORB verwendet werden sollen. Dazu hat die OMG eine Sprache definiert, die *Interface Definition Language (IDL)*. Mit IDL werden die Schnittstellen zu Objektimplementierungen spezifiziert, die im Interface Repository registriert werden sollen. Beim Compilieren des IDL-Codes werden u.a. die Stubs und Skeletons erzeugt, die für die Kommunikation zwischen Client und fernem Objekt erforderlich sind (s.o.). Stubs und Skeletons sorgen auch für eine adäquate Übersetzung der Datentypen im Falle, daß Client und fernes Objekt in unterschiedlichen Sprachen implementiert sind (in CORBA als *marshalling* bezeichnet).

In Abbildung 5-31 ist die Objektimplementierung in einer Sprache wie Java, Smalltalk oder C++ vorgenommen, während das Interface zur Implementierung in IDL festgelegt ist.

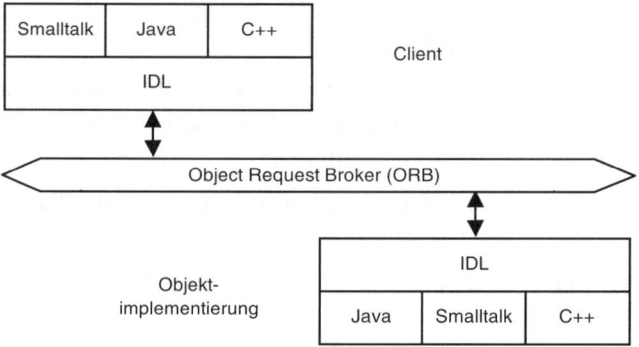

Abbildung 5-31: IDL und Implementierungssprachen

Entsprechend kann ein Clientobjekt unabhängig von seiner Implementierungssprache (Smalltalk, Java, C++) nur über dieses Interface Aufrufe an die Objektimplementierung richten, „sieht" also die Implementierung stets durch IDL.

Die Syntax der IDL ist an C++ angelehnt. Als „Definition Language" hat IDL nur deklarative Sprachmittel, kennt also keine Sprachelemente, die z.B. Abläufe beschreiben (if, while etc.).

5.5.4   Ein Beispiel in Java

Mit einem Beispiel soll grob skizziert werden, wie ein Client und ein fernes Serverobjekt (Objektimplementierung) programmiert werden und welche Rolle dabei IDL spielt (das Vorbild ist ein Java-Programm aus [Walrath 99]).

In dem Beispiel interagieren Client und Server miteinander, indem das Client-objekt die Methode say("Hello World!") im fernen Objekt aufruft; das Serverobjekt nimmt den Aufruf entgegen, verarbeitet den mitgegebenen String-Parameter „Hello World!" und antwortet selbst mit einem Text, der durch return "Salve ORBis!" an den Aufrufer zurückgegeben wird (Abbildung 5-32).

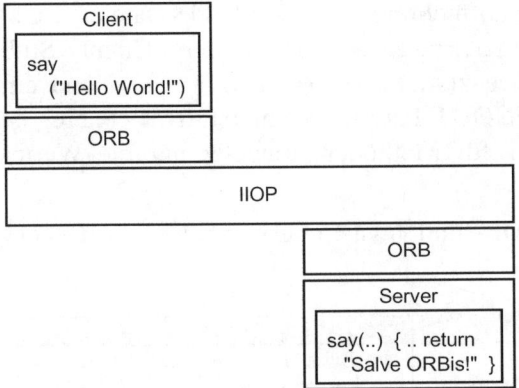

Abbildung 5-32: „Hello World!" in CORBA

Programmieren sollte man mit dem JDK 1.2, aus dem insbesondere die CORBA-Packages org.omg.* benötigt werden. Außerdem braucht man den Compiler idltojava, der IDL in Java transformiert und vor allem die erforderlichen Stubs und Skeletons für die CORBA-Kommunikation erzeugt.

Dazu sind mehrere Schritte erforderlich, von denen allerdings nur der erste ansatzweise ausgeführt ist:

1. Als erstes ist das passende Interface zum Server in IDL zu schreiben: Beim Übersetzen mit idltojava wird das Programm adäquat in Java transformiert, und es werden die erforderlichen Stubs und Skeletons für die CORBA-Interaktion erzeugt.

    Das IDL-Programm, gespeichert z.B. in der Datei Hello.idl, ist das folgende:

```
module Hello {
   interface Hello {
      String say(String s);
   }
}
```

In dem IDL-Programm wird in dem Modul Hello ein Interface gleichen Namens deklariert, und in diesem Interface als einzige die abstrakte

Methode say(). Es bestehen Analogien zu Java, wie eine noch folgende Gegenüberstellung von Java- und IDL-Code zeigt.

Dieses Programm wird mit dem IDL-Compiler idltojava in Java-Code transformiert, z.B. durch Aufruf am DOS-Prompt:

```
C:\Hello> idltojava Hello.idl
```

Das Resultat der Compilierung sind mehrere Java-Quellcode-Dateien – u.a. für den Server-Skeleton (HelloImplBase.java), den Client Stub (HelloStub.java), das Interface zum Server (Hello.java) – und ein Hilfsprogramm, das OUT- und INOUT-Parameter unterstützt. Letzteres ist erforderlich, da Java wie C/C++ für Methodenparameter nur die Werte-übergabe (Call-by-Value) kennt.

Die Entsprechungen zwischen IDL- und Java-Code werden in der folgen-den Gegenüberstellung deutlich:

Java	IDL

`package HelloApp;`
`public interface Hello extends`
`        org.omg.CORBA.Object {`
`  String say(String s);`
`}`
	`module Hello {`
	`  interface Hello {`
	
	`    String say(String s);`
	`  };`
	`};`

Für die weiteren Schritte sind die Ergebnisse des ersten erforderlich:

2. Den Server mit Java implementieren, d.h. ein ORB-Objekt erzeugen und an den ORB binden, es registrieren und in Wartestellung bringen. Das Server-programm braucht das Interface und den Skeleton.

3. Die Clientanwendung programmieren und dabei das Interface-Repository aus Schritt 2 sowie den Stub aus dem ersten Schritt verwenden.

Die Schritte 2 und 3 erfordern weitergehende Informationen über CORBA, als sie in diesem Abschnitt angeboten werden, und bereits dieses kleine Beispiel setzt einige Kenntnisse über die CORBA-Klassen des JDK 1.2 voraus. Zudem stammt das vollständige Beispiel, wie eingangs erwähnt, aus einem der soge-nannten Specialized Trails des Java-Tutorials und ist dort ausführlich beschrie-ben. Das Tutorial ist im Internet frei erhältlich.

5.5.5   CORBA-Produkte

Bekannte kommerzielle Produkte auf Java-Basis sind beispielsweise

VisiBroker von Inprise: `http://www.inprise.com/visibroker/`
Orbix von IONA: `http://www.iona.com/info/products/`

Unter `http://www.inf.fu-berlin.de/~brose/jacorb/` ist eine *freie* CORBA-Plattform erhältlich, außerdem sind dort große Mengen an nützlichen Informationen über und um CORBA gesammelt, unter anderem auch eine Übersicht über verfügbare CORBA-Produkte.

6   Ein Anwendungsbeispiel

Die in den vorhergehenden Kapiteln behandelten Themen sollen nun beispielhaft in einer Anwendung „Kursverwaltung" zusammengefaßt werden. Dabei werden für die GUI-Programmierung und das Datenmanagement professionelle Instrumente wie Oracle und Swing eingesetzt.

Als Grundlage dieser Datenbankanwendung ist eine Zweiebenenstruktur gewählt, und zwar mit Oracle8 auf der Server- und mit einer Java/JDBC-Applikation auf der Clientseite (Abbildung 6-1 links). Die Anwendung ist aber so programmiert, daß eine Verlagerung der Anwendungslogik auf eine mittlere Ebene (rechte Seite der Abbildung) einigermaßen einfach möglich sein sollte.

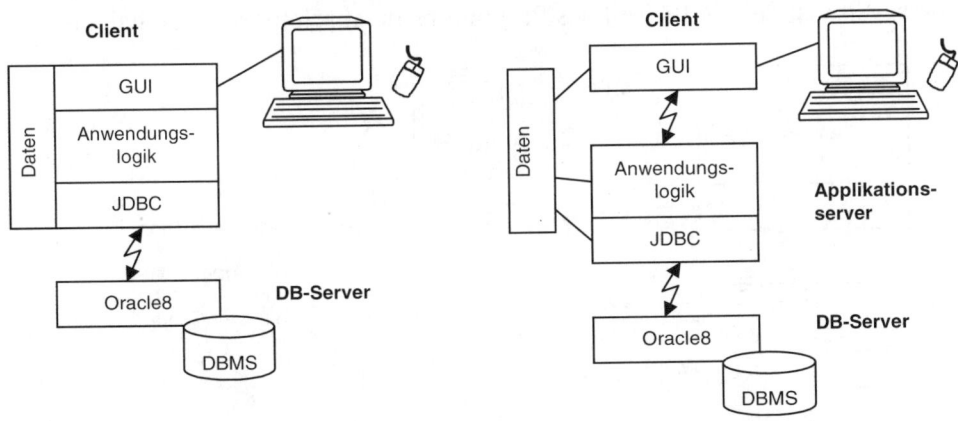

Abbildung 6-1:   Struktur der Anwendung „Kursverwaltung"; links die verwendete Zweiebenenstruktur, rechts ihre Zerlegung in drei Ebenen

Die Anbindung der Datenbank an die Anwendung erfolgt mit JDBC, und das GUI für die Datenanzeige und die Datenmanipulation beruht auf Swing-Klassen der Java Foundation Classes (JFC, vgl. Abschnitt 6.2.2).

Die Swingklassen unterstützen die systematische Trennung von GUI und Daten. Vor allem stellen sie effiziente Verfahren zur Verfügung, um die Daten graphisch wiederzugeben und umgekehrt Eingaben in Änderungen der Daten zu transformieren. Das Swing-Analogon zu Datenbanktabellen, die Klasse `JTable`, bietet sich einer solchen Verwendung geradezu an.

Als Datenbanksystem wird Oracle8 verwendet, das bereits im Zusammenhang mit vorbereiteten Anweisungen und gespeicherten Prozeduren verwendet wurde (`PreparedStatement` und `CallableStatement`). Als Tabellen werden die gleichen wie bisher verwendet, mit einigen Erweiterungen wie die Hinzunahme von Tabellen für Kunden (`Personen`) und Teilnehmer (vgl. Anhang C).

In den folgenden Abschnitten wird zunächst die Konzeption der Anwendung vorgestellt. Dazu gehören vor allem die Datenmodellierung, die Festlegung der Funktionalität und der GUIs und die Strukturierung der JDBC-Anbindung. Dem schließt sich die Darstellung der benötigten Arbeitsmittel an, wozu insbesondere das Oracle8-DBMS, die MVC-Methodik der Swing-Klassen sowie einige der Swing-Klassen selbst gehören (vgl. Abschnitt 6.2.2). Im letzten Abschnitt des Kapitels ist beispielhaft eine Komponente der Anwendung programmiert und eingehend kommentiert. (Das vollständige Programm ist im Web bereitgestellt, die Adresse ist im Abschnitt „Webware" angegeben.)

Das folgende Bild dient dem Geleit durch die Abschnitte des Kapitels und steht dort jeweils an erster Stelle nach den Überschriften, mit grauer Hinterlegung derjenigen Blöcke, die in den betreffenden Abschnitten relevant sind. Beispielsweise ist der JDBC-Teil des Programms in Abschnitt 6.1.3 enthalten.

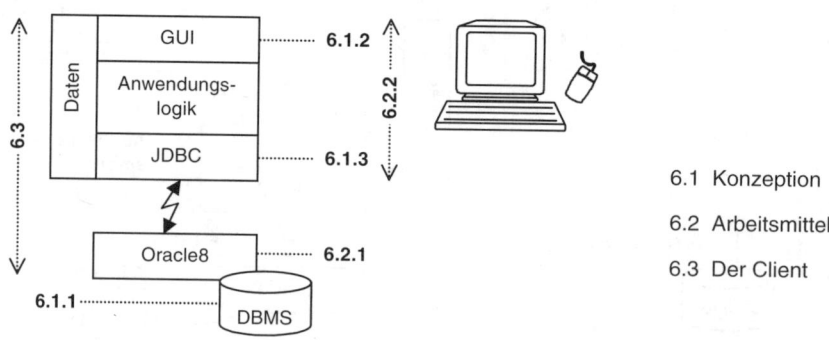

6.1 Konzeption

Ziel ist ein einfaches Kursverwaltungssystem auf der Grundlage der in den Beispielen immer wieder verwendeten Tabellen der Datenbank „Kurse" (Anhang C). Sie besteht aus Tabellen für Kurse (`Kurse`), Referenten (`Dozenten`) und Kunden (`Personen`), die an Kursen teilnehmen. Diese Tabellen enthalten die Basisbestände an Personal, Kunden und Kursen und sind somit der tragende Teil der Anwendung, d.h. sie beschreiben dessen *Statik*. Solche Daten werden auch als *Bestands-* oder *Stammdaten* bezeichnet. In der Anwendung sollen diese Bestände gepflegt, d.h. geändert, Neuzugänge registriert und ggf. veraltete Daten gelöscht werden können.

In der Tabelle `Teilnehmer` werden Zuordnungen von Personen zu Kursen vorgenommen. Diese Art der Zuordnung beschreibt *Umsätze*. Die damit verbundenen Daten werden auch *Bewegungsdaten* genannt.

6.1.1 Datenmodell

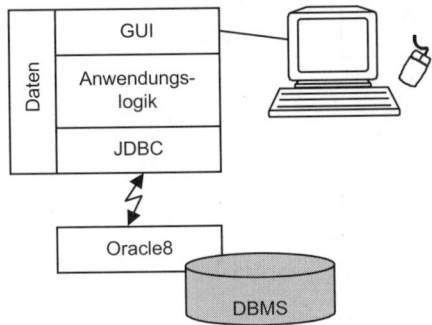

Die Datenbank besteht aus den vier Tabellen (vgl. Anhang C)

- `Dozenten(`<u>`dcode`</u>`, nachname, vorname)`
- `Personen(`<u>`pcode`</u>`, nachname, vorname)`
- `Kurse(`<u>`kcode`</u>`, dcode, typ, bezeichnung, datum, zeit)`
- `Teilnehmer(`<u>`pcode, kcode`</u>`)`

Die Schlüssel in den Tabellendefinitionen sind unterstrichen, und zwar die Primärschlüssel durchgehend und die Fremdschlüssel punktiert.

Die Beziehungen zwischen den Tabellen können der Abbildung 6-2 entnommen werden. Im einzelnen sind das:

- Ein *Dozent* hält N *Kurse*, und ein *Kurs* wird von einem *Dozenten* gehalten.

- Eine *Person* repräsentiert N *Teilnehmer* an N verschiedenen *Kursen*, und umgekehrt wird ein *Kurs* von M *Teilnehmern*, d.h. M *Personen* besucht.

Die Tabelle `Teilnehmer` ist erforderlich, um die N:M-Beziehung zwischen den Tabellen `Personen` und `Kurse` in eine 1:N- und eine 1:M-Beziehung aufzulösen. Denn sowohl in der Tabelle `Personen` als auch in der Tabelle `Kurse` müßte jeweils der Primärschlüssel der anderen Tabelle als Fremdschlüssel verwendet werden, was ohne Mehrdeutigkeiten mit Tabellen fester Spaltenzahl nicht möglich ist. (Wären mehrere Dozenten für einen Kurs vorgesehen – was durch die gewählte Modellierung ausgeschlossen wurde! –, müßte auch diese Beziehung entsprechend aufgelöst werden.)

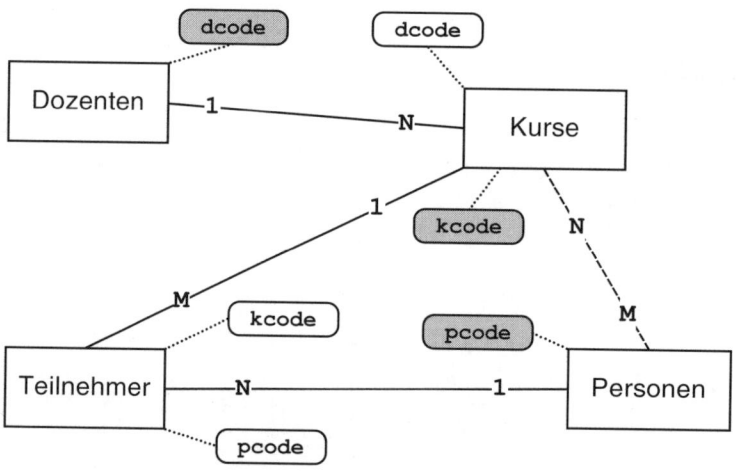

Abbildung 6-2: Datenmodell der Anwendung

Die Primär- und Fremdschlüssel, über die die Tabellen in Beziehung gesetzt werden, sind in den Kästchen mit runden Ecken angegeben. Primärschlüssel sind außerdem grau hinterlegt. Die aufgelöste N:M-Beziehung ist gestrichelt eingezeichnet.

6.1.2 GUIs

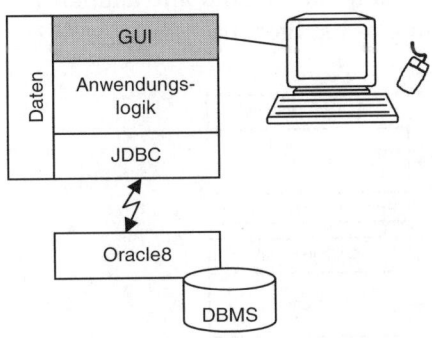

Als Grundelemente des GUI werden vor allem Swing-Tabellen verwendet, die, wie in Abbildung 6-3 gezeigt, oben mit Schaltknöpfen für das Erzeugen neuer Zeilen, das Löschen und Ändern vorhandener Zeilen und zum Erneuern der Ansicht (refresh) berandet sind. Über einen Knopf „Kursteilnehmer" beispielsweise wird ein GUI aktiviert, in dem Personen als Teilnehmer einem zuvor gewählten Kurs zugeordnet werden können. (Im Programm in Abschnitt 6.3 wird dieser Knopf allerdings dazu mißbraucht, die Datenbanktabellen wieder in ihren Urzustand zu bringen.)

Datenänderungen werden entweder direkt in den Tabellenzellen oder durch Werteauswahl in Popup-Menüs vorgenommen.

MVC Tabelle (GUI Kurse)						
Kursteilnehmer	neu	löschen	speichern	refresh		
kcode	dcode	Typ	Kursbezeichnung	Zeit	Nachname	Vo
1	10	P	Objektorientierte Programmierung...	10	Ludwig	Lui
2	3	S	JavaScript	5	Gernhardt	Wo
3	2	P ▼	JDBC	7.50	Leutner	Bri
4	3	P	HTML	5	Gernhardt	Wo
5	5	S	GUI-Programmierung mit Java	7.50	Duffing	Juli
6	27	U	Servlets	7.50	Mayer-Bör...	Juli
7	4	V	Kurs auf den Eisberg		Weizenba...	Jos
8						

Abbildung 6-3: GUI (Swing-Tabelle) für die Manipulation der Tabelle Kurse

Änderungen sowie neue Zeilen sind zunächst noch widerrufbar, und mit „refresh" kann der alte Zustand wiederhergestellt werden. Erst durch Betätigen von „speichern" werden die Änderungen in der gerade markierten Zeile persistent.

Die GUI-Struktur des gesamten Anwendungssystems ist in Abbildung 6-4 skizziert. Die GUIs für die Tabellenanzeige und -manipulation sind alle ähnlich wie die eingeblendete Swing-Tabelle aus Abbildung 6-3 aufgebaut.

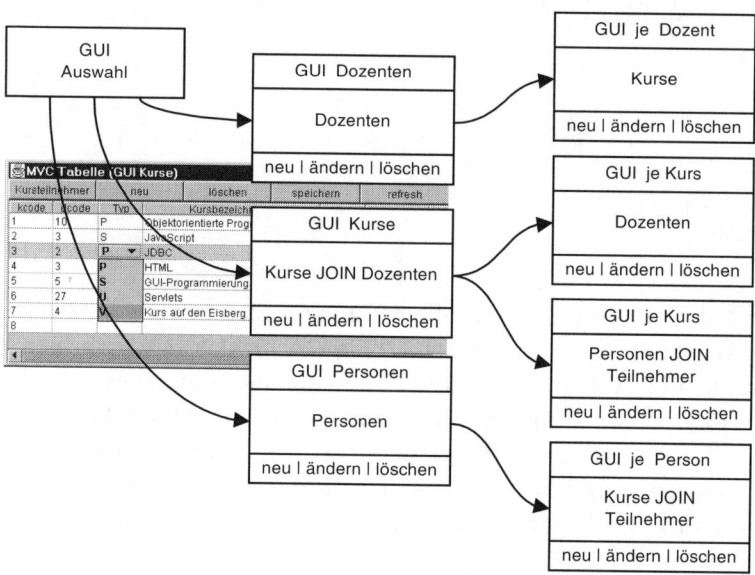

Abbildung 6-4: GUI-Struktur

Die Funktionsauswahl besteht im einfachsten Falle aus drei adäquat beschrifteten Knöpfen, die beim Betätigen zu den in der Bildmitte symbolisierten GUIs führen. In diesen GUIs können die Stammdatentabellen bearbeitet werden, und dort kann nach Wahl einer Tabellenzeile und nach Klicken eines entsprechenden Knopfes eine Zuordnung von Daten aus den anderen Tabellen erfolgen. Diese Funktionalität ist durch die vier Kästchen auf der rechten Bildseite symbolisiert:

1. *Ein* Dozent kann einen oder mehrere Kurse leiten.

2. *Einem* Kurs kann genau ein Dozent zugeordnet werden.

3. *Ein* Kurs kann ein oder mehrere Teilnehmer haben.

4. *Eine* Person kann an einem oder mehreren Kursen teilnehmen.

In jedem der Kästchen ist oben die gewählte Zeile aus der betreffenden Tabelle angegeben, z.B. „GUI je Kurs" oder „GUI je Person". Dem Mittelteil kann jeweils entnommen werden, aus welcher Tabelle oder welcher View, z.B. aus „Personen JOIN Teilnehmer", Zeilen zugeordnet werden können.

Bei jedem der Kästchen ist außer den angegebenen Funktionen „neu | ändern | löschen" noch das Berichtswesen in Form von Übersichten, Bestätigungen, Rechnungen etc. hinzuzudenken.

6.1.3   JDBC-Anbindung

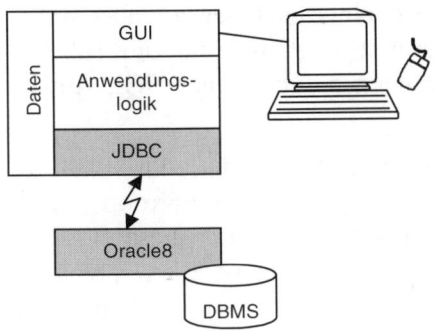

Als erstes sind einige Produktfestlegungen erforderlich, nämlich welches Datenbanksystem eingesetzt und mit welchen JDBC-Treibern dieses Datenbanksystem an Java gebunden werden soll. Sorgfalt ist dabei angebracht, denn die Bindungen an die gewählten Produkte sind in der Regel derart, daß ein Wechsel des Datenbanksystems oder des Treibers oder von beidem einigen Aufwand erfordert.

Fast jedes Datenbanksystem hat seinen eigenen SQL-Dialekt. So hat Oracle8 seine eigene Syntax für Outer Joins, die in anderen Datenbanksystemen in der Regel so nicht vorkommt. Aber selbst bei gleichen Datenbanksystemen sind die Reaktionen auf gleiche SQL-Anweisungen unter Umständen unterschiedlich, je nachdem, über welche Schnittstelle diese Anweisungen gegeben wurden. Solche Abhängigkeiten können zwar minimiert werden, beispielsweise durch Verzicht auf gespeicherte Prozeduren oder Verwendung nur eines eingeschränkten Sprachumfanges von SQL; die fast zwangsläufige Folge solcher Einschränkungen sind aber oft erhebliche Effizienzeinbußen.

Als Datenbank wird Oracle8 verwendet, und zwar als sogenannte Personal Edition. Die Personal Edition ist die Einzelnutzerversion des Oracle8-Servers und mit ihm kompatibel, d.h. alle getätigten Entwicklungen sind auf Oracle8-Server übertragbar.

Für die JDBC-Anbindung ist der `thin`-Treiber von Oracle (Typ 4) geeignet. Er ist auf der Distributions-CD von Oracle8 Personal Edition enthalten. Meiden sollte man die Verwendung des in der gleichen Distribution enthaltenen ODBC-

Treibers, der zumindest mit der JBDC-Brücke von Sun Schwierigkeiten berei-
tet, beispielsweise im Zusammenhang mit gespeicherten Prozeduren.

Die Teil-GUIs sind zwar für verschiedene Datenbanktabellen bzw. Views
zuständig, haben aber immer das Holen, Ändern, Löschen und Einfügen von
Tabellenzeilen als gemeinsame Funktionen. Die entsprechenden SQL-Anweisungen können vorbereitet werden, so daß zum Zeitpunkt des Aufrufes ggf. nur
noch die aktuellen Schlüssel bzw. Tabellenwerte eingesetzt werden müssen. Für
das Programm, das der Abbildung 6-3 zugrunde liegt, und für die Tabellen
Kurse und Dozenten sind das die im folgenden beschriebenen SQL-Anweisungen.

- SELECT wird ohne weitere Parametrisierung verwendet, d.h., daß die
  Tabelle Dozenten und die View Kurse LEFT JOIN Dozenten jeweils
  immer als Ganzes von der Anwendung gelesen werden. Für diese SELECTs
  kann also ein gewöhnliches, mit dem Standardkonstruktor erzeugtes
  Statement-Objekt angelegt und bei Bedarf entweder durch Aufruf von
  execute(*sqlAnweisung*) oder mit executeQuery(*sqlAnweisung*)
  ausgeführt werden.

  Die Tabellen Kurse und Dozenten werden im folgenden Ausdruck durch
  einen Left Join verknüpft, der sich in Oracle-SQL syntaktisch durch das
  geklammerte Pluszeichen (+) auf der rechten Seite des Vergleichsoperators
  = ausdrückt:

```
SELECT kcode, dcode, typ, bezeichnung, zeit,
       nachname, vorname FROM Kurse, Dozenten
       WHERE Kurse.dcode = Dozenten.dcode (+)
```

  Die SELECT-Operation auf die Tabelle Dozenten dient der Beschaffung
  aller Werte, insbesondere denen von dcode. Aus ihnen wird der Wertebereich (Domäne) gebildet, der für Eingaben in der entsprechenden GUI-
  Tabellenzelle der Spalte dcode in der Tabelle Kurse von Relevanz ist. Da
  alles gelesen wird, kann, wie zuvor, ohne Parametrisierung des SQL-
  Ausdrucks verfahren werden:

```
SELECT dcode,nachname,vorname FROM Dozenten
```

- UPDATE bezieht sich auf einen einzigen Datensatz, der über das Primär-
  schlüsselfeld kcode bestimmt wird. Der Wert dieses Schlüsselfeldes und
  die vorzunehmenden Änderungen ergeben sich zur Laufzeit und beziehen
  sich auf alle Spalten der Tabelle Kurse. Dieser UPDATE ist also parametrisiert und wird infolgedessen als PreparedStatement-Objekt abgelegt,

bei Bedarf mit den aktuellen Parametern versehen und mit `execute()` bzw. `executeUpdate()` (mit leeren Parameterklammern!) aufgerufen. Die SQL-Anweisung, die bei der Instanziierung des `PreparedStatement`-Objektes verwendet wird, ist

```
UPDATE Kurse
        SET dcode=?, typ=?, bezeichnung=?, zeit=?
        WHERE kcode=?
```

Die Fragezeichen stehen an denjenigen Stellen, die vor Ausführung der Anweisung mit aktuellen Werten versehen werden müssen.

- `DELETE` bezieht sich wie `UPDATE` auf einen einzigen Datensatz, der über den Primärschlüssel der ausgewählten Tabellenzeile festgelegt wird. Auch diese SQL-Anweisung wird parametrisiert und als `PreparedStatement`-Objekt abgelegt, um bei Bedarf mit `execute()` bzw. `executeUpdate()` aufgerufen zu werden:

```
DELETE FROM Kurse WHERE kcode=?
```

- `INSERT` wird über eine benutzerdefinierte gespeicherte Prozedur realisiert. Aufgerufen wird sie mit der Anweisung

```
? = call InsertKurse(?, ?, ?, ?)}.
```

Das erste Fragezeichen steht für einen Rückgabewert, nämlich den Primärschlüsselwert der eingefügten Tabellenzeile. Über die restlichen Fragezeichen sind die Spalteninhalte der einzufügenden Zeile definiert. Die Codierung der gespeicherten Prozedur selbst ist in Programm 6-3c gezeigt und wird im vorangehenden Teil b des Programms verwendet.

Ein Grund für die Verwendung einer gespeicherten Prozedur besteht darin, daß in zwei aufeinanderfolgenden Schritten erst ein neuer Primärschlüsselwert aus allen bereits vorhandenen bestimmt wird (Maximum plus 1) und dieser Schlüsselwert sodann mit der neuen Zeile in die Tabelle eingefügt wird. Im Falle der Verwendung von gewöhnlichen JDBC-`Statement`-Objekten müßten die beiden Aktionen einzeln über die JDBC-Schnittstelle und das Internet ausgeführt werden. Die Verwendung einer gespeicherten Prozedur reduziert diese Aktionen auf eine einzige, ist in der Regel also mit einem Gewinn an Effizienz verbunden und erleichtert die Meidung von Konkurrenzproblemen bei Mehrfachzugriffen.

6.2   Arbeitsmittel

Neben JDBC werden für die Realisierung der Anwendung zusätzliche Arbeitsmittel benötigt, und zwar das Oracle8-Datenbanksystem und die Swingklassen,
vor allem deren MVC-Funktionalität. Sie werden in den beiden folgenden
Abschnitten im erforderlichen Umfang erläutert.

6.2.1   Oracle8 Personal Edition

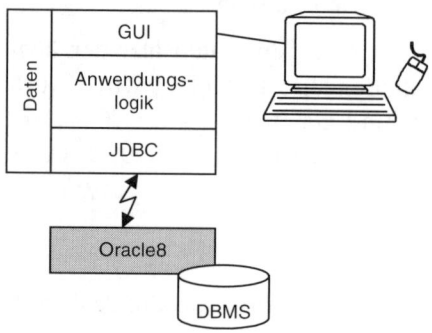

Oracle8 Personal Edition (PE) ist die Desktop-Version des Oracle8 Datenbanksystems. Oracle8 PE ist über Internet frei übertragbar und kann mit einer „No
Charge 30 Day Trial License" evaluiert werden (ca. 40 Dateien, zusammen
etwa 180 Mbyte incl. Dokumentation).

Oracle8 PE kann alles, was auch Oracle8 kann, ausgenommen sind nur die Ser-
verfunktionen. Mit Oracle8 PE entwickelte Datenbankanwendungen lassen sich
ohne weiteres in andere Oracle8-Umgebungen transportieren.

Oracle8 PE ist für die häufigsten Anwendungsfälle vorkonfiguriert. Dazu zählt
auch eine Startdatenbank mit Tabellen und Benutzern für Übungszwecke, die
man unbedingt mit installieren sollte. Die Installation unter Windows NT 4 ist
unproblematisch, und nach abgeschlossener Installation können unmittelbar
eigene Datenbanken in Betrieb genommen werden, sei es durch Import aus
anderen Datenbanksystemen wie z.B. MS Access oder durch komplette Neuent-
wicklung. (Installation und Betrieb unter Windows 9x scheinen dagegen nicht
unproblematisch zu sein.)

Für das Management kann der Oracle8 Navigator verwendet werden, der sich
mit GUIs wie den in Abbildung 6-5 gezeigten präsentiert. Mit ihm können alle
erforderlichen Manipulationen an Tabellen, Benutzern, Programmen etc. vorgenommen werden.

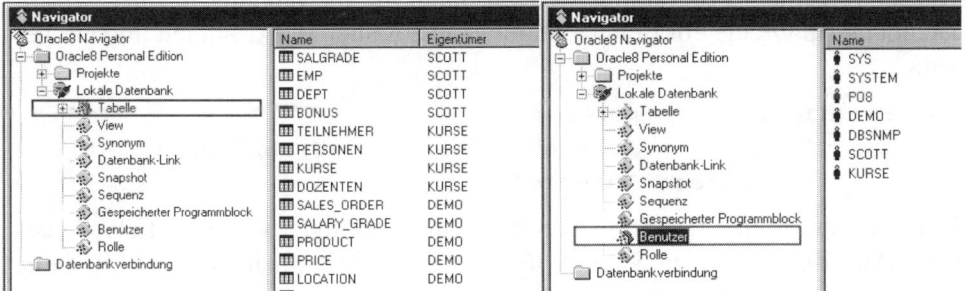

Abbildung 6-5: Oracle8 Navigator; links sind die vorhandenen Tabellen mit ihren jeweiligen Eigentümern gezeigt, rechts alle Benutzer, die als Eigentümer auftreten können

Dem Bild kann man auch entnehmen, daß, anders als beispielsweise bei MS Access, die Tabellen nach Benutzern gruppiert sind. Diese Benutzernamen werden anstelle der in Access verwendeten Datenbanknamen zur Selektion einer Tabellengruppe mittels JDBC verwendet (der Datenbankname aus JDBC-Sicht ist immer orcl, vgl. auch Abschnitt 4.2.2).

SCOTT und DEMO sind die Benutzernamen der Demonstrations- bzw. Übungstabellen in Oracle8, die in der Tabellenansicht des Navigators nach diesen Namen gruppiert angezeigt werden. KURSE ist der Benutzername für die im Buch verwendeten Mustertabellen Kurse, Dozenten, Personen und Teilnehmer.

Für die Verbindungsaufnahme über JDBC und für administrative Aufgaben wird neben dem Benutzernamen noch ein Paßwort benötigt. Da das Auffinden der voreingestellten Paßwörter in der umfangreichen Oracle8-Dokumentation langwierig sein kann, sind einige in der folgenden Tabelle zusammen mit den Benutzernamen aufgeführt (Groß-/Kleinschreibung wird *nicht* unterschieden).

Benutzer	Paßwort
SYSTEM	MANAGER
SCOTT	TIGER
DEMO	DEMO
Benutzername, z.B KURSE	Voreinstellung: ORACLE

Mit der folgenden Programmanweisung kann die Verbindung mit der Musterdatenbank (in Oracle ein Benutzername) `Kurse` über JDBC aufgenommen werden:

```
DriverManager.getConnection(
          "jdbc:oracle:thin:@localhost:1521:orcl",
          "Kurse","Oracle")
```

Benutzername und Paßwort werden auch benötigt, wenn mittels Oracle
SQL*Plus direkt an der SQL-Schnittstelle des Datenbanksystems gearbeitet
werden soll.

Zum Umgang mit dem Navigator folgen zwei Beispiele, die für die Vorberei-
tungsarbeiten wichtig sind:

1. Bei Auswahl des Ordners „Tabelle" unter „Lokale Datenbank" werden die
    Namen der Tabellen aller Nutzer angezeigt (Abbildung 6-5 rechts). Durch
    Anfahren eines Tabellennamens mit dem Mauszeiger und Klicken der
    rechten Maustaste erhält man das folgende Kontextmenü:

Datenansicht   →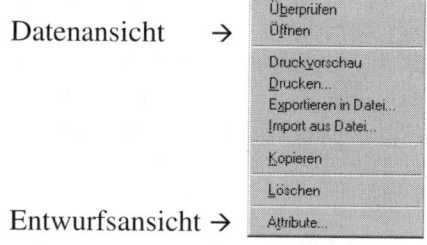

Entwurfsansicht →

Die Auswahl von „Öffnen" führt zu einer tabellarischen Datenansicht, in
der die Spaltenwerte auch verändert werden können. Bei Anklicken von
„Attribute ..." erhält man nach der zusätzlichen Eingabe des Benutzerpaß-
wortes die Tabelle in Entwurfsansicht präsentiert. Die Strukturelemente wie
z.B. Spaltentyp können modifiziert oder neue Spalten definiert oder
gelöscht werden.

2. Unter „Gespeicherter Programmblock" werden die gespeicherten Prozedu-
    ren, Funktionen und Programmblöcke aller Benutzer angezeigt.

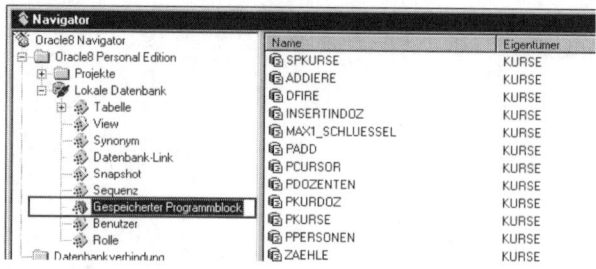

Durch Doppelklick auf einen der Programmblocknamen wird ein Fenster geöffnet, in dem das Programm des Blocks angezeigt wird und geändert werden kann. Beim Speichern des Programms oder beim Übernehmen von Änderungen geschieht eine syntaktische Überprüfung. Syntaktische Fehler werden in dem darunterliegenden Textfenster mit dem Titel „Kompilierungsfehler" angezeigt.

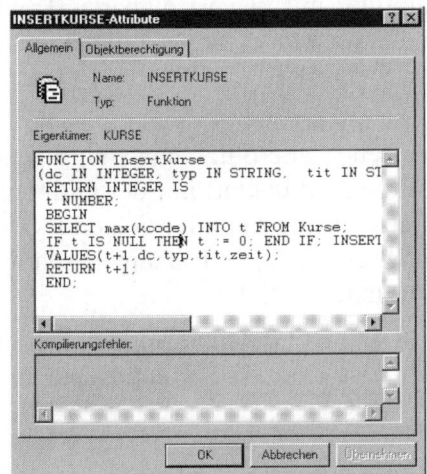

Mit diesem Hilfsmittel können alle syntaktischen Fehler in einem Programmblock beseitigt werden. Die Laufzeittests können z.B. an der Oracle-SQL-Schnittstelle (SQL*Plus) oder, was naheliegt, mit eigens geschriebenen Testprogrammen in Java/JDBC erfolgen.

6.2.2 MVC und Swing-Tabellen

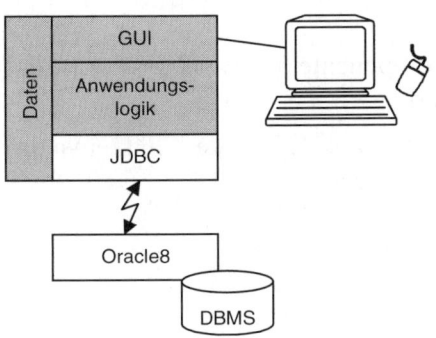

Swing bzw. die *Java Foundation Classes* (*JFC*), zu denen Swing gehört, bringen die GUI-Programmierung in Java auf ein dem Stand der Technik entsprechendes Niveau. Die Swing-Klassen sind Bestandteil des `javax.swing`-Packages, die seit JDK 1.2 als sogenannte Standarderweiterungen des JDK geführt werden (zu den Standarderweiterungen gehören auch alle anderen mit `javax` beginnenden Packages, z.B. Servlets). Da in JDK 1.2 (Java 2) JDBC in der Version 2 enthalten ist und Kompatibilität mit den verfügbaren Treibern nicht besteht, wird in diesem Buch JDK 1.1.7 verwendet, ergänzt durch die Java Foundation Classes (Version 1.1) inklusive Swing 1.1.

Swing umfaßt ca. 1200 Klassen, also mehr als doppelt so viele wie die Version 1.0 des Java Development Kits, von denen allerdings nur einige wenige hier benötigt werden. Von Wichtigkeit ist die Architektur, mit der Ordnung in diese Klassen gebracht wird, und wie aus einem Grundverständnis heraus Extrapolationen auf das Gesamtpaket möglich sind. Vollständig beschrieben sind die Swing-Klassen in der Dokumentation des JDK 1.2.

Die Model-View-Controller-Architektur (MVC) ist Gestaltungsprinzip bei allen Swing-Komponenten. In dieser Architektur ist jede GUI-Komponente in die folgenden drei Teile zerlegt:

- *Model* (Datenmodell)
  Im Model ist der Zustand der Komponente festgehalten. Unterschiedliche Komponententypen wie Rolleiste oder Tabelle haben unterschiedliche Models. Das Model einer Rolleiste beispielsweise enthält die aktuelle, minimale und maximale Schieberposition. Das Model selbst ist unabhängig von der graphischen Ausgestaltung der Komponente.

- *View* (Aussehen)
  Die View bestimmt das Aussehen der Komponente auf dem Bildschirm. Sie stellt die Daten des Models graphisch dar.

- *Controller* (Steuerung)
  Der Controller legt fest, wie die GUI-Komponente auf Ereignisse, z.B. auf Mausklicks und Tastatureingaben, reagiert.

View und Controller bestimmen das sogenannte Look & Feel des GUI, etwa das der Windows 9x/NT- oder das einer Motiv-Oberfläche.

In Abbildung 6-6 ist als Beispiel eine Rolleiste gezeigt.

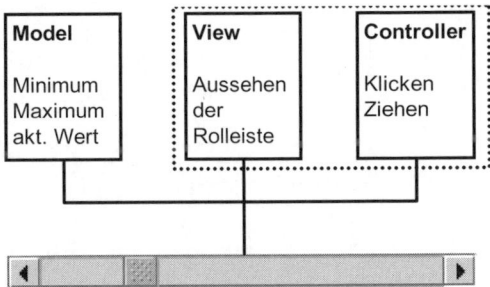

Abbildung 6-6: Rolleiste (Scrollbar) und MVC

Das Model enthält außer dem aktuellen Stellwert des Rolleistenschiebers dessen Wertebereichsgrenzen. Die View sorgt für die Ausgabe der Leiste, wie im Bild gezeigt, und der Controller sorgt dafür, daß Verstellungen durch Mausklicken oder Mausziehen im Model festgehalten werden.

Die MVC-Elemente interagieren wie in Abbildung 6-7 gezeigt. Trifft ein Ereignis ein, beispielsweise durch das Abschließen eines Eintrags in einer Tabellenzelle durch Betätigen der Enter-Taste, so sorgt der Controller dafür, daß das Model entsprechend geändert wird, und das Model veranlaßt die View, daß diese Änderungen unmittelber angezeigt werden. Die View ihrerseits legt fest, welche Ereignisse an den Controller gehen können.

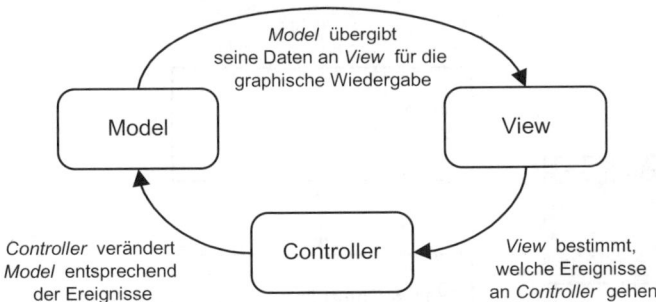

Abbildung 6-7: Kommunikation in der MVC-Architektur

Swing verwendet eine vereinfachte Architekturvariante von MVC. In dieser sind View und Controller zu einem Element zusammengezogen, in dem sowohl die Anzeige der GUI-Komponente als auch die Behandlung der Ereignisse erfolgt (Abbildung 6-8). Dieses Element heißt auch *UI Delegate*.

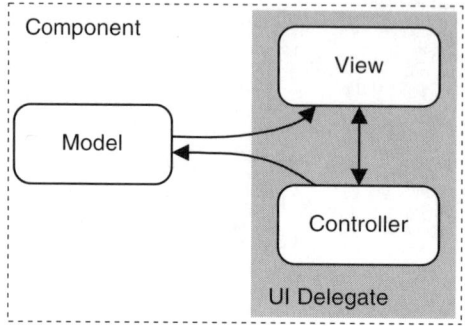

Abbildung 6-8: MVC in Swing: Model und UI Delegate

In zwei Beispielen soll das Zusammenspiel von Model und UI Delegate gezeigt werden.

Das *erste Beispiel* zeigt ein GUI mit einer Rolleiste (Swing-Klasse JScroll Bar) und einem Ausgabefeld. Es wurde deshalb ausgewählt, weil mit knappem Java-Code das Wichtigste aufgezeigt werden kann. (Das zweite Beispiel ist dagegen stärker an dem Anwendungsbeispiel dieses Kapitels orientiert.)

In Abbildung 6-9 ist das GUI gezeigt, nämlich eine Rolleiste und ein Anzeigefeld, in dem die Position des Schiebers in der Leiste als Dezimalbruch zwischen 0.0 und 1.0 angezeigt wird. Rechts in der gleichen Abbildung sind die Klassen angegeben, die zuständig sind für die Daten und das GUI, also die Architektur beschreiben.

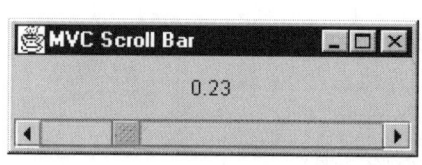

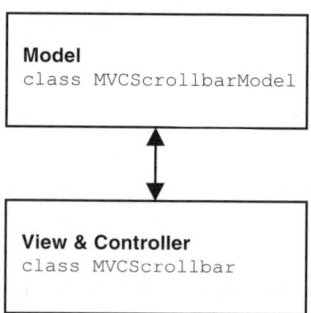

Abbildung 6-9: GUI mit Rolleiste und Anzeigefeld (links) sowie seiner Architektur (rechts)

Das Programm beginnt mit den Importen der erforderlichen AWT- und Swing-Packages. Dem schließen sich zwei Klassendeklarationen für Model und UI Delegate an.

Die UI Delegate-Klasse MVCScrollbar ist eine Erweiterung der Swing-Klasse JFrame und kennzeichnet somit das Programm als Java-Applikation. Aus ihr wird in der main()-Methode, also beim Start, ein Objekt erzeugt, in dem beim Instanziieren das Datenmodell die GUI-Elemente Rolleiste (JScrollBar) und Ausgabefeld (Label) erzeugt und in einem BorderLayout plaziert. Im Unterschied zu Swing-Klassen wie JTable oder JList wird nicht automatisch ein Datenmodell mit definiert. Das Datenmodell muß explizit an das JScrollBar-Objekt gebunden werden (jbar.setModel(model)). Es kann entweder das in Swing enthaltene Standardmodell sein oder ein eigenes, das z.B. auf der Erbschaft des Standardmodells beruht. Außerdem wird ein Eventlistener in einer anonymen Klasse definiert. In ihm werden die Veränderungen des Schiebers als Fließkommazahl auf dem Label-Objekt anzeige ausgegeben.

Programm 6-1: Java-Code für den GUI in Abbildung 6-9 (Rolleiste)

```
// Programm 6-1:     ./OracleUndSwing/MVCScrollbar.java
import java.awt.*;           import javax.swing.*;
import java.awt.event.*;

// UI Delegate (View und Controller)
class MVCScrollbar extends JFrame {
  MVCScrollbarModel model = new MVCScrollbarModel();
  JScrollBar jbar;
  Label anzeige = new Label("", Label.CENTER);

  public MVCScrollbar() {
    super("MVC Scroll Bar");
    jbar = new JScrollBar(JScrollBar.HORIZONTAL);
    jbar.setModel(model);
    jbar.addAdjustmentListener(new AdjustmentListener() {
      public void adjustmentValueChanged(AdjustmentEvent e) {
        anzeige.setText("" + model.getDouble()); } });
    getContentPane().setLayout(new BorderLayout());
    getContentPane().add("Center", anzeige);
    anzeige.setText("" + model.getDouble());
    getContentPane().add("South", jbar);
    setSize(300, 100);
    setVisible(true);
  }
  public static void main(String[] args) {
    new MVCScrollbar();
  }
}                                  // Ende class MVCScrollbar
```

Das Datenmodell MVCScrollbarModel basiert auf dem Standardmodell DefaultBoundedRangeModel. Als Methode zusätzlich zu den geerbten wird getDouble() deklariert. In ihr wird die aktuelle Schieberstellung in eine Fließkommazahl zwischen 0.0 und 1.0 abgebildet. Die dazu erforderlichen

Werte werden dem Standardteil des Datenmodells entnommen (`getValue()`, `getMinimum()` und `getMaximum()`).

```
// Model
class MVCScrollbarModel extends DefaultBoundedRangeModel {
   double getDouble() {
      return ((double) getValue())/(getMaximum() - getMinimum());
   }
}                                       // Ende class MVCScrollbarModel
```

Im *zweiten Beispiel* wird eine Swing-Tabelle gezeigt (Abbildung 6-10). Wieder ist das Programm in zwei Klassen geteilt, eine für das Datenmodell und die andere für den UI Delegate (View & Controller). Das Beispiel ist zugleich Modell für die danach folgende Datenbankanwendung.

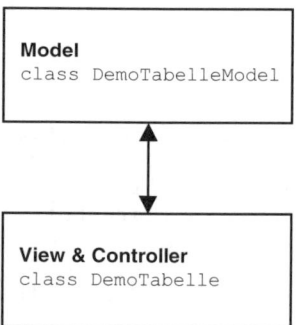

Abbildung 6-10: Beispiel für eine Swing-Tabelle

Auch dieses Beispielprogramm ist als Java-Applikation konzipiert, erkenntlich an der Erbschaft von `JFrame`. Nach den nötigen Klassenimporten wird ein Datenmodell erzeugt und in der Instanzvariablen `m` festgehalten, danach wird dieses Datenmodell an die Tabelleninstanz `table` gebunden. Nach Aufbau der GUI-Elemente (Panel, Knöpfe, Tabelle) werden einige Tabelleneigenschaften festgelegt, nämlich daß keine Spalten selektiert werden können, daß genau eine Zeile markierbar ist und daß die Zellenbreiten nicht an die Fensterbreite angepaßt werden (`table.`*methode()* in Fettschrift).

Es folgen die Definitionen von Eventlistenern für die Knöpfe „neue Zeile" und „markierte Zeile löschen". Der erste Listener sorgt für den Aufruf der Methode `neueZeile()` im Datenmodellobjekt `m` und der zweite für den Aufruf von `löscheZeile()`. In beiden Listenern wird die Zeilenmarkierung auf die letzte Zeile eingestellt, und zwar durch Aufruf der Methode `setRowSelection Interval()`, mit `getRowCount()-1` als Parameter zur Positionierung der Markierung.

Der dritte Eventlistener sorgt für eine geordnete Terminierung der Anwendung, falls das Fenster über dessen Navigationsschaltflächen geschlossen wird. (Im vorangehenden Rolleistenbeispiel ist dafür noch nicht gesorgt. Die Folge ist, daß bei Klicken in die Navigationsschaltflächen zwar das Fenster geschlossen, aber das Programm nicht terminiert wird.)

Programm 6-2: Java-Code für den MVC-GUI in Abbildung 6-10 (Tabelle)

```java
// Programm 6-2:   ./OracleUndSwing/DemoTabelle.java
import java.awt.*;         import javax.swing.*;
import java.awt.event.*; import javax.swing.table.*;

// UI Delegate (View und Controller)
class DemoTabelle extends JFrame {
  DemoTabelleModel m = new DemoTabelleModel();
  JTable table = new JTable(m);

  public DemoTabelle() {
    super("MVC Tabelle (Demo)");
    Panel oben = new Panel(new GridLayout(0, 2));
    Button neuZeile = new Button("neue Zeile");
    Button delZeile = new Button("markierte Zeile löschen");
    getContentPane().setLayout(new BorderLayout());
    getContentPane().add("North", oben);
    oben.add(neuZeile);
    oben.add(delZeile);
    getContentPane().add("Center", new JScrollPane(table));
    table.setColumnSelectionAllowed(false);
    table.setSelectionMode(
                    ListSelectionModel.SINGLE_SELECTION);
    table.setAutoResizeMode(JTable.AUTO_RESIZE_OFF);
    neuZeile.addActionListener(new ActionListener() {
      public void actionPerformed(ActionEvent e) {
        m.neueZeile();
        table.setRowSelectionInterval(m.getRowCount()-1,
                              m.getRowCount()-1); }});
    delZeile.addActionListener(new ActionListener() {
      public void actionPerformed(ActionEvent e) {
        m.löscheZeile(table.getSelectedRow());
        table.setRowSelectionInterval(m.getRowCount()-1,
                              m.getRowCount()-1); }});
    addWindowListener(new WindowAdapter() {
      public void windowClosing(WindowEvent e) {
        System.exit(0); } });
    setSize(500, 400);
    setVisible(true);
  }
```

Wie üblich bei Java-Applikationen, dient `main()` dem Start des GUI:

```
public static void main(String[] p) {
   new DemoTabelle();
}
}                                      // Ende class DemoTabelle
```

Das Datenmodell des Programms basiert auf dem Standardmodell für Swing-Tabellen, nämlich der Klasse `DefaultTableModel`. Von diesem Standardmodell werden die Methoden `isCellEditable()` und `setValueAt()` überschrieben. In `isCellEditable()` kann für jede individuelle Zelle festgelegt werden, ob ihr Inhalt verändert werden darf oder nicht. Aufrufer ist die MVC-Komponente, hier die Tabelle selbst. Ihr wird auf Aufruf hin durch die Rückgabe von `true` ein Ja und von `false` ein Nein signalisiert, ob die gewählte Zelle editierbar ist oder nicht. Im Beispiel wird so die erste Spalte für nicht editierbar erklärt.

```
// Model
class DemoTabelleModel extends DefaultTableModel {
   int zähler;
   static final int cols = 16, rows = 10;

   public DemoTabelleModel() {
      super(0, cols);
      for (int i = 0; i < rows; i++)
         neueZeile();
      Object[] namen = new Object[cols];
      for (int i = 0; i < cols; i++)
         namen[i] = "Spalte " + i;
      setColumnIdentifiers(namen);
   }
   public boolean isCellEditable(int row, int col) {
      if (col == 0) return false;
      else return super.isCellEditable(row, col);
   }
   public void setValueAt(Object o, int row, int col) {
      try {
         Integer.parseInt((String) o);
         super.setValueAt(o, row, col);
      }
      catch(NumberFormatException e) {}
   }
```

Zum Datenmodell gehören auch zwei Methoden zum Anfügen und zum Löschen einer wählbaren Zeile. `neueZeile()` wird im Eventlistener des Knopfes mit der Aufschrift „neue Zeile" aufgerufen, `löscheZeile()` in dem des Knopfes „markierte Zeile löschen". Neue Zeilen werden am Ende der Tabelle angefügt. Jede neue Zeile wird mit aufsteigenden Werten versehen, die mit dem aktuellen Wert der Variablen zähler beginnen. Mit jeder neuen Zeile wird diese Variable um eins erhöht. Die Zeilen der ersten Spalte sind also mit der 1 beginnend durchnumeriert.

```
void neueZeile() {
   Object[] temp = new Object[cols];
   for (int i = 0; i < cols; i++)
      temp[i] = String.valueOf((zähler + 1) * (i + 1) - 1 );
   addRow(temp);
   zähler++;
}
void löscheZeile(int row) {
   if (row < 0 || row >= getRowCount()) return;
   removeRow(row);
}
}                                      // Ende class DemoTabelleModel
```

6.3   Der Client

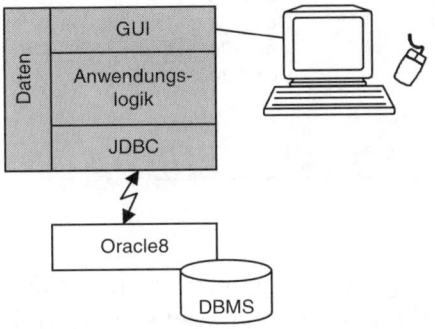

Das vollständige Clientprogramm entsprechend Abbildung 6-4 umfaßt bei moderatem Bedienkomfort und hinreichender Behandlung von Ausnahmesituationen und Fehlern ca. 800 Codezeilen (Kommentarzeilen nicht eingerechnet). Es besteht aus den sieben dort gezeigten MVC-Komponenten, die sich allerdings sehr stark ähneln. Es genügt also vollauf, das Programm einer einzelnen Komponente stellvertretend für alle auszuführen.

Abbildung 6-11 zeigt das GUI dieser Musterkomponente, und Abbildung 6-12 deren Architektur. In der angezeigten Tabelle kann eine Zeile ausgewählt und können ihre Zellen bearbeitet werden, die erste und die beiden letzten ausgenommen. Die Zellen in den Spalten „Kursbezeichnung" und „Zeit" können direkt, die in den Spalten „dcode" und „Typ" durch Auswahl aus einem Popup-Menü geändert werden. Persistent werden die Daten dann nach Drücken des

Knopfes „speichern"; bis dahin können die Änderungen jederzeit wieder rückgängig gemacht werden, und zwar durch Drücken des „refresh"-Knopfes. Neue Zeilen werden mit „neu" am Ende der Tabelle angelegt, und eine markierte Zeile wird mit „löschen" gelöscht. Persistent wird auch eine neue Zeile erst dann, wenn sie gespeichert wird, während Löschungen nach dem Bejahen einer Kontrollfrage unmittelbar in der Datenbanktabelle ausgeführt werden.

In einer vollständigen Fassung würde Drücken von „Kursteilnehmer" zu einem GUI führen, in dem zum Kurs in der markierten Zeile Kursteilnehmer aus der Tabelle Personen ausgewählt werden könnten. Im Beispielprogramm wird dieser Knopf für die Wiederherstellung des Urzustandes in allen Tabellen verwendet.

MVC Tabelle (GUI Kurse)							_ □ ☒
Kursteilnehmer		neu	löschen	speichern		refresh	

kcode	dcode	Typ	Kursbezeichnung	Zeit	Nachname	Vc
1	10	P	Objektorientierte Programmierung...	10	Ludwig	Lui
2	3	S	JavaScript	5	Gernhardt	Wo
3	2	P ▼	JDBC	7.50	Leutner	Bri
4	3	P	HTML	5	Gernhardt	Wo
5	5	S	GUI-Programmierung mit Java	7.50	Duffing	Juli
6	27	Ü	Servlets	7.50	Mayer-Bör...	Juli
7	4	V	Kurs auf den Eisberg		Weizenba...	Jos
8						

Abbildung 6-11: Das Clientfenster

Das folgende Bild zeigt neben der Gliederung des Programms in die beiden MVC-Bestandteile vor allem auch die Aufteilung des Datenmodells (Model) in einen verbindungsunabhängigen Teil und einen „Connector".

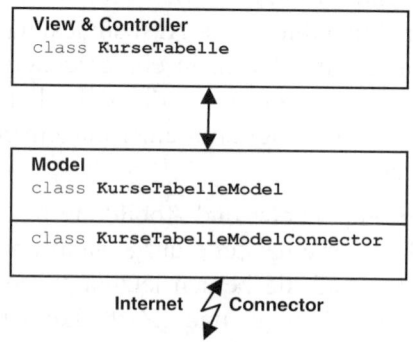

Abbildung 6-12: MVC-Architektur des Client

Der Connector beinhaltet die Kommunikation mit der Datenbank sowie Rudimente einer Applikationslogik. Er könnte ohne allzu große Probleme in eine Middleware verlagert werden.

Der UI Delegate des Clientprogramms hat die folgende Struktur:

```
// UI Delegate (View & Controller)
class KurseTabelle extends JFrame
{
    public KurseTabelle()                    // Konstruktor
      GUI zusammenstellen und starten (AWT- und Swing-Komponenten)
      Eventlistener einrichten für:
      - neue Zeile anfügen
      - eine Zeile löschen
      - Anzeige aktualisieren
      - Änderungen in einer Zeile speichern
      - Client schließen
    Die Instanzmethoden dafür sind:
      void neueZeile(Object[] o)        Array als Zeile am Ende einfügen
      void neueZeile()                  dito Leerzeile
      void löscheZeile(int row)         die angegebene Zeile löschen
      void speichereZeile(int row)      neue Werte einer Zeile speichern
      void refresh()                    Tabellenwerte aktualisieren
    Startmethode:
      public static void main(String[] args)
}
```

Der Java-Code des UI Delegate beginnt mit den erforderlichen Importen der AWT-, JDBC- und Swing-Klassen,

Programm 6-3a: GUI des Anwendungsprogramms (View & Control)

```
// Programm 6-3a:   ./OracleUndSwing/App/KurseTabelle.java
import java.awt.*;          import javax.swing.*;
import java.awt.event.*;    import javax.swing.table.*;
import java.sql.*;          import javax.swing.event.*;
```

gefolgt von der Deklaration der Delegate-Klasse und Instanzvariablen für Datenmodell und Swing-Tabelle.

```
// UI Delegate (View und Controller)
class KurseTabelle extends JFrame {

  KurseTabelleModel m = new KurseTabelleModel();

  JTable table = new JTable(m);
```

Im Konstruktor `KurseTabelle()` des Delegate wird der GUI mit AWT- und Swing-Elementen aufgebaut,

```
public KurseTabelle() {
   super("MVC Tabelle (GUI Kurse)");
   Panel oben = new Panel(new GridLayout(1, 5));
   Button reset    = new Button("Reset");
   Button neuZeile = new Button("neu");
   Button delZeile = new Button("löschen");
   Button speicher = new Button("speichern");
   Button refresh  = new Button("refresh");
   getContentPane().setLayout(new BorderLayout());
   getContentPane().add("North", oben);
   oben.add(reset);
   oben.add(neuZeile);
   oben.add(delZeile);
   oben.add(speicher);
   oben.add(refresh);
   getContentPane().add("Center", new JScrollPane(table));
   table.setColumnSelectionAllowed(false);
```

und die Tabelle wird so konfiguriert, daß nicht mehr als eine Tabellenzeile angewählt werden kann, die Zellenbreiten sich nicht automatisch an die sichtbare Fensterbreite anpassen und die Tabellenzellen individuelle Breiten erhalten.

```
   table.setSelectionMode(
                  ListSelectionModel.SINGLE_SELECTION);
   table.setAutoResizeMode(JTable.AUTO_RESIZE_OFF);
   for (int i = 0; i < m.cols; i++)
      table.getColumn(
             m.colnames[i]).setPreferredWidth(m.colwidths[i]);
```

Sodann wird der im Datenmodell instanziierte Datenbank-Connector initialisiert, das Datenmodell ein erstes Mal mit den aktuellen Datenbankwerten versehen und die Spalten mit den Beschriftungen „dcode" und „Typ" mit Popupmenüs (Comboboxen) für die Dateneingabe aus Domänen versehen.

```
   m.con.init();
   refresh();
   combobox(m.dozenten, m.colnames[1]);
   combobox(m.typen, m.colnames[2]);
```

Für die Controller-Funktionen werden insgesamt sechs Eventlistener definiert, fünf für die Knöpfe in der Kopfleiste des GUI und einer (an letzter Stelle), um die Anwendung geordnet abzuschließen. Dabei bewirkt der Knopf mit der Objektreferenz

• `neuZeile` eine neue Tabellenzeile;

- reset die Wiederherstellung aller Tabellen in den Originalzustand;

- delZeile die Löschung der markierten Zeile der Tabelle;

- refresh die Aktualisierung der angezeigten Tabelle mit Daten aus den Datenbanktabellen Kurse und Dozenten sowie

- speicher die Speicherung von Änderungen, die in der markierten Zeile vorgenommen wurden, in der Datenbanktabelle Kurse.

```
neuZeile.addActionListener(new ActionListener() {
    public void actionPerformed(ActionEvent e) {
        table.editingStopped(new ChangeEvent(this));
        neueZeile(); }});
reset.addActionListener(new ActionListener() {
    public void actionPerformed(ActionEvent e) {
        table.editingStopped(new ChangeEvent(this));
        new InitialisiereTabellen();
        refresh(); }});
delZeile.addActionListener(new ActionListener() {
    public void actionPerformed(ActionEvent e) {
        table.editingStopped(new ChangeEvent(this));
        löscheZeile(table.getSelectedRow()); }});
refresh.addActionListener(new ActionListener() {
    public void actionPerformed(ActionEvent e) {
        table.editingStopped(new ChangeEvent(this));
        refresh(); }});
speicher.addActionListener(new ActionListener() {
    public void actionPerformed(ActionEvent e) {
        table.editingStopped(new ChangeEvent(this));
        speichereZeile(table.getSelectedRow()) ; }});
addWindowListener(new WindowAdapter() {
    public void windowClosing(WindowEvent e) {
        System.exit(0); } });
setSize(500, 400);
setVisible(true);
}
```

In der Methode combobox() werden JComboBox-Elemente mit Einträgen aus einem als Parameter mitgeteilten Array aufgebaut und mit einem passenden Zelleneditor versehen.

```
private void combobox(Object[] items, String spalte) {
    JComboBox box = new JComboBox();
    for (int i = 0; i < items.length; i++)
        box.addItem(items[i]);
    table.getColumn(spalte).setCellEditor(
                        new DefaultCellEditor(box));
}
```

Es folgt eine Gruppe von Methoden, die fast immer von Eventlistenern aufgerufen werden, wenn ein Ereignis eintritt, d.h. auf einen der Knöpfe gedrückt wird.

```
void neueZeile(Object[] o) {
  m.addRow(o);
  table.setRowSelectionInterval(m.getRowCount()-1,
                                m.getRowCount()-1);
}
void neueZeile() {
  Object[] temp = new Object[m.cols];
  for (int i = 0; i < m.cols; i++)
    temp[i] = "";
  neueZeile(temp);
}
void löscheZeile(int row) {
  if (row < 0 || row >= m.getRowCount())
    return;
  if (JOptionPane.showOptionDialog(this, "Wirklich kcode=" +
          m.getValueAt(row, 0) + " löschen?",
          "KurseTabelle", JOptionPane.DEFAULT_OPTION,
          JOptionPane.WARNING_MESSAGE, null,
          new Object[]{"Ja", "Nein"}, "Nein") != 0) return;
  m.con.delete(m.getValueAt(row, 0));
  m.removeRow(row);
  table.setRowSelectionInterval(m.getRowCount()-1,
                                m.getRowCount()-1);
}
void speichereZeile(int row) {
  if ("".equals(m.getValueAt(row, 0))) {
    m.con.insert(m, row);
  }
  else {
    m.con.update(m, row);
  }
  refresh();
}
```

refresh() sorgt dafür, daß die Swing-Tabellenzellen mit aktuellen Daten aus
der Datenbank versorgt und außerdem die Combobox-Einträge für die „dcode"-
Spalte erneuert werden.

```
void refresh() {
  Object[] temp = new Object[m.cols];
  m.con.select();
  m.setNumRows(0);
  while ((temp = m.con.nächste()) != null)
    neueZeile(temp);
  combobox(m.dozenten, m.colnames[1]);
}
```

Wie üblich, wird der GUI über die main()-Methode gestartet.

```
   public static void main(String[] args) {
      new KurseTabelle();
   }
}                                    // Ende Class KurseTabelle
```

Auch für das Datenmodell folgt erst eine Übersicht.

Das Modell ist in zwei Teile gegliedert. Im ersten Teil wird das Standard-tabellenmodell `DefaultTableModel` erweitert, und es werden dort die Tabel-lenwerte als zweidimensionales, die Spaltenüberschriften als eindimensionales Array etc. festgehalten. Mit diesem Teil eng verbunden ist ein zweiter Teil, in dem alle datenbankbezogenen Eigenschaften und Operationen enthalten sind, d.h. der gleichsam als Verbindungsstück zur Datenbank dient. (Dieser Teil könnte geschlossen in eine Middleware verlagert werden.)

```
// Datenmodell (Model)
class KurseTabelleModel extends DefaultTableModel
{
   Tabellendaten einschließlich Spaltenwerten und -überschriften, Editierbarkeit etc.
   public KurseTabelleModel()
                         Instanzen: Eingelesene Tabellen, Tabellenüberschriften,
                         Editierbarkeit etc.
   public boolean isCellEditable(int row, int col)
                         Editierbarkeit einer Zelle überprüfen/festlegen

}

// Datenbank-Connector
class KurseTabelleModelConnector
{
   static {}             statischer Konstruktor zur DB-Verbindungsaufnahme
   public KurseTabelleModelConnector(KurseTabelleModel m)
                         Konstruktor des Datenbank-Connectors
   void select()         Tabelle/View selektieren und Resultset speichern
   Object[] next()       nächste Zeile aus Resultset lesen und im Model speichern
   void update(KurseTabelleModel m, int row)
                         vorbereitetes UPDATE mit Model-Werten versehen und
                         ausführen
   void insert(KurseTabelleModel m, int row)
                         vorbereiteten gespeicherten Prozeduraufruf mit
                         Parameterwerten versehen und ausführen
   void delete(Object kcode)
   void init()           SELECT, UPDATE, INSERT und DELETE vorbereiten
}
```

Das Datenmodell `KurseTabelleModel` ist eine Erweiterung des Standard-tabellenmodells `DefaultTableModel`. Als Instanzvariable ist dort eine Art Spiegelbild der View `Kurse LEFT JOIN Dozenten` gehalten, außerdem sind dort die Spaltennamen für Überschriften und die Datenbank, Informationen über die Editierbarkeit von Spalten, die Domäne für die Spalte „Typ" usw. zu finden.

Programm 6-3b: Datenmodell des Anwendungsprogramms (Model)

```
// Programm 6-3b:
// Model
class KurseTabelleModel extends DefaultTableModel {
  KurseTabelleModelConnector con;

  String[] colnames = new String[] {"kcode","dcode","Typ",
      "Kursbezeichnung","Zeit","Nachname","Vorname"};
  String[] columns = new String[] {"kcode","Kurse.dcode",
      "typ","bezeichnung","zeit","nachname","vorname"};
  boolean[] editable =
        {false, true, true, true, true, false, false};
  int[] colwidths = {50, 50, 50, 200, 50, 70, 70};
  static final int cols = 7;
  Object[] dozenten;
  Object[] typen = new Object[]{"P", "S", "Ü", "V"};
```

Im Konstruktor des Datenmodells wird der Datenbank-Connector erzeugt und die Referenz auf ihn in der Instanzvariablen con festgehalten; danach wird die Tabelle beschriftet (setColumnIdentifiers(colnames)).

Die Methode isCellEditable() überschreibt die aus dem Standardmodell geerbte. Damit werden über die false-Werte im Array editable Spaltenwerte als nicht veränderlich erklärt.

```
  public KurseTabelleModel() {
    super(0, cols);
    con = new KurseTabelleModelConnector(this);
    setColumnIdentifiers(colnames);
  }
  public boolean isCellEditable(int row, int col) {
    if (!editable[col]) return false;
    else return super.isCellEditable(row, col);
  }
}                           // Ende Class KurseTabelleModel
```

Die Klasse KurseTabelleModelConnector beginnt mit Klassenvariablen für die Daten der Datenbankverbindung, gefolgt von Instanzvariablen für SQL-Anweisungen in Form von Strings und JDBC-Statement-Objekten.

```
// Datenbank-Connector
class KurseTabelleModelConnector {
  static String treiber = "oracle.jdbc.driver.OracleDriver";
  static String jdbcurl = "jdbc:oracle:thin:@p11:1521:orcl";
  static String uid = "Kurse", pwd = "Oracle";
  static String database = "Kurse";
```

```
static Connection c;
String sqlsel; Statement sel;
String sqlupd; PreparedStatement upd;
String sqldel; PreparedStatement del;
String sqlins; CallableStatement ins;
String sqldoz; Statement doz;
ResultSet rsel, rdoz;
KurseTabelleModel m;
```

Im statischen Konstruktor `static {}` wird nach dem Laden der Klasse die Verbindung zur Datenbank hergestellt, und bei der Erzeugung einer Instanz wird im Konstruktor das Model-Objekt m festgehalten, womit auch in diese Richtung die Verbindung hergestellt ist.

```
static {                          // statischer Konstruktor
   try {
      Class.forName(treiber);
      c = DriverManager.getConnection(jdbcurl, uid, pwd);
   }
   catch (Exception ex) {
      ex.printStackTrace(); System.exit(0);
   }
}
public KurseTabelleModelConnector(KurseTabelleModel m) {
   this.m = m;
}
```

In `select()` werden die Daten der View `Kurse LEFT JOIN Dozenten` in einem `ResultSet`-Objekt bereitgestellt, die dann mit der folgenden Methode nächste() Zeile für Zeile eingelesen werden können (nächste() wird in der Methode refresh() verwendet). In select() werden außerdem alle Dozentenschlüssel als Wertebereich für die dcode-Spalte in der View eingelesen.

```
void select() {
   System.out.println("SQL " + sqlsel);
   try {
      rsel = sel.executeQuery(sqlsel);
      rdoz = doz.executeQuery(sqldoz);
      m.dozenten = null;
      while (rdoz.next()) {
         int x = m.dozenten == null ? 0 : m.dozenten.length;
         Object[] temp = new Object[x + 1];
         for (int i = 0; i < x; i++) {
            temp[i] = m.dozenten[i]; }
         temp[x] = rdoz.getString(1);
         m.dozenten = temp;
      }
   }
   catch (Exception ex) { ex.printStackTrace();}
}
```

```
Object[] nächste() {
  Object[] temp = new Object[m.cols];
  try {
    if (!rsel.next()) return null;
    for (int i = 0; i < m.cols; i++)
      temp[i] = rsel.getString(i + 1);
    return temp;
  }
  catch (Exception ex) { ex.printStackTrace();}
  return null;
}
```

In der `update()`-Methode wird die vorbereitete SQL-Anweisung mit Parametern versehen (`setString()`), die der markierten Zeile entsprechend dem Datenmodell entnommen (`getValueAt()`) und danach ausgeführt werden. (Zur Vorbereitung der SQL-Anweisungen siehe weiter unten bei `init()`.)

```
void update(KurseTabelleModel m, int row) {
  try {
    System.out.println("SQL " + sqlupd);
    upd.setString(5, (String) m.getValueAt(row, 0));
    upd.setString(1, (String) m.getValueAt(row, 1));
    upd.setString(2, (String) m.getValueAt(row, 2));
    upd.setString(3, (String) m.getValueAt(row, 3));
    upd.setString(4, (String) m.getValueAt(row, 4));
    upd.execute();
  }
  catch (Exception ex) { ex.printStackTrace();}
}
```

Ähnlich wird in `insert()` verfahren. Die Einfügung wird durch eine gespeicherte Funktion vorgenommen, die den Schlüssel `dcode` festlegt und als Ergebnis zurückliefert. Vor dem Aufruf wird der Typ des entsprechenden Rückgabeparameters mit `registerOutParameter()` registriert.

```
void insert(KurseTabelleModel m, int row) {
  try {
    System.out.println("SQL " + sqlins);
    ins.registerOutParameter(1, Types.INTEGER);
    ins.setString(2, (String) m.getValueAt(row, 1));
    ins.setString(3, (String) m.getValueAt(row, 2));
    ins.setString(4, (String) m.getValueAt(row, 3));
    ins.setString(5, (String) m.getValueAt(row, 4));
    ins.execute();
  }
  catch (Exception ex) { ex.printStackTrace();}
}
```

Mit `delete()` wird die markierte Tabellenzeile aus der Datenbank gelöscht,

```
void delete(Object kcode) {
  try {
    System.out.println("SQL " + sqldel);
    del.setInt(1, Integer.parseInt((String)kcode));
    del.execute();
  }
  catch (Exception ex) { ex.printStackTrace();}
}
```

und mit `init()` werden alle SQL-Anweisungen vorbereitet: Die SELECTs als einfache Anweisungen, d.h. `Statement`-Objekte, UPDATE und DELETE als vorbereitete Anweisungen (`PreparedStatement`-Objekte) und INSERT als gespeicherte Funktion, d.h. als `CallableStatement`-Objekt.

```
void init() {
  try {
  // SELECT
    sel = c.createStatement();
    sqlsel = "SELECT ";
    for (int i = 0; i < m.cols; i++)
      sqlsel += (i == 0 ? "" : ",") + m.columns[i];
    sqlsel += " FROM Kurse, Dozenten " +
              " WHERE Kurse.dcode = Dozenten.dcode (+)" +
              " ORDER BY kcode";
    doz = c.createStatement();
    sqldoz = "SELECT dcode,nachname,vorname FROM Dozenten";
  // UPDATE
    sqlupd = "UPDATE Kurse " +
             "SET dcode=?, typ=?, bezeichnung=?, zeit=? " +
             "WHERE kcode=?";
    upd = c.prepareStatement(sqlupd);
  // INSERT
    String proz =
        "CREATE OR REPLACE FUNCTION InsertKurse \n" +
        "(dc IN INTEGER, typ IN STRING, " +
        " tit IN STRING, zeit IN INTEGER) \n" +
        " RETURN INTEGER IS \n t NUMBER; \n" +
        " BEGIN\n SELECT max(kcode) INTO t FROM Kurse;\n" +
        " IF t IS NULL THEN t := 0; END IF;" +
        " INSERT INTO Kurse(kcode, dcode, typ," +
        " bezeichnung, zeit)\n" +
        " VALUES(t+1,dc,typ,tit,zeit); \n" +
        " RETURN t+1; \n END;";
    c.createStatement().execute(proz);
    sqlins = "{? = call InsertKurse(?, ?, ?, ?)}";
    ins = c.prepareCall(sqlins);
  // DELETE
    sqldel = "DELETE FROM Kurse WHERE kcode=?";
    del = c.prepareStatement(sqldel);
  }
```

```
  catch (Exception ex) {
    ex.printStackTrace(); System.exit(0);
  }
 }
}                          // Ende Class KurseTabelleModelConnector
```

Der besseren Lesbarkeit wegen ist die gespeicherte Funktion für die Einfüge-operation als Programm 6-3c wiedergegeben. Es ist in PL/SQL geschrieben.

Die Funktion beginnt mit der Deklaration ihres Kopfes, d.h dem Namen der Funktion und ihrer formalen Parameter. Für jeden der formalen Parameter sind der Name, die Art der Übergabe und der Datentyp definiert. Es folgen die Typfestlegung für den Rückgabewert und die Deklaration lokaler Variabler. Der Funktionskörper ist in einem BEGIN...END;-Block eingeschlossen, in dem die eigentliche Funktionalität enthalten ist.

Programm 6-3c: Gespeicherte Funktion zum Einfügen einer Zeile

```
-- Programm 6-3c:  Oracle8 Stored Function
FUNCTION InsertKurse (dc IN INTEGER,
        typ IN STRING, tit IN STRING, zeit IN INTEGER)
RETURN INTEGER IS
t NUMBER;
BEGIN
  SELECT max(kcode) INTO t FROM Kurse;
  IF t IS NULL THEN t := 0; END IF;
  INSERT INTO Kurse(kcode, dcode, typ, bezeichnung, zeit)
        VALUES    (t+1,dc,typ,tit,zeit);
  RETURN t+1;
END;
```

Das Programm für den vollständigen Client beruht im wesentlichen auf einer Generalisierung des gezeigten Programms.

7   Ausblicke

JDBC hat sich schnell zu einem ernstzunehmenden Mittel der Datenbank-anbindung und Datenbankintegration in verteilten Systemen entwickelt, und weitere Schritte in dieser Richtung sind im Gange bzw. stehen bevor. Neben einer neuen JDBC-Version ist es insbesondere die Entwicklung von Werkzeugen, die den Umgang mit relationalen Datenbanken erleichtern. Solche Werkzeuge beruhen zwar auf JDBC, erlauben aber dem Anwendungsprogrammierer z.B. die direkte Verwendung von SQL oder die bruchlose Verwendung objekt-orientierter Strukturen und Methoden an Stelle einfacher zweidimensionaler Strukturen. JDBC wird somit zum Mittler zwischen relationalen Datenbanken einerseits und vertrauten konventionellen Methoden wie SQL bzw. zeitgemäßen objekt-/komponentenorientierten Methoden andererseits.

Einige der Perspektiven, die sich im Rahmen dieser Entwicklung ergeben, sind in den folgenden Abschnitten angerissen.

- *Abschnitt 7.1* stellt in einer knappen Übersicht die Neuerungen und Änderungen in *JDBC Version 2* vor.
  Als Framework ist JDBC „nur" ein Versprechen, das erst mittels Implementierungen mehr oder weniger erfüllt wird. Bei der Version 2 ist die Implementierungsbasis noch sehr klein gegenüber der Version 1.2, vgl. auch Anhang A. (Deshalb wird in diesem Buch auf strikte Kompatibilität mit der Version 1.2 geachtet und in den Beispielen ausschließlich mit dieser Version gearbeitet.)

- *Abschnitt 7.2* gibt einen ersten Einblick in die *Einbettung von SQL in Java* auf der Grundlage von JDBC (*SQLJ*).
  SQL-Einbettungen gibt es schon lange für Sprachen wie Cobol und C++. Diese wohlbekannte und vertraute Technik wird nun auch für Java angeboten.

- *Abschnitt 7.3* zeigt Entwicklungen auf, wie mittels der sog. *objektrelatio-nalen Transformation*, d.h. der Umwandlung von Tabellen in Objekte und von Objekten in Tabellen, methodische Brüche zwischen relationaler Datenbestandshaltung und objektorientierter Programmierung vermieden werden können. Diesem Thema kommt auch deshalb Bedeutung zu, weil solche Brüche fast immer mit Effizienzverlusten verbunden sind. Für den Java-Anwendungsprogrammierer ist auch hier der unsichtbare Mittler JDBC, er selbst „sieht" eine (virtuelle) objektorientierte Datenbank.

Nur genannt werden Entwicklungen in Richtung sogenannter *objektrelationaler Datenbanksysteme*, da sie keinen unmittelbaren JDBC-Bezug haben. In solchen *ORDBMS* sind die Basistypen gewöhnlicher RDBMS objektorientiert ergänzt durch Klassen einschließlich Vererbung und Polymorphie. ORDBMS-Objekte haben also ganz ähnliche Eigenschaften wie Java-Objekte. Oracle 8i ist ein solches DBMS.

Schließlich darf bei einer Aufzählung solcher Perspektiven CORBA nicht fehlen. CORBA ist in Abschnitt 5.5 skizziert.

7.1   JDBC Version 2

Die Version 2 von JDBC ([White 99]), von SUN freigegeben im Sommer 98, unterscheidet sich von ihrer Vorgängerin u.a. dadurch, daß eine Zweiteilung der APIs vorgenommen wurde in

- *Core* oder *Kern-APIs*, die weiterhin dem Paket `java.sql` angehören und kanonischer Bestand des JDK 1.2 sind, und in

- *Standard Extension* oder *Standarderweiterungs-APIs*, die sich im Standard-erweiterungspaket `javax.sql` befinden (in seiner Nachbarschaft finden sich auch `javax.servlet` und `javax.swing`).

Bei den Änderungen der Kern-APIs von JDBC wurde auf Abwärtskompatibi-lität mit der Vorgängerversion geachtet. Eine auf Treibern der Version 1.2 basierte Anwendung verträgt sich natürlich mit der Version 2 nur so lange, wie die neuen Möglichkeiten ungenutzt bleiben.

Die Voraussetzungen für JDBC-Programme, sich als JDBC-konform bezeich-nen zu dürfen, bleiben im wesentlichen unverändert, d.h. die neuen Möglich-keiten der Version 2 sind bei JDBC-konformen Treibern in den optionalen Bereich verlagert. Damit mag es gelingen, in kurzer Zeit möglichst viele JDBC 2-kompatible Treiber verfügbar zu haben. Das Etikett „JDBC compliant" wird dadurch nicht unerheblich entwertet, denn es signalisiert nun Treiberim-plementierungen auf einem – verglichen mit dem Potential von JDBC 2 – recht niedrigen Niveau. Sollten, was zu erwarten ist, die neuen Möglichkeiten in unterschiedlichen Treibern in unterschiedlicher Auswahl implementiert sein, würden z.B. Portierungs- und Migrationsvorgänge noch stärker behindert werden als bisher.

JDBC 2 umfaßt eine Vielzahl von Änderungen und Erweiterungen in den Kernklassen und erweitert seine Funktionalität in Form der Standarderweiterung `javax.sql` beträchtlich. Die wichtigsten davon werden in den folgenden beiden Abschnitten skizziert, nämlich

- im *Kernbestand*: frei bewegliche (scrollable) Cursor, SQL-Anweisungsstapel, neue Java/ SQL-Typen und die Persistenz von Java-Objekten;

- in der *Standarderweiterung*: JNDI, Connection Pooling, Rowsets und die Unterstützung verteilter Transaktionen.

7.1.1 Kern-API

Resultsets

Die wohl auffälligste Änderung betrifft das Interface `ResultSet`, nämlich die Einführung eines „scrollable" Cursors, d.h. eines Cursors, der sich in beliebige Positionen eines `ResultSet`-Objektes navigieren läßt. Hierzu dienen Methoden wie `first()`, `previous()`, `absolute(int)`, `relative(int)` usw. Möglich ist das natürlich nur bei Verwendung von Treibern, die auf Version 2 beruhen *und* in den neuen Methoden auch die entsprechende Funktionalität implementieren.

Ein `ResultSet`-Objekt kann unterschiedlichen Typs sein:

- `TYPE_FORWARD_ONLY`: Der Cursor läßt sich wie in der Version 1.2 nur vorwärts bewegen.

- `TYPE_SCROLL_SENSITIVE`: Cursor ist „scrollable", und das `ResultSet`-Objekt bemerkt Änderungen in der darunterliegenden Datenbank, solange es existiert.

- `TYPE_SCROLL_INSENSITIVE`: Cursor ist „scrollable", aber Änderungen in der darunterliegenden Datenbank bleiben unbemerkt.

In einem JDBC-`ResultSet`-Objekt lassen sich Daten in der darunterliegenden Datenbank direkt mit den neuen `updateXxx()`-Methoden (z.B. `updateString()` und `updateInt()`) ändern. Gesteuert wird dies über einen

„Concurrency"-Typ, der die Werte CONCUR_READ_ONLY oder CONCUR_
UPDATABLE haben kann.

SQL-Anweisungsstapel

Eine weitere nützliche Neuerung sind *SQL-Anweisungsstapel*. Datenbankände-
rungen (Insert, Update, Delete etc.) können gesammelt und als Stapel geschlossen zur Ausführung gebracht werden. Dazu dienen die zusätzlichen Instanzmethoden addBatch(), clearBatch() und executeBatch() im Interface
Statement. Die Bearbeitungszeiten können sich damit besonders bei großen
Änderungsvolumina erheblich verringern.

Neue Java/SQL-Typen

Neue Datentypen aus dem SQL3-Umfeld sind insbesondere java.sql.Blob,
java.sql.Clob und java.sql.Struct:

- Blob ist ein sog. „Binary Large Object", Clob ein „Character Large
  Object". Sie haben keine Größenbeschränkung und sind unstrukturiert.
  Typischerweise sind Rasterbilder etwa im GIF- oder JPEG-Format Kandi-
  daten für Blobs. (GIF – Graphics Interchange Format – und JPEG – Joint
  Photographic Experts Group – sind die am häufigsten verwendeten Gra-
  phikformate im World Wide Web.)

- Struct ist ein Verbundtyp ähnlich dem in C (struct) oder in Pascal
  (record). Die Attribute dieses Typs lassen sich durch entsprechende
  Zugriffsmethoden in Form von Arrays des Typs java.lang.Object
  beschaffen.

Zu allen neuenTypen sind spezifische Informationen in den JDBC-Metadaten
festgehalten.

Persistenz von Java-Objekten

Unter Persistenz versteht man die Existenz von Objekten über die Lebenszeit
der Programme hinaus, in denen sie erzeugt wurden. Das Überleben von
Objekten kann beispielsweise dadurch gesichert werden, daß sie in einer relationalen Datenbank gespeichert werden. Datenbanksysteme, die sich dazu eig-
nen, heißen *objektrelationale DBMS* (ORDBMS). In solchen Datenbanken können die gespeicherten Objekte in Abfragen einbezogen werden. Oracle8i ist ein
Beispiel für ein solches Datenbanksystem.

JDBC 2.0 hat APIs, die den Umgang mit objektrelationalen Datenbanksystemen
unterstützen, allerdings nur solche, die „java-aware" sind. Solche DBMS heißen

Java-relationale DBMS. Diese DBMS erweitern ihr Typsystem um Java-Typen und erlauben Abfragen in Instanzen dieser Typen.

7.1.2 Standarderweiterungs-API

Mit den Standarderweiterungs-APIs ergeben sich völlig neue Möglichkeiten des Umgangs mit Datenbanksystemen im Vergleich zu denen der Kern-APIs; sie sollen daher im folgenden kurz charakterisiert werden.

JNDI – Java Naming and Directory Interface

JNDI kann zusätzlich zum JDBC-Treibermanager verwendet werden, um Datenquellen und Verbindungen zu Datenquellen zu organisieren. Wenn JNDI verwendet wird, können logische Namen vergeben werden, mit denen konkrete Datenbanken als Datenquellen identifiziert sind. Damit können Anwendungsprogramme unabhängig von spezifischen Treibern und JDBC-URLs gemacht werden.

Connection Pooling

Mit „Connection Pooling" läßt sich über die JDBC-Treiber eine Schicht legen, in der Verbindungen zu Datenbanken in einem Cache so organisiert sind, daß ihre Wiederverwendung möglich ist. Da der Auf- und Abbau von Verbindungen hohen zeitlichen Aufwand erfordert, können mit diesem Verfahren erhebliche Effizienzgewinne erzielt werden.

Rowsets

Ein Rowset-Objekt ist eine „JavaBean", also ein Objekt gemäß dem Komponentenmodell Javas.

Ein Rowset-Objekt kapselt Tabellenzeilen, die aus einer relationalen Datenbank gewonnen wurden. Eine Rowset-Klasse muß das Interface `javax.sql.` `RowSet` implementieren, womit der Klasse und damit ihren Objekten die Unterstützung des Java-Komponentenmodells, JAVABEANS, hinzugefügt wird. Wird ein Rowset-Objekt von seiner Datenbank getrennt, so werden alle getätigten Änderungen an die darunterliegende Datenbank weitergegeben.

Außer den `RowSet`-Interfaces gibt es noch eine Klasse `WebRowSet`, mit der verteilte Client/Server-Implementierungen des `RowSet`-Interfaces möglich werden. Sie dient der Kommunikation von „thin" Clients mit Java-Servlets, die Zugang zu Datenbanken haben.

Unterstützung verteilter Transaktionen

Die JDBC-Treiberunterstützung für verteilte Transaktionen erlaubt Entwicklern, sog. Enterprise JavaBeans (EJBs) zu schreiben, die Transaktionen über mehrere Datenbankserver hinweg unterstützen.

7.2   Embedded SQL für Java

SQL wird in Java durch Methodenaufrufe programmiert, also auf „call level". Das ist recht primitiv, und die Frage nach Besserem daher naheliegend. Eine Art, Verbesserungen zu erreichen, ist die syntaktische Einvernahme von SQL in die Gastsprache. Einen solchen Vorgang, nämlich das Einbauen einer „Fremdsprache" wie SQL in Java oder andere Sprachen, nennt man *Einbetten* oder *Embedding*, und die eingebetteten Sprachen werden entsprechend als *Embedded Languages* bezeichnet, im Falle SQL also *Embedded SQL*.

Eingebettete SQL-Anweisungen können durch ein Präfix von den Anweisungen der Gastsprache, d.h. der Sprache, in der SQL eingebettet ist, unterschieden werden. Im folgenden Beispiel ist die Java-Einbettung von Oracle, SQLJ, verwendet; das Präfix ist #sql, und die SQL-Anweisungen selbst sind von Klammerpaaren {} umschlossen.

```
public class EmbeddedSql {
  ...
  String nachname = "Wege";

  #sql {
    INSERT INTO Personen (vorname, nachname)
           VALUES ('Christian', :nachname)
  }
  #sql {
    SELECT * FROM Personen WHERE nachname LIKE :nachname
  }
  ...
}
```

Programmcode wie der gezeigte ist dem Java-Compiler direkt nicht bekömmlich. SQLJ transformiert diesen Programmcode deshalb mit einem sogenannten *Precompiler* zunächst in gültigen Java-Code, wobei die JDBC-APIs verwendet werden. Dabei wird auch die Syntax der eingebetteten SQL-Anweisungen überprüft, also nicht erst bei der Ausführung dieser Anweisungen beim Ablauf des Programms wie bei der direkten Verwendung von JDBC. Erst danach wird in einem abschließenden Schritt das entstandene Java-Programm in Bytecode

compiliert (siehe Abbildung 7-1). Programmieren in SQLJ ist daher sicher weitaus effizienter als das Programmieren auf „call-level".

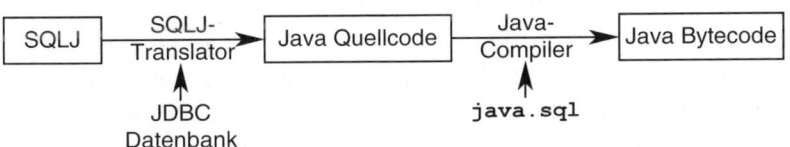

Abbildung 7-1: SQLJ

Vorbild für SQLJ ist u.a. Embedded SQL für C++, Ada und Cobol. Die Dokumentation ist im Web u.a. unter

`http://www.oracle.com/java/sqlj/collateral/overview.html`
sowie

`http://www.oracle.com/java/documentation/pdf/sqlj815.pdf`
zu finden.

SQLJ befindet sich noch in der Entwicklung und ist beispielsweise bei Oracle
als Beta-Produkt für Oracle 7/8-Datenbanken verfügbar. Oracle strebt mit IBM,
Sybase und anderen Herstellern in einer Initiative an, SQLJ zu einem offenen
Standard für die Einbettung von SQL in Java zu machen. Ein Entwurf ist bereits
bei ANSI eingereicht. Welche Bedeutung diese Spracheinbettung künftig haben
wird, ist schwer einzuschätzen.

7.3   Objektrelationale Transformation

von Börries Ludwig, debis Systemhaus

7.3.1   Problematik

Java ist eine objektorientierte Programmiersprache, d.h. Daten in Javaprogram-
men sind dementsprechend in Objekten organisiert. Diese Objekte sind in der
Regel *transient* (flüchtig) und gehen spätestens nach Beenden des Programms
verloren.

Es gibt verschiedene Verfahren, Objekte dauerhaft zu machen. Der Idealfall ist,
sie direkt in einer *objektorientierten* Datenbank *persistent* (dauerhaft) zu halten.

Der Programmieraufwand für die Speicherung von Objekten in einer solchen Datenbank ist sehr gering. Im allgemeinen würde sich der Entwicklungsaufwand auf das Öffnen und Schließen von Transaktionen und der Benutzung einiger Speicherungs- und Lademethoden beschränken.

In fast allen Unternehmen gibt es jedoch die Vorgabe, bereits existierende Datenbestände zu integrieren. Diese Datenbestände können z.B. auf relationalen oder netzwerkorientierten Datenbanken liegen. Sie können auch aus anderen Anwendungen stammen, wie z.B. aus mit IBM's Transaktionsmonitor CICS geklammerten Cobol-Programmen, die letztendlich die Daten in eine Datenbank ablegen. All diesen Systemen ist zumindest gemein, daß sie *nicht* über objektorientierte Schnittstellen verfügen.

Es besteht also ein Bruch zwischen objektorientiertem Paradigma und der nicht-objektorientierten, meist relationalen Welt der Datenbanken. Komplexe Objekte müssen in flache Strukturen, z.B. in Tabellen einer relationalen Datenbank gespeichert werden, und die flach strukturierten Daten der Datenbank sind zu komplexen Objekten zusammenzustellen.

JDBC bietet ein standardisiertes API, das den Zugriff auf *Legacy-* bzw. *Altsysteme* (nicht nur relationale Datenbanken) vereinheitlicht. Jedoch läßt JDBC nur Tabellenstrukturen zu. Objekte lassen sich zum einen über JDBC nicht direkt in Tabellen transferieren, zum anderen geben Suchabfragen nur tabellenförmige Resultsets zurück.

Diese Probleme können von einem Anwendungsentwickler der objektorientierten Welt nicht ohne Kenntnisse der darunterliegenden Altsysteme bewältigt werden. Es ist deshalb sinnvoll, den Altsystemen ein Framework vorzuschalten, das zwischen objektorientierter und nicht-objektorientierter Welt transformiert.

Da in den meisten Fällen auf relationale Datenbanken zugegriffen wird, beschränkt sich der folgende Abschnitt auf die Beschreibung der Problematik der *objektrelationalen Transformation* (oft auch als *Mapping* oder *Abbildung* bezeichnet). Ein Framework für solche Aufgaben wird im allgemeinen *Persistenzmodell* genannt. Persistenzmodelle können z.B. per JDBC auf *bestehenden* Datenbanken aufbauen und daraus eine objektorientierte Umgebung modellieren. Sie können auch aus der objektorientierten Welt ein Schema erzeugen, aus dem die benötigte relationale Datenbank *erzeugt* wird.

7.3.2 Transformationsaufgaben eines Persistenzmodells

Ein objektrelationales *Persistenzmodell* ist ein Framework, das das Speichern von Objekten in relationalen Datenbanken bewerkstelligt. In den Schichten eines Anwendungssystemes sitzt es als Vermittler zwischen Applikation und Datenbank (Abbildung 7-2).

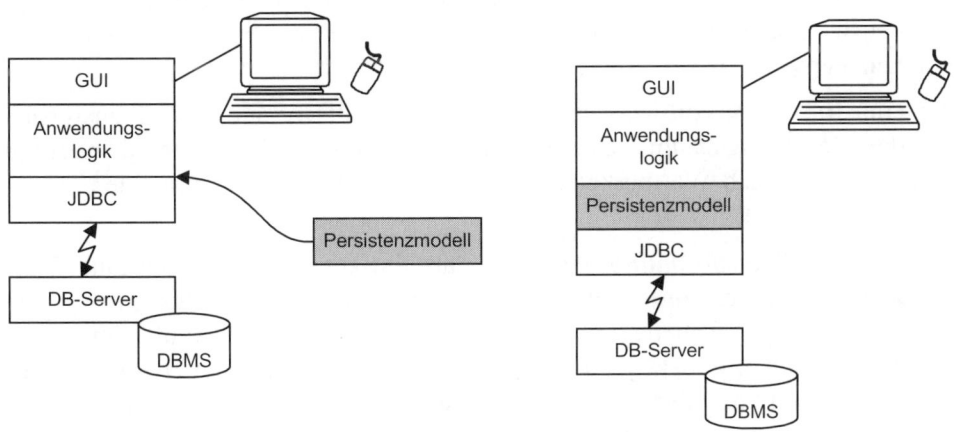

Abbildung 7-2: Persistenzmodell als Vermittler zwischen Anwendung und Datenbank

Das Persistenzmodell verhält sich wie eine virtuelle objektorientierte Datenbank. Dadurch benötigt der Entwickler eines objektorientierten Systems keine Kenntnisse über die relationale Welt. Er muß lediglich die sogenannten *CRUD*-Operationen *Create* (New), *Retrieve* (Read), *Update* (Save) und *Delete* benutzen, um Daten von der Datenbank lesen und wieder dorthin speichern zu können. SQL-Anweisungen oder der Unterschied zwischen Insert und Update sind in der Persistenzschicht gekapselt und dem Entwickler verborgen. Dadurch nimmt ihm das Persistenzmodell umfangreiche Tätigkeiten ab, die im folgenden überblicksmäßig geschildert werden.

Die Transformationsaufgaben können in drei Gruppen untergliedert werden:

- Transformation von Objektattributen in Tabellenspalten;

- Transformation von Klassen in Tabellen und

- Transformation von Beziehungen in Tabellen.

Bei der Transformation von *Objektattributen* in Spalten müssen Datentypen der Programmiersprache in Datentypen der Datenbank transferiert werden. Diese Transformation ist noch recht einfach für elementare Datentypen und Blobs (Binary large objects: Datenspeicher für Rasterbilder, Audio- und Videodaten etc., kurz: für alles, was großen Speicherbedarf hat). Jedoch können in Attributen auch komplexe Datentypen referenziert sein, die auf Datenbankseite in mehrere Tabellen gespeichert werden müssen. Diese Problematik ist Thema bei der Transformation von Beziehungen in Tabellen (s.u.). Eine weitere Aufgabe besteht darin, zwischen Attributen, die transient bleiben, und Attributen, die abgespeichert werden müssen, zu unterscheiden. Ebenso ist zu berücksichtigen, daß in Attributen objektorientierter Sprachen Objekte unterschiedlichen Typs gehalten werden können. In den Spalten eines RDBMS sind jedoch nur Daten gleichen Typs erlaubt.

Die Transformation von Klassen in Tabellen umfaßt vor allem die Transformation des Vererbungsbaums. Dabei können unterschiedliche Strategien verfolgt werden, die je nach Wartbarkeit, Plattenplatz und Performanceaspekten auszuwählen sind.

- *Gefilterte Transformation* bedeutet, daß alle *konkreten* Klassen einer Vererbungshierarchie in *dieselbe* Tabelle transferiert werden. Zusätzlich erhält die jeweilige Tabelle eine Typinformation, die Auskunft über den ursprünglichen Objekttyp des Datensatzes gibt. Würde eine Hierarchie z.B. aus „Person" als abstrakter Klasse sowie aus „Kunde" und „Angestellter" als konkreten Unterklassen bestehen, so ließe sich durch die Typinformation herausfinden, ob der Datensatz ein Kunde oder ein Angestellter ist. Schlechte Wartbarkeit und Verschwendung von Plattenplatz sind Nachteile dieses Ansatzes.

- Bei der *horizontalen Transformation* wird jede *konkrete* Klasse zuzüglich der vererbten Attribute aller *abstrakten* Superklassen in jeweils eigene Tabellen transferiert. Nachteil ist vor allem die schlechte Wartbarkeit dieses Ansatzes.

- Bei der *vertikalen Transformation* erhält *jede* Klasse eines Vererbungsbaums, sei sie abstrakt oder konkret, ihre eigene Tabelle in der Datenbank. Diese Vorgehensweise entspricht am ehesten der Objektorientierung, bringt jedoch leichte Performancenachteile gegenüber den anderen Ansätzen mit sich. Zu berücksichtigen ist auch, daß die Selektion einer Klasse auch auf evtl. Subklassen einer abgefragten Klasse anzuwenden ist (z.B. gibt die Selektion auf die Klasse „Person" sowohl „Kunde" als auch „Angestellter" zurück).

Eine weitere Aufgabe von Persistenzmodellen ist die Transformation von *Beziehungen* in Tabellen.

- Das Abspeichern von 1:1- und 1:N-Beziehungen ist einfach zu bewerkstelligen. Bei 1:1-Beziehungen stellt sich jedoch die Frage, ob diese nicht in eine Tabelle zusammengefaßt werden können. Die Trennung, die in der objektorientierten Welt durch ihren Fokus auf Daten *und* Verhalten Sinn machen könnte, erweist sich in der datenzentrierten relationalen Welt möglicherweise als unnötig.

- Die Transformation von N:M-Beziehungen zwischen Objekten in Tabellen ist schwieriger. Hierzu muß eine Hilfs- bzw. assoziative Tabelle angelegt werden, deren einzige Aufgabe darin besteht, die Beziehungen zu speichern (vgl. Abschnitt 2.2 und 6.1.1). Somit wird aus einer N:M-Beziehung im Objektmodell auf Datenbankseite eine N:1,1:M-Beziehung. Bei N:M- als auch 1:N-Beziehungen kann es dann sehr komplex werden, wenn das Attribut, welches die Verweise auf die anderen Objekte beinhaltet, Objekte unterschiedlichen Typs gestattet.

Als Beispiel wird die Transformation einer N:M-Beziehung skizziert. Dazu dienen die in Abbildung 7-3a gezeigten Objekte der Klassen A und B mit den Identitäten (Primärschlüssel) a1, a2, b1 und b2. Die Beziehungen zu Objekten der jeweils anderen Klasse werden als Referenzen in einer Collection des Objektes, z.B. einem Array oder einer Liste, festgehalten.

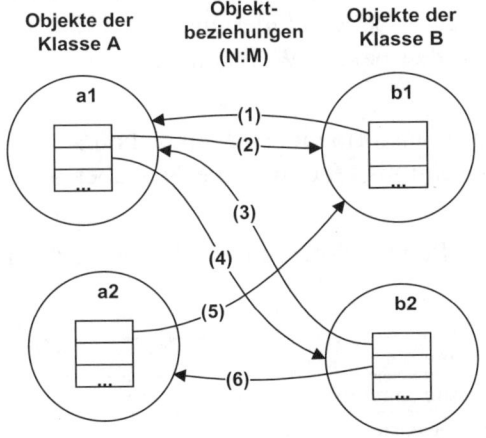

Abbildung 7-3a: Beispiel für eine N:M-Beziehung zwischen zwei Klassen

Allen Beziehungen ist gemein, daß sie auf Datenbankseite durch *zusätzliche Fremdschlüssel* abgebildet werden müssen. Bei Datenbanken gibt es im allgemeinen keinen Array- bzw. Listentyp, d.h. daß in der Datenbank die Tabellen als Fremdschlüssel die Identitäten derjenigen Objekte enthalten, die sie aus dem Array (der Liste) heraus referenzieren. Bei 1:N-Beziehungen erhalten die *referenzierten* Objekte datenbankseitig ein Schlüsselfeld. Bei der N:M-Beziehung erhält die zusätzlich einzuführende assoziative Tabelle diese Schlüsselfelder, und zwar wegen der N:1,1:M-Beziehung zwei (d.h. je Tabelle eines). Das Ergebnis sind die Tabellen in Abbildung 7-3b. Zu beachten ist, daß im Objektmodell die Beziehungen gerichtet sind. Diese Eigenschaft geht bei der Abbildung auf Tabellen verloren.

Tabelle A

	andere	id
		a1
🖉		a2
✳		

assoziative Tabelle

	fs-A	fs-B
▶	a1	b1
	a1	b2
	a2	b1
	a2	b2
✳		

Tabelle B

	id	andere
	b1	
	b2	
▶		

Abbildung 7-3b: Das Ergebnis der Transformation der N:M-Beziehung aus Abbildung 7-3a in Tabellen. Die Beziehungsrichtungen im Objektmodell gehen verloren. (Id ist Primärschlüssel, fs-A und fs-B sind Fremdschlüssel.)

Zu den Transformationsaufgaben gehört auch die Berücksichtigung der *referentiellen Integrität*. Wird ein Objekt gelöscht, so verschwinden ebenfalls die von ihm referenzierten Objekte, sofern sie nicht anderweitig referenziert sind. Zur referentiellen Integrität zählt auch die Kardinalität einer Beziehung, z.B. daß in einer 1:N-Beziehung zu jeder Zeile einer Tabelle mindestens eine Zeile der anderen gehört. Dieses Verhalten muß in den beiden Welten abgeglichen werden.

Ein Persistenzmodell übernimmt neben Transformations- auch Schnittstellenaufgaben wie Objekt-Caching und Transaktionssteuerung, die hier aber außer acht bleiben können.

Einige der zur Zeit am Markt verfügbaren Persistenzmodelle sind in der folgenden Tabelle aufgeführt.

Produkt	Hersteller	Web-Adresse
Java Blend	Javasoft	http://java.sun.com/products/javablend/index.html
Persistence	Persistence	http://www.persistence.com/
Polar	IBL	http://www.ibl.de/polar.html
TopLink	The Object People	http://www.objectpeople.com/toplink/index.htm

7.3.3   Zusammenfassung

Obwohl objektorientierte Datenbanken schon lange einen Reifegrad erreicht haben, die sie für professionelle Anwendungen attraktiv machen, spielt Objektorientierung in den Speichermedien eine untergeordnete Rolle und wird sie auf absehbare Zeit auch weiter spielen. Bei allen Vorteilen solcher Datenbanken haben sie doch einige Nachteile, deren schwerwiegendster die Unterlegenheit bei hohen Transaktionslasten gegenüber RDBMS ist. Aber auch die Überfüh-

rung von relational organisierten Datenbeständen in objektorientierte Datenbanken ist aufwendig und risikoreich.

RDBMS sind weit verbreitet und werden noch über längere Zeit dominieren. In
objektorientierten Umgebungen kann die syntaktische und semantische Kluft
zwischen Objektorientierung und relationaler Datenhaltung mit Persistenzmodellen geschlossen werden. Einen entsprechend hohen Stellenwert werden Persistenzmodelle auch längerfristig haben.

Anhang

A   JDBC-Treiber

Treiber für JDBC 2.0

Vertreiber	Typ	Unterstützte DBMS
Caribou Lake Software	3	Ingres, Oracle
FormWeb Inc.	4	FormWeb
IBM	2, 3	DB2 Universal Version 5.2, DB2 Connect Version 5.2
Imaginary	4	MiniSQL
Intersolv	3	DB2, Ingres, Oracle, Sybase 10/11, MS SQL Server, Informix
KonaSoft, Inc.	3	Sybase, Oracle, Informix, MS SQL Server, andere via ODBC
HXKJ	4	xbase, Foxpro und VFP

Treiber für JDBC 1.0

Vertreiber	Typ	Unterstützte DBMS
Adabas D	4	Adabas D
Agave Software Design	3	Oracle, Sybase, Informix; andere via ODBC
Altera Software	4	Altera SQL Server
Asgard Software	3	Unisys A series DMSII database
BEA WebLogic	2	Oracle, Sybase, MS SQL Server

Vertreiber	Typ	Unterstützte DBMS
BEA WebLogic	3	Einige Dutzend via ODBC-Treiber
BEA WebLogic	4	MS SQL Server und Informix
Caribou Lake Software	3	Ingres, Oracle
Centura Software	4	Centura SQLBase
Cloudscape	4	JBMS
Compaq, Tandem Div.	2, 3	Nostop SQL/MP
DataBahn	4	DataBahn
Ensodex, Inc.	3	Mehrere via ODBC
FreeTDS	4	MS SQL-Server und Sybase ASE
GIE Dyade	-	RMI-Brücke für Remote-Zugriff auf JDBC-Treiber
GNU	4	MySQL
GWE Technologies	4	MySQL
Hit Software	4	DB2, DB2/400
HOB electronic GmbH & Co. KG	4	DB2 (viele Plattformen), VSAM unter CICS (MVS; OS/390, VSE), IMS-DB unter CICS (MVS, OS/390, VSE), IMS-DB unter IMS/DC (MVS), DL/1
Hypersonic	4	Hypersonic SQL
IBM	2, 3	IBM DB2 Version 2
IBM	4	DB2 für OS/290 und OS/400
IDS Software	3	Oracle, Sybase, MS SQL Server, MS Access, Informix, Watcom; andere via ODBC
I-Kinetics, Inc.	3	Oracle, Informix, Sybase; andere via ODBC
Imaginary	4	MiniSQL
i-net software	4	MS SQL Server
Information Builders	3	ECB
Informix Corporation	4	Informix
Instant Computer Sol.	4	InstantDB
InterBase	3	InterBase
InterSoft	3	Essentia
Intersolv	3	DB2, Ingres, Informix, Oracle, Microsoft SQL Server, Sybase 10/11
JavaSoft	1	Einige Dutzend via ODBC
KonaSoft, Inc.	3, 4	Type 3: Sybase, Oracle, Informix, SQL Anywhere, Type 4: Sybase, Oracle
Liberty Integration Software	3	Die meisten PICK Varianten einschließlich VMARK, Unidata, General Automation, PICK systems
Lotus Development	2	Domino
NetAway	3	Oracle, Informix, Sybase, MS SQL Server, DB2, andere via ODBC
Nogginware Corporation	3	Viele Datenbanken via ODBC
OpenLink	3	Oracle, Informix, Sybase, MS SQL Server, CA-Ingres, Progress, Unify, PostgreSQL, Solid, andere via ODBC

Vertreiber	Typ	Unterstützte DBMS
Oracle Corporation	2, 4	Oracle
Recital Corporation	3	DB2/6000, Informix, Ingres, Oracle, andere via ODBC
Recital Corporation	4	Recital, Xbase, CISAM, RMS
SAS Institute Inc.	3, 4	SAS, und via SAS/ACCESS, Oracle, Informix, Ingres und ADABAS
SCO	3	Informix, Oracle, Ingres, Sybase, Interbase
Simba Technologies	3	Oracle, Sybase, MS SQL
SoftGlobe	3	Viele via JDBC.
Software AG	4	ADABAS D
Solid Information Tech.	4	Solid Server
StarQuest Software	1	DB2/MVS, DB2/400, SQL/DS, DB2/CS für AIX, OS/2, HP-UX, Solaris und Windows NT, DB2 Universal Database
Sybase, Inc	3, 4	Sybase SQL Server, SQL Anywhere, Sybase IQ, Replication Server und mehr als 25 Enterprise- und Legacy-Datenbankserver via Sybase OmniCONNECT
Symantec	3	Oracle, Sybase, MS SQL Server, MS Access, Watcom und andere via ODBC
ThinWeb SoftWare	-	Jede Datenbank, die JDBC oder ODBC unterstützt.
tjFM	4	MySQL
Trifox, Inc.	3	ADABAS, DB2, Informix, Ingres, Oracle, Rdb, SQL Server, Sybase und Legacy-Systeme via GENESIS.
Visigenic	3	Einige Dutzend mittels ODBC-Treibern.
XDB Systems, Inc.	1, 3	Viele Datenbanken mittels ODBC.
Yard Software GmbH	4	YARD-SQL Database

Die Treibertypen (Genaueres siehe Abschnitt 4.6):

1. JDBC-ODBC-Brücke plus ODBC-Treiber
2. Natives API und teilweise in Java geschriebener Treiber
3. JDBC-Netz mit in reinem Java geschriebenem Treiber
4. In reinem Java geschriebener Treiber

Quelle: http://java.sun.com:80/products/jdbc/drivers.html

B Umwandlung von JDBC-Typen

In den folgenden vier Abschnitten finden sich Tabellen für die unterschiedlichen Arten der Umwandlung von JDBC/SQL- in Java-Typen und umgekehrt.

Die Standard-JDBC-Typen sind in der Klasse `java.sql.Types` festgehalten. Zusätzliche JDBC-Typen sind gelegentlich in den Treiberimplementierungen zu finden, z.B. in `oracle.jdbc.driver.OracleTypes`.

B.1 JDBC-Typen in Java-Typen und umgekehrt

In der Tabelle sind die Umwandlungen von JDBC-Typen insbesondere in primitive Typen und deren Umkehrungen aufgeführt.

Die Pfeile $\Rightarrow$ geben die Richtung der Typwandlung an.

JDBC-Typ $\Rightarrow$	Java-Typ $\Rightarrow$	JBDC-Typ
CHAR		VARCHAR bzw. LONGVARCHAR
VARCHAR	String	
LONGVARCHAR		
NUMERIC	java.math.BigDecimal	NUMERIC
DECIMAL		
BIT	boolean	BIT
TINYINT	byte	TINYINT
SMALLINT	short	SMALLINT
INTEGER	int	INTEGER
BIGINT	long	BIGINT
REAL	float	REAL
FLOAT	double	DOUBLE
DOUBLE		
BINARY		VARBINARY bzw. LONGVARBINARY
VARBINARY	byte[]	
LONGVARBINARY		
DATE	java.sql.Date	DATE
TIME	java.sql.Time	TIME
TIMESTAMP	java.sql.Timestamp	TIMESTAMP

B.2 JDBC-Typen in Java-Klassen (Objekttypen) und umgekehrt

In der Tabelle sind die Umwandlungen von JDBC-Typen in Java-Klassen (Objekttypen) und umgekehrt gezeigt, wie sie von den Methoden `get Object()` und `setObject()` verwendet werden.

Die Pfeile $\Rightarrow$ geben die Richtung der Typwandlung an.

JDBC-Typ $\Rightarrow$	Java-Objekttyp $\Rightarrow$	JBDC-Typ
CHAR		VARCHAR bzw. LONGVARCHAR
VARCHAR	String	
LONGVARCHAR		
NUMERIC	java.math.BigDecimal	NUMERIC
DECIMAL		
BIT	Boolean	BIT
TINYINT		
SMALLINT	Integer	INTEGER
INTEGER		
BIGINT	Long	BIGINT
REAL	Float	REAL
FLOAT	Double	DOUBLE
DOUBLE		
BINARY		VARBINARY bzw. LONGVARBINARY
VARBINARY	byte[]	
LONGVARBINARY		
DATE	java.sql.Date	DATE
TIME	java.sql.Time	TIME
TIMESTAMP	java.sql.Timestamp	TIMESTAMP

B.3 Typkonvertierungen mit PreparedStatement.setObject()

	TINYINT	SMALLINT	INTEGER	BIGINT	REAL	FLOAT	DOUBLE	DECIMAL	NUMERIC	BIT	CHAR	VARCHAR	LONGVARCHAR	BINARY	VARBINARY	LONGVARBINARY	DATE	TIME	TIMESTAMP
String	x	x	x	x	x	x	x	x	x	x	x	x	x	x	x	x	x	x	x
java.math.BigDecimal	x	x	x	x	x	x	x	x	x	x	x	x	x						
Boolean	x	x	x	x	x	x	x	x	x	x	x	x	x						
Integer	x	x	x	x	x	x	x	x	x	x	x	x	x						
Long	x	x	x	x	x	x	x	x	x	x	x	x	x						
Float	x	x	x	x	x	x	x	x	x	x	x	x	x						
Double	x	x	x	x	x	x	x	x	x	x	x	x	x						
byte[]														x	x	x			
java.sql.Date											x	x	x				x		x
java.sql.Time											x	x	x					x	
Java.sql.Timestamp											x	x	x				x	x	x

„x" bedeutet, daß mit der Methode setObject() aus der Klasse Prepared Statement der links angegebene Java-Typ in die entsprechenden JDBC/SQL-Typen umgewandelt werden kann.

B.4 Typkonvertierungen mit *ResultSet.getXxx()*

	TINYINT	SMALLINT	INTEGER	BIGINT	REAL	FLOAT	DOUBLE	DECIMAL	NUMERIC	BIT	CHAR	VARCHAR	LONGVARCHAR	BINARY	VARBINARY	LONGVARBINARY	DATE	TIME	TIMESTAMP
getByte()	**X**	x	x	x	x	x	x	x	x	x	x	x	x						
getShort()	x	**X**	x	x	x	x	x	x	x	x	x	x	x						
getInt()	x	x	**X**	x	x	x	x	x	x	x	x	x	x						
getLong()				**X**									x						
getFloat()					**X**								x						
getDouble()						**X**	**X**						x						
getBigDecimal()								**X**	**X**				x						
getBoolean()	x	x	x	x	x	x	x	x	x	**X**	x	x	x						
getString()	x	x	x	x	x	x	x	x	x	x	**X**	**X**	x	x	x	x	x	x	x
getBytes()														**X**	**X**	x			
getDate()											x	x	x				**X**		x
getTime()											x	x	x					**X**	x
getTimeStamp()											x	x	x				x	x	**X**
getAsciiStream()											x	x	**X**	x	x	x			
getUnicodeStream()											x	x	**X**	x	x	x			
getBinaryStream()														x	x	**X**			
getObject()	x	x	x	x	x	x	x	x	x	x	x	x	x	x	x	x	x	x	x

„x" heißt, die in der gleichen Zeile ganz links angegebene Methode kann den in der gleichen Spalte obenstehenden JDBC-Typ abrufen; ein fettes „**X**" bedeutet, daß diese Methode zum Abruf des entsprechenden Typs empfohlen wird.

C   Die Musterdatenbank „Kurse"

Die Datenbank „Kurse" besteht aus den folgenden Tabellen:

Dozenten

Feld	Typ	Nicht leer	Schlüssel
dcode	INTEGER	Ja	Ja
nachname	CHAR(25)	Nein	Nein
vorname	CHAR(25)	Nein	Nein

Kurse

Feld	Typ	Nicht leer	Schlüssel
kcode	INTEGER	Ja	Ja
typ	CHAR(1)	Nein	Nein
dcode	INTEGER	Nein	Nein
bezeichnung	CHAR(100)	Nein	Nein
datum	DATE	Nein	Nein
zeit	FLOAT	Nein	Nein

Personen

Feld	Typ	Nicht leer	Schlüssel
pcode	INTEGER	Ja	Ja
nachname	CHAR(25)	Nein	Nein
vorname	CHAR(25)	Nein	Nein

Teilnehmer

Feld	Typ	Nicht leer	Schlüssel
pcode	INTEGER	Ja	Nein
kcode	INTEGER	Ja	Nein

D   Der Datenbankserver MiniSQL

MiniSQL ist ein kommerzieller SQL-Datenbankserver, der in zwei Versionen vertrieben wird. Beide Versionen können zu Evaluierungszwecken als Vollversionen frei im Internet beschafft werden.

MiniSQL Version 1.x hat gegenüber der Version 2 u.a. den Vorzug, für nicht gewinnorientierte Organisationen kostenfrei zu sein. Außerdem gibt es eine Fassung für Windows NT, die auch unter Windows 95/98 funktioniert, eine in HTML einbettbare Skriptsprache (W3 mSQL) und einen Typ 4-JDBC-Treiber. Die Version 1 basiert auf einer sehr kleinen SQL-Untermenge. Die JDBC-Treiber sind zwar infolgedessen nicht JDBC-konform, dafür aber in der Handhabung sehr einfach und daher auch zum Erlernen gut geeignet.

Zur Installation unter Windows NT (oder Windows 95/98) verfährt man wie folgt:

- Die Dateien `mSQL-JDBC.tar.gz` und `msql116b-w32.zip` beschaffen; Bezugsquellen siehe Abschnitt „Webware". Zum Entpacken wird WINZIP empfohlen, das auch die UNIX-Dateiformate `.tar` und `.gz` korrekt verarbeitet (Bezugsquelle: `http://www.winzip.com`).

- `msql116b-w32.zip` in irgendein temporäres Verzeichnis entpacken.

- In diesem temporären Verzeichnis die Stapeldatei `install.bat` starten; das Ergebnis ist in `C:\msql` zu finden (es empfiehlt sich, das Installationsverzeichnis *nicht* zu ändern).

- In der Stapeldatei `msqld.bat` in der Zeile mit `SET MSQL_HOME= c:\msql` evtl. Leerstellen in Anschluß an „...=c:\msql" entfernen. Der Server startet andernfalls nicht korrekt, was an der Meldung über eine angeblich fehlende ACL-Datei zu erkennen ist.

- Im Windows-Verzeichnis (Windows 9x) bzw. im Unterverzeichnis `system32\drivers\` (Windows NT) muß eine Datei des Namens `hosts` mit dem Eintrag

  `127.0.0.1     localhost`   weitere Namen wie z.B. `me`

  enthalten sein. `localhost` muß an erster Stelle stehen. Als Vorlage kann die Musterdatei `hosts.sam` im gleichen Verzeichnis verwendet werden.

- Den JDBC-Treiber für MiniSQL, `mSQL-JDBC.tar.gz`, in irgendein temporäres Verzeichnis entpacken, dann aus diesem temporären Verzeichnis `imaginary.zip` (z.B.) in das `lib`-Verzeichnis der JDK/Java-Installation wahlweise direkt kopieren oder entpacken (mit WINZIP geht das dreistufig auch ohne Verwendung eines temporären Verzeichnisses).

Zur Administration stehen Hilfsprogramme für die Verwendung in einem DOS-Fenster zur Verfügung. In den `.bat`-Dateien werden vor Aufruf der gleichnamigen `.exe`-Dateien alle erforderlichen Windows-Umgebungsvariablen gesetzt, z.B. in der Datei `msqladm.bat`:

```
SET MSQL_HOME=c:\msql
SET USER=root
SET MSQL_TCP_PORT=1112
c:\msql\msqladm.exe
```

Zu Administrationszwecken stehen die folgenden Programme zur Verfügung;

- `msqld.bat`   zum Starten des SQL-Servers
- `msqladm.bat`   insbesondere zum Erzeugen und Löschen von Datenbanken
- `msqldump.bat` exportiert Tabellen in Form von SQL-Anweisungen, die mit der SQL-Schnittstelle von MiniSQL kompatibel sind
- `msql.bat`   stellt eine SQL-Schnittstelle zu Datenbanken bereit
- `relshow.bat`   zeigt Datenbank- und Tabellenstrukturen an

Die Administrationsprogramme im einzelnen:

msqld.bat

Mit dieser Stapeldatei wird der SQL-Server gestartet.

msqladm.bat

Mit dem Administrationsprogramm `msqladm.bat` können Datenbanken erzeugt oder vernichtet werden. Die Eingabe ohne Argumente bewirkt die Ausgabe einer knappen Gebrauchsanweisung:

```
usage : msqladmin [-h host] [-q] <Command>
where command =  drop DatabaseName
                 create DatabaseName
                 shutdown
                 reload
                 version
 -q     Quiet mode.  No verification of commands.
```

Anmerkung: Ein Datenbankname ist in MiniSQL durch ein Verzeichnis gleichen Namens repräsentiert, z.B. die Datenbank `MeineDB` als `C:\msql\`

msqldata\MeineDB. Statt über das msqladmin-Programm lassen sich Datenbanken also mit Windowsmitteln einrichten (MKDIR) und löschen (RMDIR).

msqldump.bat

msqldump.bat dient der Sicherung aller Daten einer oder aller Tabellen einer
Datenbank einschließlich der Tabellendefinitionen. Verwendet werden dafür die
SQL-Anweisungen CREATE TABLE und INSERT, d.h. so gesicherte Tabellen
können über das Kommando msql.bat direkt wiederhergestellt werden. Auch
hier die Kurzanweisung nach Kommandoeingabe ohne Parameter:

```
usage:  msqldump [-h host] [-vtdc] database [table]
        Produce an ASCII dump of a database table
        or an entire database
    -h     Use mSQL server on remote host
    -v     Verbose mode
    -t     Do not produce the table creation information
    -d     Do not produce the data insertion information
    -c     Complete INSERT statements (including field names)
```

msql.bat

Dieses Programm unterstützt eine einfache Kommandoschnittstelle für SQL-
Anweisungen. SQL-Kommandos können nach Start von msql.bat am Kom-
mandoprompt eingegeben werden. Der nachfolgende Dialog zeigt beispielhaft
die wichtigsten Funktionen.

C:\Msql>msql
```
Usage : msql [-h host] database
```

C:\Msql>msql Kurse
```
Welcome to the miniSQL monitor.  Type \h for help.
```

mSQL > \h
```
MiniSQL Help!
The following commands are available :-
        \q     Quit
        \g     Go (Send query to database)
        \e     Edit (Edit previous query)
        \p     Print (Print the query buffer)
```

```
mSQL > SELECT * FROM Personen WHERE nachname LIKE 'K%' \g
Query OK.
3 rows matched.
    +----------+--------------------+-----------------------+
    | pcode    | nachname           | vorname               |
    +----------+--------------------+-----------------------+
    | 88       | Khan               | Dschingis             |
    | 101      | Kunze              | Sieglinde             |
    | 91       | Kaiser             | Leo                   |
    +----------+--------------------+-----------------------+
```

mSQL > \q
```
C:\Msql>
```

msql.bat wird auch zum Restaurieren aus einer mit msqldump erzeugten Sicherungsdatei verwendet.

C:\Msql>msqldump Kurse > Kurse.msqldump

// Struktur & Daten sichern

C:\Msql>msqladm drop Kurse   // Datenbank vernichten
```
Dropping the database is potentially a very bad thing to do.
Any data stored in the database will be destroyed.
Do you really want to drop the "Test" database?  [Y/N] y
Database "Kurse" dropped
```

C:\Msql>msqladm create Kurse   // Datenbank erzeugen
```
Database "Kurse" created.
```

C:\Msql>msql Kurse < Kurse.msqldump

// Struktur & Daten restaurieren

relshow.bat

Mit relshow.bat schließlich können Datenbank- und Tabellenstrukturen angezeigt werden, wiederum mit einem Dialog am DOS-Prompt exemplifiziert:

C:\Msql>relshow
```
    +------------------+
    |    Databases     |
    +------------------+
    | Erste            |
    | Kurse            |
    +------------------+
```

```
C:\Msql>relshow Kurse
Database = Kurse
    +--------------------+
    |        Table       |
    +--------------------+
    | Dozenten           |
    | Kurse              |
    | Personen           |
    | Teilnehmer         |
    +--------------------+
```

```
C:\Msql>relshow Kurse Dozenten
Database = Kurse
Table    = Dozenten
    +-----------------+----------+--------+----------+-----+
    |      Field      |   Type   | Length | Not Null | Key |
    +-----------------+----------+--------+----------+-----+
    | dcode           | int      | 4      | N        | N   |
    | nachname        | char     | 25     | N        | N   |
    | vorname         | char     | 25     | N        | N   |
    +-----------------+----------+--------+----------+-----+
```

Wichtig: Die Hilfsprogramme benötigen DNS-Unterstützung (auch bei Verwendung von localhost), d.h. sie können nur bei bestehender Verbindung mit
dem Internet verwendet werden. (Das ließe sich dadurch ändern, daß – beispielsweise als Java- und JDBC-Übung – ein kleines Verwaltungsprogramm als
Applikation in Java verfertigt würde.)

E   ODBC konfigurieren

Im folgenden ist Schritt für Schritt gezeigt, wie in ODBC eine Access-Datenbank bekannt gemacht wird. Da sich die ODBC-Software in älteren Versionen recht unterschiedlich präsentiert, sind zwei Varianten gezeigt.

Der erste Schritt besteht darin, die Systemsteuerung

Systemsteuerung

zu aktivieren und dann im Fenster der Systemsteuerung ODBC bzw. 32 Bit-ODBC zu starten:

ODBC bzw. **32 Bit ODBC**

In der neueren ODBC-Version geht es dann den Bildern entsprechend auf der linken Seite weiter, während rechts das Vorgehen mit einer älteren ODBC-Version verfolgt werden kann.

Hinzufügen ... drücken

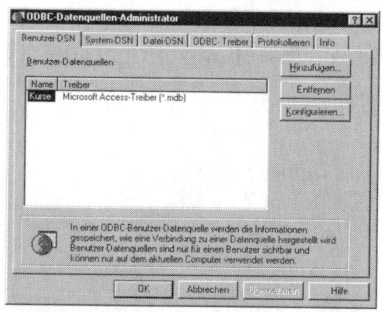

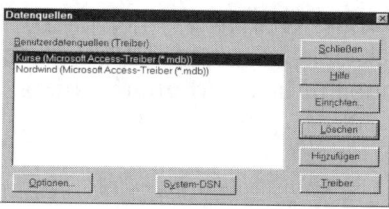

Microsoft Access-Treiber (*.mdb) wählen, dann *Fertigstellen* bzw. *OK* drücken

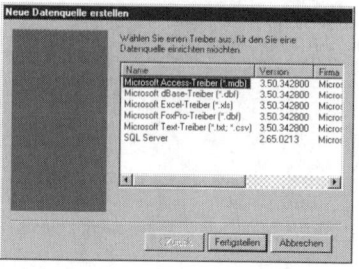

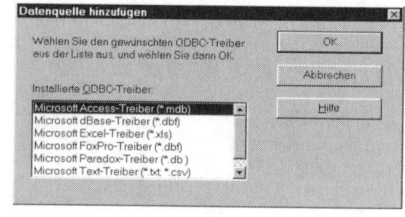

Auswählen ... drücken

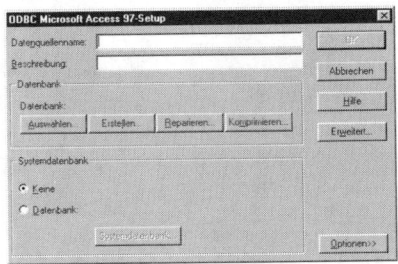 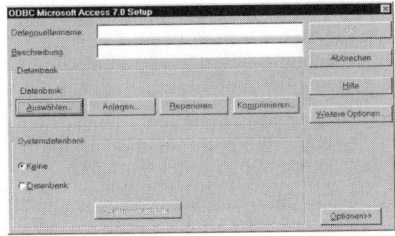

Erste.mdb (oder *Kurse.mdb*) auswählen, dann *OK* drücken

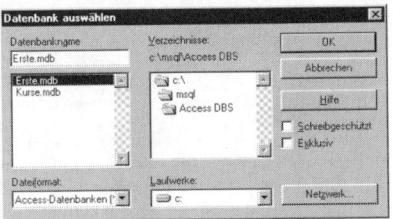 

Erste (oder *Kurse*) in Datenquellenname tippen, dann *OK* drücken

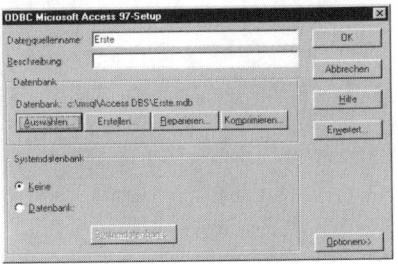 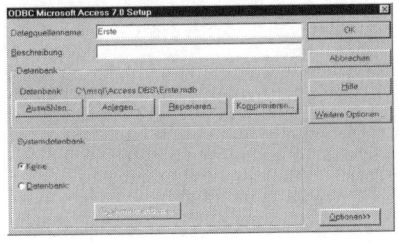

Erste (oder *Kurse*) ist eingetragen; *OK* bzw. *Schließen* drücken zum Abschließen

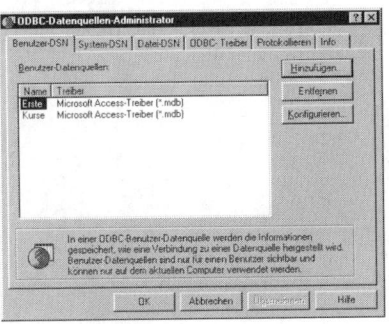 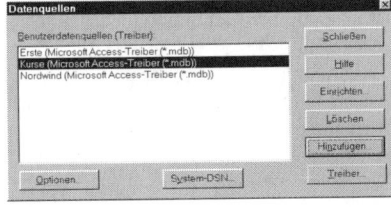

Literatur

[Ambler 99]
Ambler, Scott W.: Mapping Objects To Relational Databases.
http://www.ambysoft.com/mappingObjects.pdf

[Chan 98]
Chan, Patrick; Lee, Rosanna; Kramer, Douglas: The Java Class Libraries.
Bände 1 und 2. Addison-Wesley 1998, 2. Auflage, ISBN 0-201-31002-3
und 0-201-31003-1

[Date 95]
Date, Chris J.: An Introduction to Database Systems.
Addison-Wesley 1995, 6. Auflage, ISBN 0-201-82458-2

[Date 98]
Date, Chris J.; Darwen, Hugh: SQL – Der Standard. (Übersetzung der 4. Auf-
lage des amerikanischen Originals, „A Guide to the SQL-Standard"),
Addison-Wesley 1998, ISBN 3-8273-1345-7

[Dicken 1997]
Dicken, Hans: JDBC. Internet-Datenbankanbindung mit Java.
Thomson 1997, ISBN 3-8266-0343-5

[Eckstein 98]
Eckstein, Robert; Loy, Marc; Wood, Dave: Java Swing.
O'Reilly, 1998, ISBN 1-56592-455-X

[Hamilton 98]
Hamilton, Graham; Cattell, Rick; Fisher, Maydene: JDBC. Datenbankzugriff
mit Java. (Übersetzung des amerikanischen Originals, „JDBC. Database Access
with Java."), Addison-Wesley 1998, ISBN 3-8273-1306-6

[Hunter 98]
Hunter, Jason; Crawford, William: Java Servlet Programming.
O'Reilly 1998, ISBN 1-56592-391-X

[Jepson 98]
Jepson, Brian; Hughes, David J.: Official Guide to MiniSQL 2.0.
Wiley 1998, ISBN 0-471-24535-6

[Jobst 99]
Jobst, Fritz: Programmieren in Java.
Hanser 1999, 2. Auflage, ISBN 3-446-21091-1

[Orfali 98a]
Orfali, Robert; Harkey, Dan: Instant Corba.
Addison-Wesley 1998, ISBN 3-8273-1325-2

[Orfali 98b]
Orfali, Robert; Harkey, Dan; Edwards, Jeri: Client/Server Survival Guide.
Wiley 1999, 3. Auflage, ISBN 0-471-31615-6

[Orfali 99]
Orfali, Robert; Harkey, Dan: Client/Server Programming with Java and Corba.
Wiley 1998, 2. Auflage, ISBN 0-471-24578-X

[Stonebraker 99]
Stonebraker, Michael: Objektrelationale Datenbanken.
Hanser 1999, ISBN 3-446-19334-0

[SUN 96]
JDBC Guide: Getting Started.
SUN Microsystems 1995, http://java.sun.com

[SUN 97a]
JDBC: A Java SQL API.
SUN Microsystems 1997, http://java.sun.com

[SUN 97b]
Java Remote Method Invocation Specification.
SUN Microsystems 1997, http://java.sun.com

[SUN 97c]
Java RMI Tutorial.
SUN Microsystems 1997, http://java.sun.com

[SUN 98]
Java Servlet API Specification.
SUN Microsystems 1998, http://java.sun.com

[Klute 98]
Klute, Rainer: JDBC in der Praxis.
Addison-Wesley 1998, ISBN 3-8273-1301-5

[Rob 95]
Rob, Peter; Coronel, Carlos: Database Systems. Design, Implementation, and
Management. boyd & fraser 1995, 2. Auflage, ISBN 0-7895-0052-3

[Stahlknecht 97]
Stahlknecht, Peter: Einführung in die Wirtschaftsinformatik.
Springer 1997, 8. Auflage, ISBN 3-540-62477-5

[Steiner 94]
Steiner, René: Theorie und Praxis relationaler Datenbanken.
Vieweg 1994, ISBN 3-528-05427-1

[van der Lans 94]
van der Lans, Rick F.: Introduction to SQL.
Addison-Wesley 1994, 2. Auflage, ISBN 0-201-62425-7

[Wall 96]
Wall, Larry; Christiansen, Tom; Schwartz, Randal L.: Programming Perl.
O'Reilly 1996, 2. Auflage, ISBN 1-56592-149-6

[Walrath 99]
Walrath, Kathy; Campione, Mary: The Java Tutorial
http://java.sun.com/docs/books/tutorial/index.html
(mit speziellen Kapiteln u.a. über JDBC, RMI und IDL)

[White 99]
White, Seth; Fisher, Maydene; Cattell, Rick; Hamilton, Graham; Hapner, Mark:
JDBC API Tutorial and Reference: Universal Data Access for the Java 2
Platform. Addison-Wesley 1999, 2. Auflage, ISBN 0-201-43328-1

[Yoder 99]
Yoder, Joseph W.; Johnson, Ralph E.; Wilson, Quince D.: Connecting Business
Objects to Relational Database
http://www-cat.ncsa.uiuc.edu/~yoder/Research/objectmappings/Persista.pdf

Webware

Programmbeispiele in diesem Buch	http://www.inf.uni-hohenheim.de/buch/ jdbc/index.html
JDBC-Kurzanleitung	http://www.inf.uni-hohenheim.de/buch/ jdbc/ kurz.pdf
Sun Microsystems	http://www.sun.com http://java.sun.com
Java Developer Connection	http://developer.java.sun.com/developer
JFC / Swing	http://java.sun.com/products/jfc/
JDBC	http://java.sun.com/products/jdbc/
JDK 1.1	http://java.sun.com/products/jdk/1.1/
JDK 1.2 (Java 2)	http://java.sun.com/products/jdk/1.2/
IDL-Compiler	http://developer.javasoft.com/developer/ earlyAccess/jdk12/ idltojava.html
Oracle	http://www.oracle.com
Trial Software, u.a. Oracle8 PE	http://www.oracle.com/products/trial/ html/trial.html
Embedded SQL für Java (SQLJ)	http://www.oracle.com/st/products/sqlj/ collateral.html
	http://www.oracle.com/st/products/jdbc/ sqlj/usrguide.html
MiniSQL	http://www.Hughes.com.au
MiniSQL 1.0.16 c für Win32	http://www.blnet.com/msqlpc/ downloads.htm

MiniSQL 1.0.16 b für Win32   http://www.blnet.com/msqlpc/peter/
  (diese Version liegt den MiniSQL-Beispielen zugrunde)

JDBC-Treiber für MiniSQL   http://www.imaginary.com/Java/
                                            mSQL-JDBC/downloads.html

Omnicron Webserver   http://www.omnicron.ab.ca/httpd/
                                                  download.html

Apache Webserver   http://www.apache.org/docs/windows.html

Jigsaw Webserver in Java   http://www.w3.org/Jigsaw/

IBM Internet Connection Server   http://www.software.ibm.com/is/
                                                  sw-servers/

Perl 5 für Windows 95/98/NT   http://www.activestate.com/pw32/

Request for Comments (RFCs)   ftp://ftp.denic.de/pub/rfc/
  (Internet-Standards)

CORBA / OMG   http://www.omg.org/

Stichwortverzeichnis

JDBC Kurzanleitung

Aus: Dehnhardt, Wolfgang: Anwendungsprogrammierung mit JDBC. © Hanser 1999, ISBN 3-446-21265-5

Treiber laden und registrieren

```
Class.forName("package.TreiberKlasse");          z.B.
Class.forName("sun.jdbc.odbc.JdbcOdbcDriver");
```

Verbinden

```
Connection c =
        DriverManager.getConnection(url, login, passwort);
url = "protokoll:subprotokoll:datenbank";              oder
url = "protokoll:subprotokoll://ip-adresse:portnr/datenbank";
z.B.
url = "jdbc:odbc:Kurse";                               oder
url = "jdbc:msql://www.beispiele.de:1112/Kurse";
```

Statement und ResultSet

```
Statement s =           c.createStatement();
ResultSet rs =          s.executeQuery("sqlAusdruck");
int geänderteZeilen =   s.executeUpdate("sqlAusdruck");

if (s.execute("sqlAusdruck"))                   // true:
    ResultSet rs =      s.getResultSet();        // ResultSet
else                                             // false:
    int geänderteZeilen = s.getUpdateCount();    // Zähler
```

Vorbereitete Anweisungen

```
PreparedStatement ps = c.prepareStatement
        ("UPDATE tabelle SET spalte = ? WHERE nr = ?");
(Fragezeichen werden mit 1 beginnend durchgezählt.)
ps.setString(1, "Robusta");                      // erstes ?
ps.setInt(2, 27);                                // zweites ?
ResultSet rs =          ps.executeQuery();
int geänderteZeilen =   ps.executeUpdate();
boolean b =             ps.execute();
```

Gespeicherte Prozeduren

```
CallableStatement cs = c.prepareCall
        ("{call meineProzedur(?, ? ...)}");
CallableStatement cs = c.prepareCall
        ("{? = call meineFunktion(?, ? ...)}");
(Fragezeichen werden mit 1 beginnend durchgezählt.)
cs.registerOutParameter(paramIndex, Types.datenTyp)
cs.setTyp(paramIndex, wert)    (Typ = Int, Float, String, ...)
ResultSet rs =          cs.executeQuery();
int geänderteZeilen =   cs.executeUpdate();
boolean b =             cs.execute();
```

Auswertung

```
while (rs.next()) {
    String  sp1 = rs.getString("spalte1Name");   // Spalte 1
    int     sp2 = rs.getInt(2);                  // Spalte 2
}
```

Beispiel (mit Metadaten, s.u.)

```
Class.forName("sun.jdbc.odbc.JdbcOdbcDriver");
Connection c =  Drivermanager.getConnection
                        ("jdbc:odbc:Kurse", "ich", "");
Statement s = c.createStatement();
if (s.execute("SELECT * FROM Personen")) {
    ResultSet rs = s.getResultSet();
    ResultSetMetaData rsmd = rs.getMetaData();
    int max = rsmd.getColumnCount();
    for (int i = 1; i <= max; i++)
        System.out.println(rsmd.getColumnName(i));
    while(rs.next())
        for (int i = 1; i <= max; i++)
            System.out.println(rs.getString(i));
}
else
    System.out.println(s.getUpdateCount());
```

Metadaten

```
DatabaseMetaData dbmd   = c.getMetaData();
ResultSetMetaData rsmd  = rs.getMetaData();
```

JDBC-Typen

Siehe JDBC-Klasse java.sql.Types
und evtl. JDBC-Implementierungen XxxTypes
(z.B. oracle.jdbc.driver.OracleTypes)
sowie auf der Rückseite

SQL

```
SELECT spaltenListe
FROM tabellenListe
[WHERE bedingungen]
[GROUP BY spalte
    [HAVING bedingungen] ]
[ORDER BY spaltenListe [ASC | DESC] ]


UPDATE tabelle
SET spaltenWerteListe
[WHERE bedingungen]


INSERT INTO tabelle [(spaltenListe)]
VALUES (werteListe)


INSERT INTO tabelle [(spaltenListe)]
SELECT spaltenListe
FROM tabellenListe ...


DELETE FROM tabelle
[WHERE bedingungen]
```

Programmbeispiele zum Buch:

```
http://www.inf.uni-hohenheim.de/buch/jdbc
```

Java: JDK, JDBC, Dokumente:

```
http://java.sun.com, z.B.
http://java.sun.com/products/jdk/1.x (x=1,2) und http://java.sun.com/products/jdbc
```

Referenzen:

- Hamilton/Cattell/Fisher: JDBC. Datenbankzugriff mit Java. © Addison-Wesley 1998, ISBN 3-8273-1306-6 (JDBC Version 1)
- White/Fisher/Cattell/Hamilton/Hapner: JDBC API Tutorial and Reference: Universal Data Access for the Java 2 Platform.
  © Addison-Wesley 1999, 2. Auflage, ISBN 0-201-43328-1 (JDBC Version 2)

© 1999 Carl Hanser Verlag München Wien

Mit `PreparedStatement.setObject()` mögliche Umwandlungen von Java- in JDBC/SQL-Typen

	TINYINT	SMALLINT	INTEGER	BIGINT	REAL	FLOAT	DOUBLE	DECIMAL	NUMERIC	BIT	CHAR	VARCHAR	LONGVARCHAR	BINARY	VARBINARY	LONGVARBINARY	DATE	TIME	TIMESTAMP
String	x	x	x	x	x	x	x	x	x	x	x	x	x	x	x	x	x	x	x
java.math.BigDecimal	x	x	x	x	x	x	x	x	x	x	x	x	x						
Boolean	x	x	x	x	x	x	x	x	x	x	x	x							
Integer	x	x	x	x	x	x	x	x	x	x	x	x							
Long	x	x	x	x	x	x	x	x	x	x	x	x							
Float	x	x	x	x	x	x	x	x	x	x	x	x							
Double	x	x	x	x	x	x	x	x	x	x	x	x							
byte[]														x	x	x			
java.sql.Date											x	x	x				x		x
java.sql.Time											x	x	x					x	
Java.sql.Timestamp											x	x	x				x	x	x

"x" bedeutet, daß mit der Methode `setObject()` aus der Klasse `PreparedStatement` der links angegebene Java-Typ in die entsprechenden JDBC/SQL-Typen umgewandelt werden kann.

Mit `ResultSet.getXxx()`-Methoden abrufbare Datentypen

	TINYINT	SMALLINT	INTEGER	BIGINT	REAL	FLOAT	DOUBLE	DECIMAL	NUMERIC	BIT	CHAR	VARCHAR	LONGVARCHAR	BINARY	VARBINARY	LONGVARBINARY	DATE	TIME	TIMESTAMP
getByte()	**x**	x	x	x	x	x	x	x	x	x	x	x							
getShort()	x	**x**	x	x	x	x	x	x	x	x	x	x							
getInt()	x	x	**x**	x	x	x	x	x	x	x	x	x							
getLong()				**x**								x							
getFloat()					**x**							x							
getDouble()						**x**	**x**					x							
getBigDecimal()								**x**	**x**			x							
getBoolean()	x	x	x	x	x	x	x	x	x	**x**	x	x							
getString()	x	x	x	x	x	x	x	x	x	x	**x**	**x**	x	x	x	x	x	x	x
getBytes()														**x**	**x**	x			
getDate()											x	x	x				**x**		x
getTime()											x	x	x					**x**	x
getTimeStamp()											x	x	x				x	x	**x**
getAsciiStream()											x	x	**x**	x	x	x			
getUnicodeStream()											x	x	**x**	x	x	x			
getBinaryStream()														x	x	**x**			
getObject()	x	x	x	x	x	x	x	x	x	x	x	x	x	x	x	x	x	x	x

"x" heißt, die in der linken Spalte angegebene Methode kann den entsprechenden JDBC-Typ abrufen; "**x**" bedeutet, daß für einen Typ diese Methode zum Abruf empfohlen wird.

Abbildung von JDBC/SQL-Typen auf Klassen (`String`, `Integer` etc.) bzw. primitive Typen (`int`, `double` etc.) in Java und umgekehrt

JDBC-Typ ⇒	Java-Typ	⇒	JBDC-Typ
CHAR			
VARCHAR	String		VARCHAR bzw.
LONGVARCHAR			LONGVARCHAR
NUMERIC			
DECIMAL	java.math.BigDecimal		NUMERIC
BIT	Boolean	boolean	BIT
TINYINT			
SMALLINT	Integer	int	INTEGER
INTEGER			
BIGINT	Long	long	BIGINT
REAL	Float	float	REAL
FLOAT			
DOUBLE	Double	double	DOUBLE
BINARY			
VARBINARY	byte[]		VARBINARY bzw.
LONGVARBINARY			LONGVARBINARY
DATE	java.sql.Date		DATE
TIME	java.sql.Time		TIME
TIMESTAMP	java.sql.Timestamp		TIMESTAMP